觀心覺夢鈔

まえがき

日本佛教の流れの中で、鎌倉佛教が一つの頂点をなすとみることには異論はないであろう。だが、その鎌倉時代の学僧良遍の思想・信仰がとりあげられることは非常に少ない。それは、良遍の属した日本の唯識学が、注釈の伝承という印象を与えることが強く、当時の法然・親鸞・道元・日蓮等の祖師たちのような、自由な思想や行動はないものと思われているからではないかと思う。

だが、良遍には、単なる注釈のくりかえしといえぬものがある。地味ではあるが、伝統を継承しながらもそれをのり越えていく独自の思想・信念がある。唯識典籍の中で良遍の著作のように、その核心を追求し、血肉化し、唯識教義の真実性を、一乗佛教を向こうにおいて画然と主張したものは決して多くはない。鎌倉佛教を形成する重要な一人だと思う。しかるに『観心覚夢鈔』等も入門書という程度に考えられているのであろうか、あまり問題にされてこなかったのが実状である。

このたび、佛教の普及を目標とした本シリーズに『覚夢鈔』が加えられたことは、実に意義深いことだと思う。従来こういう企画に、日本唯識の典籍がいれられたことは皆無であったし、注釈や解説も、現在簡単に手に入るものは全くない。従ってこの拙い解説も多少は存在の意味があるように思う。ただ『覚夢鈔』自体がかなり大部のものなので、制約された紙数の中には充分に述べたいことも述べられなかった。こういう機会はあまりないので、日本唯識の持つさまざまの問題も触れたかったのであるが、これもできなかった。本文を抄出することも考えたが、そうすると、肝心な良遍の燃えるような思索が中断する。結局、本文をたどりながら、解説とも現代語訳ともつかぬ中途半端なものになってしまった。書きおえた今も、それが心のこりである。

唯識は決して難解な佛教ではない。また専門家のみの学問佛教でもない、その証拠にこのように唯識の中に救いを発見した先哲がある、それを訴えるのが本書執筆の最大の動機であったが、どこまでその目的を達しえたであろうか。

本書の執筆をおすすめ下さったのは鎌田茂雄先生であった。無力な私への、変わらぬ御法愛に心から感謝申し上げる。

ある事情によってこの原稿の大部分は、書きなおしを余儀なくされた。そのため完成したものはきわめて乱雑なものであったが、それを丹念に整理して下さった桑室一之氏にお礼申し上げる。梵語の校正に当たっては池田練太郎氏のお世話にもなった。

最後に、この書を、中学の数学の恩師鈴木邦雄先生に捧げたいと思う。終戦後、道を失って呆然と立ちすくんでいた私に、先生は佛教への道を諄々とお諭し下さった。うす暗い理科準備室でのお姿を忘れることはできない。齢五十を越すに至って、私はようやく佛教を学ぶことの悦びを知るようになった。この悦びを与えて下さった先生に、中途の報告の一つとしてこれをお手元に届けたいのである。

昭和五十五年秋

太田久紀

凡例

1、底本は、大正新脩大蔵経巻七十一の『観心覚夢鈔』である。

2、本文は漢文で書かれているが、頁の都合もあって一切省略し、訓読したもののみをのせた。元来が、日本人の著作であるから、漢文それ自体の持つ意味は、それほど重要ではないと考えたからである。したがって、仮名書きにした方が読みやすいところも、漢字を残すことを原則とした。

3、『成唯識論』『同述記』『同枢要』『同了義灯』『同演秘』の引用は、「佛教大系本」によった。本論理解のために『述記』『三箇疏』を読むには、佛教大系本が便利だからである。

目次

題字 谷村憙齋

第一編　序　論

一　はじめに

『観心覚夢鈔《かんじんかくむしょう》』！

なんというすばらしい書名であろうか。

これだけわれわれの心をひきつけて離さぬ題名の本は、無数といってよい佛教典籍の中にも、決してそう多くはないであろう。

心を観じる——夢を覚る——さて何が書かれているのであろうかと胸のはずむのを覚える。

『観心覚夢鈔』は、日本唯識のうみ出した傑作中の傑作の一つである。これだけ簡潔にまとまって日本唯識を知ることのできる本は、他にちょっと見当たらない。

およそ日本唯識の歴史の中には、二つの流れを見出すことができる。一つは、三乗佛教の特質をはっきり鮮明にうたい、その骨組みをますます堅固に固めていく流れであり、一つは、一乗佛教と共通の一面に着眼していく流れである。一乗とは、佛乗のことで、三乗佛教が個の差別性に重点をおくのに対して人間の平等性、あるいは普遍性の一面を大切にする佛教であるが、元来、三乗をたてまえとする日本唯識の流れの中に、一乗佛教の影響をうけて、この一面を強力に表に押し出そうとする動きがあった。もともと、三乗をたてまえとするとはいえ、人間の平等性を否定するわけではないので、一般的に背後に押しやられていた普遍平等性の一面を、別の角度から見なおそうとしたものである。

この一面を掘りおこそうとしたのが、日本唯識の大きな特徴の一つであるといってよい。そしてそれを代表する最も優れた書物がこの『観心覚夢鈔』である。

二　日本唯識とは

日本唯識とは、唯識佛教の中の一つの学系である。宗派でいえば、南都六宗の一つである法相宗《ほっそう》の教義であるところから、日本法相唯識とか、法相唯識とか、法相教義等と呼ばれる。梵文資料が発見され、その研究が盛んになるまでは、日本の唯識学の主流であった。

唯識佛教というのは、四世紀から五世紀にかけて、インドの弥勒(Maitreya)、無著(Asaṅga)、世親(Vasubandhu)等の論師によって順次完成されていった佛教であった。義浄（六三五―七一三）の『南海寄帰内法伝』（略称『南海寄帰伝』）には、中観佛教と瑜伽佛教が当時のインドの二大潮流であったことが述べられているが、瑜伽佛教とは唯識佛教のことであるから、唯識佛教とは大乗佛教の二大潮流の一つということになる。この佛典講座の中にも『摂大乗論』『唯識論』の二冊が含まれており、いずれもインド瑜伽佛教の代表的名著であるから、そのあたりの事情については、両書を御覧いただきたい。ここでは、きわめて簡単に唯識佛教の特色を述べておきたい。

義浄は、中観佛教を「俗有真空体虚如幻」〈俗は有なり、真は空にして、体の虚なること幻の如し〉と述べ、瑜伽佛教を「外無内有事皆唯識」〈外は無、内は有にして、事皆唯識なり〉と説明している。中観佛教は、常識的に有と思い込んでいるものは、真義に立ってみれば一切皆空で幻のようであるという佛教の本義を直截的に説く佛教である。俗と真の関係において真を説くと言ってよい。それに対して、瑜伽佛教は、常識的に外に存在していると見ているもののすべてが、心の顕われである（唯識）、しかしその心の働きは有であるとするのであって、外（界）と内（心）のかかわりである認識の面から人間存在の真相を求める佛教といってよい。義浄はそう説明しているのである。

唯識佛教も、大乗佛教であるから一切皆空の本義に立つことはいうまでもないが、その一切皆空の本義の上に立ちながら、しかも経験的には有として存在する現実の自分を凝視するという面を持つ。ここに唯識佛教の特質がある。実際にわれわれは空の論理を理解し、あるいは会得することはできても、ここに現にこうして生きている自分の存在を否定することはできない。一切皆空といわれても、それはそうとわかりながら、食ったり飲んだり、憎んだり愛したりして生きている、このどろどろとした自分を無視することはできない。「内は有」であるというのは、そうしたわれわれの心の動きを、そのまま有として捉えることを意味する。苦しんだり楽しんだり、愛したり憎んだり、迷ったり悟ったりする、その自分の現実の心の動きの構造をしっかり見すえることによって、一切皆空の自己にめざめるという方向をとるのである。したがって、唯識佛教では、現実の人間構造の詳細な分析が展開される。心理分析と呼ぶべき一面もあるし、人間心理の深層にひそむエゴイズムを掘りおこすところもある。個の存在の根源的な深渕への省察や、認識構造を解明していく一面もある。私は、唯識佛教――特に法相唯識というのは、認識の面や、人間の清浄性の面等の限界性への謙虚な深い自覚を呼びかける佛教であると思っている。一言でいうならば、人間の有限性の自覚をとおしての空への脱体、それが唯識佛教であると言ってよい。

さて、話を本筋にかえそう。弥勒・無著・世親と完成されていった唯識佛教は、その後、幾つかの系統に分かれた。その一つに護法(Dharmapāla, 五三〇—五六一)、戒賢（Śīlabhadra, 五二九—六四五）、玄奘（六〇〇—六六四）へと継承される一派がある。玄奘は、その頃鎖国政策をとっていた唐の国境を脱出してインドに渡り、十七年間各地を歴訪した唐代きっての学僧である。その十七年間の留学中に多くの学僧から佛教を教わるわけであるが、なかでも決定的な影響をうけたのが、ナーランダ学問寺での護法系の唯識佛教であった。護法の唯識佛教は、有相唯識と呼ばれ、また理世俗諦に立つ唯識ともいわれる。それは人間の現実の姿を、その現実性の方角から捉えようとするねらいの強いことを意味する。そしてその性格が法相唯識教義にそのまま強くうけ継がれることになる。

玄奘が多くの経典をたずさえて帰国すると（貞観十九年、六四五）皇帝太宗は篤くこれを歓迎した。そして玄奘はその保護のもとに以後二十年、生涯を翻訳事業に捧げることになる。翻訳した経論は、実に七十四部千三百三十五巻に及ぶといわれる。その厖大な訳業の中に数多くの重要な唯識典籍が含まれていたことはいうまでもない。ただ玄奘はそれを自分の稟けた護法系の唯識学の立場に立って翻訳したため、のちにいろいろな問題をかもすことになるのであるが、中国・日本の法相教義はそれを原点として忠実に継承したのであった。法相教義の根本論典『成唯識論』も、むろんその中の一冊であり、その翻訳の態度の上に完成したものであった。

『成唯識論』は、顕慶四年（六五九）十月から十二月にかけて翻訳されている。

『成唯識論』というのは、世親の『唯識三十頌』の注釈である。『唯識三十頌』は世親晩年の作と伝えられ、世親自身は、唯識佛教の大系をわずか三十の短詩にまとめたのみで、詳しい解説をのこさなかった。そこで世親以後、多くの論師たちがその注釈を作ったのであった。法相宗の伝承によれば十大論師の名が伝えられているが、玄奘は十大論師の注釈のすべてを持ちかえり、かたはしから翻訳にとりかかったのであった。しかし、なにしろ十大論師のそれぞれの注釈が揃っているわけであるから、立場も解釈も多岐にわたるため、かえって唯識教義の真意が不明となるきらいがあった。そこで、翻訳に従事していた弟子の基（法相宗初祖慈恩大師、六三二―六八二）の意見を容れて全巻そのままの翻訳を中止し、方針を変えて護法の説を基準としながら他の論師の説を取捨選択し、一本として編集することにした。そのようにしてまとまったのが『成唯識論』十巻である。したがって『成唯識論』は、梵文の直接的な翻訳ではなく、玄奘の方針によって編集されながら翻訳されたものである。だから、『成唯識論』に限って「訳」と言わないで、「糅訳」という。多くの漢訳佛典の中できわめて珍しい例である。しかも玄奘は翻訳が終ると、インドより持ちかえった梵文の原典を全部処分してしまった。焼却したともいわれ、土中に埋めたともいわれるのであるが、いずれにしても再び原本を見ることはできなくなってしまったのである。したがって、どこまでが梵文のそのままの形であるのか、どの程度、玄奘の編集の手が加えられているのか明らかではない。私は、『成唯識論』は私生児だと呼ぶ。素性がはっきりしないからである。ところが、この私生児は、他の論典を退けて唯識佛教を代表する位置にのしあがっていく。

まずその地位を与えられる第一歩は、玄奘の愛弟子基による注釈の完成であった。基は玄奘よりの伝承に基づいて、『成唯識論述記』『同掌中枢要《しゆよう》』『大乗法苑《おん》義林章』等を著わした。それらの著作には、有相唯識・理世俗の性格がますますはっきり押しすすめられ論理化されている。基を法相宗初祖と呼ぶゆえんである。中国には、その頃すでに真諦（Paramārtha, 四九九―五六九）訳『摂大乗論釈』を所依とした摂論宗の唯識が普及していたが、『成唯識論』の翻訳と基の注釈によって急に衰退してしまう。玄奘による新訳佛教が大きく支配しはじめてゆくのである。書物の成立の事情からいえば由緒正しい無著の『摂大乗論』、世親の『同釈』に対して、皮肉にも私生児『成唯識論』の方が漸次大きな影響力を持つようになるのである。

真諦訳『摂大乗論釈』による唯識――旧訳唯識を追い払った玄奘訳『成唯識論』の唯識――新訳唯識は三つの河になって流れていった。まず第一の河は、第二祖慧沼（六五〇―七一四）、第三祖智周（六六八―七二三）へとつながる中国法相宗の本流である。この本流は三祖で消えてしまうけれども、その間に学的な厳密性はより精細になっていった。特に二祖慧沼『成唯識論了義灯』は、本流の正義性を主張するために、他派の学説の批判に貫かれており、自他峻別のための厳密性を一層強固にしている。日本唯識での論義の多くが、『了義灯』を根拠として展開されているのはそのためである。中国法相宗の本流は、三祖で衰退してしまうが、のちに、法蔵（六四三―七一二）によって完成する華厳教学は、法相教義をうけとめて、一乗佛教の視点から新しい位置づけを与えることになった。華厳教学の重要な一テーマに、三乗佛教（法相教義）と一乗佛教との同異の組織化がある。三乗佛教である法相教義が、そのまま肯定されるのではないが、そのままの形を崩さないで一乗教義の根底の上にすえなおされて、三乗即一乗、一乗即三乗という新しい生命を与えられる。法相教義の側から言えば、華厳教学に根底的に叩きのめされるということはなかった。そのため、日本唯識の中でも、華厳教学に対する批判非難はほとんどみられず、むしろそれへの接近の方が目立つようである。この『覚夢鈔』にもその傾向をみることができる。

第二の河は、円測（六一三—六九六）をとおしての新羅佛教への流れである。円測は新羅の人、もと法常（五六七—六四五）、僧弁（五六八—六四二）のもとで旧訳唯識を受業した人であったが、玄奘の翻訳事業がはじまると、基らとともにそれに従事した。いわば基と同門ということになる。しかし、基・慧沼・智周の系統からは、その唯識の解釈は邪解として徹底的に排斥された。慧沼の『了義灯』はそのために著わされた本である。だが円測のあとには、道証（六四〇—七一〇頃）『成唯識論要集』、勝荘『成唯識論決』、太賢『成唯識論学記』等が続き、新羅唯識として継承されていった。円測の説は中国にあっては邪説として慧沼に排斥されているが、日本では必ずしもそうではなかった。秋善篠珠《あきしののぜんじゅ》（七二四—七九七）は、日本唯識初頭の学僧であるが、『唯識義灯増明記』三に円測も基もともにわれわれの師である、どうして正邪をきめこんで、ひとえに円測を邪説として退けるばかりであってよかろうかといっている（大正六五・三七五・中）。善珠の著作には現に円測の学説の引用されることが多い。また論義を集成した『成唯識論同学鈔』にも、円測説が肯定されているところもあるし（拙論「日本唯識研究—同学鈔の円測法師評価への試論」駒沢大学研究紀要二九号）十二世紀後半の著作と思われる資料集『成唯識論本文抄』には、しばしば円測の著作『成唯識論疏』の文章が引用されている。

第三の河は、日本法相唯識の流れである。日本への初伝は道昭（六二九—七〇〇）と伝えられている（これには異説もある。田村圓澄『飛鳥白鳳佛教論』）。第二伝は智通・智達である。道昭は白雉四年（六五三）、智通・智達は斉明四年（六五八）に入唐、ともに玄奘より直接、唯識をうけた。道昭は帰国後元《がん》興《ごう》寺に住したので初・二伝を元興寺伝・飛鳥《あすか》伝・南寺伝等という。それから五十年ばかりたって智鳳・智鸞・智雄《おう》が入唐（七〇三）、続いて玄昉（六九一—七四六）が入唐（七三五）、それぞれ智周について唯識を学びそれを伝えた。前者を第三伝、後者を第四伝と呼び、興福寺に伝えられたので、三・四伝を興福寺伝・御笠《みかさ》伝・北寺伝という。南寺伝は玄奘から、北寺伝は智周から直接受業したため、その間の唯識学の変化が、そのまま日本の南寺伝・北寺伝の学風の違いとしてうけつがれている。北寺伝は南寺伝に比べて厳密性が強い。この『覚夢鈔』の中にも南北両寺伝の解釈の違いに触れている箇所もあるが、しかし南寺の系統は十世紀には衰え、北寺の学風が主流を占めるようになる。

さて、このように三つの流れとなって発展していった『成唯識論』の佛教は日本の唯識の主流となった。十九世紀から今世紀にかけて、サンスクリットの原典やチベット訳の典籍が発見され研究されるようになるまでは、唯識といえばそのまま『成唯識論』をさしたのであった。しかし、サンスクリットやチベットの典籍の研究がすすむにつれて、中国・日本の法相唯識の翻訳や伝承に誤りのあることも指摘されるようになった。それは、玄奘訳の漢訳経論を絶対視して、すべての根拠をそこにのみ求めた法相唯識教義の限界であったといわざるを得まい。不思議に中国にも日本にも、サンスクリット原典にまでさかのぼって唯識学を究めようとする大きな動きは、残っていない。

こうした漢訳経論のみに基づく法相教義と、新しいインド・チベット佛教研究の成果との矛盾から、現在法相唯識は誤まれる唯識であるかのように思われ、軽視される風潮がないでもない。しかし、法相唯識教義には法相唯識教義としての、動かすことのできぬ独自の存在意義があることを忘れてはならぬように思う。

ではその存在意義とは何であろうか、私はそれを⑴歴史上に果たしてきた役割の面と、⑵人間の救いとか悟りとかにかかわる本来的な宗教的な面とから捉えたいと思う。

(1)まず、歴史上、果たした役割という点からいうと、中国唐代以降、特に日本においては、唯識の主流としての位置を守りつづけてきたということである。この歴史的事実は変わらないのである。(a)法相宗の学僧が研究したのが、法相唯識であったことはいうまでもないことであるが、他の宗派や教学が、唯識佛教として理解したのも原則的には法相唯識であった。(b)佛教界においてすでにそうであるから、文学作品の中に表われるのも法相唯識であった。たとえば謡曲『采女』『野守』に、「五重唯識」ということばがうたわれている。「五重唯識」は唯識の観法をさし法相教義の重要な語であることはいうまでもなく、また、他の教学の語ではない。内容がどこまで理解されていたのかは別問題として、文学作品の中に法相唯識の重要概念が浸透していたことは看過されてはならぬことである。また、『源氏物語』の佛教というと、天台・浄土が挙げられるのが普通のようであるが、最近法相唯識教義にのっとる人間把握を読みとることができるとする優れた業績も表われている(丸山キヨ子「源氏物語の佛教」『源氏物語の探究』第四輯)。もしこうしたところに、唯識佛教の直接的・間接的影響を見出し得るとするならば、日本の思想を流れる「心の思想」(梅原猛『地獄の思想』)の分野における法相唯識教義が、さらに詳細に着目されなければならぬであろう。(C)また、法相宗学侶による千数百年に及ぶ唯識学研究の歴史が、そう簡単に捨てられてよいものであるまい。『同学鈔』や光胤の『聞書』をひらいてみると、そこにいかに多くの先人たちが、『成唯識論』研究に心血をそそぎ精根をかたむけたかを見ることができる。日本文化の一つの傾向として、情緒性とか抒情性がとりあげられ、合理的思惟の弱さがよく指摘される。もしその性格が日本文化の一つの傾向であると考えられているならば、この積み重ねられた学的伝統を見なおすべきだと考える。確かにそれは大きな流れではなかったであろうし、救いを求める大衆に対してどれだけの意味を持ち得たかは疑問である。ただ一条の細やかな流れであったかもしれないが、その清冽な一条の流れは、日本思想史が見落としてならぬ重要な一領域であるのではあるまいか。

第二の、宗教の本来的な意味というのは、法相唯識教義が、佛教本来の生死の決着を示すものであるということである。そんなことは当たりまえであるといえばそれまでであるが、唯識学についていうと、佛教の中でもひときわ無味乾燥な学問佛教であったり、やたらに難解な議論のみをふりまわしてよろこんでいる一部の専門家の佛教であって、生きた人間の苦悩を救うものではないと思いこまれているふしがないでもない。しかし、唯識は、決してそういう佛教ではない。私はこれほどなまなましく生きた人間の現実を捉えた佛教はないと思う。現実の自分が捉えられているということは、最も手近で一番わかりやすいということではないであろうか。この『観心覚夢鈔』をじっくり読みこんでみると、その論述の精妙に感歎するとともに、その精妙な論理の底に、真摯な求道者の燃えるような情熱を強く感ぜざるを得ない。幅広い大乗佛教の中で、唯識学、特に法相唯識ぐらい人間の凡夫性を寸分の妥協も許さず、徹底的に分析し組織する教学はない。われわれがわれわれの中に凡夫性を自覚する限り、法相唯識教義は永遠にわれわれの奥底に根源の問いを投げかけてくるにちがいないのである。

こんなことを考えてみると、法相唯識というのは、実に現代的な意義を持つ佛教だと思う。非力な私等には、到底ふみこむことの許されぬ世界ではあるが、現代思想や科学の当面する問題に共通のものを、法相唯識の中に数多く見出すことができるように思う。実存哲学や現象学、あるいは認識論、心理学、精神分析学や分析心理学、生物学、心身医学、言語学、意味論等々の、広い分野の領域と隣接し重なり合う人間の根源の問題が、ここに問われているように思う。たとえば、大脳生理学の時実利彦氏の『人間であること』(岩波新書)は、一番最後に「人間を操る心の本質を探る大乗佛教の中心思想をなす唯識論の心の機能的区分」として、法相唯識が所依の論典の一つとする『顕揚聖教論』の文章をそのまま引用している。

このように法相唯識は、ある時期、一つの役割を果たして消えさった佛教ではない。今日も、いや今日こそというべきであろう、素裸の人間の根源への問いを深く投げかけてくれる新しい佛教であると言ってよいと思っている。

三　『観心覚夢鈔』について

『観心覚夢鈔』は、生駒良遍（一一九四―一二五二）が五十一歳の時の著作である。三巻十三項目からなっている。

上巻
　所依本経
　一代教時
　百法二空
　四分安立
中巻
　三類境義
　種子熏習
　十二縁起
　三種自性
下巻
　三種無性

二諦相依
二重中道
唯識義理
摂在刹那

ところで『観心覚夢鈔』に、私は三つの性格を捉えることができるように思う。第一は唯識学の入門書という性格、第二は日本法相唯識教義の概論書という性格、第三は日本法相唯識学の奥義書とも呼び得る性格——ここに良遍の真意があるのであるが——である。

第一、唯識学の入門書という性格

唯識学は、前に述べたようにインドで成立した大乗佛教の一つの流れであり、いくつかの学系に分かれるわけであるが、それを概観的に見ると、⑴識論、⑵三性論、⑶修行論の三領域に分けることができる。論典により学系により多少の出入りもあり、また重点のかけられ方も違うけれども、全体的にはこの三領域として捉えることができる。

そこで『観心覚夢鈔』の十三の項目をこの三領域にあてはめてみると、これも厳密にいえばそうきちんと割り切るわけにはいかぬ点もあるが、「百法二空」「四分安立」「唯識義理」の項は識論に、「三種自性」「三種無性」は三性論に「摂在刹那」は修行論に該当すると考えてよい。つまり、唯識学全体の重要な三分野を網羅しているということができる。その意味で唯識学の入門書とか手引書という役割をまず一つ果たすことができるのである。

第二、日本法相唯識教義の概論書としての性格

前に述べたように、日本法相唯識学は唯識学の中の一つの流れであり、それなりの傾向や特徴を持っている。それが『観心覚夢鈔』によく表われているのである。まず項目の立て方にそれが見られる。というのは、「百法二空」で唯識学の基礎的用語についてきわめて簡潔に説明を終ると、すぐ「四分義」「三類境義」の項目が続いて説かれているのは、その典型的な見本である。

日本の唯識学では、いつ頃からか、「四分三類唯識半学」といわれて、「四分義」と「三類境義」とを理解すれば、唯識学の半分はわかったことになるという受けとめ方がある。確かに、唯識佛教での主観と客観との関係は、この二項目で精細に分析され考究され尽くしているといってもよく、識論にウェイトのかかっている法相教義からすると、そういう捉え方は決してまちがいとはいえない。しかし、それが唯識学の半分を占めるというまでの位置づけは、日本においてのみである。四分義は『成唯識論』の中に説かれてはいるし、『成唯識論』独自の学説でもある。その意味では、「四分義」をとりあげること自体が法相唯識学的であるともいえる。けれども、まとまって説かれているのはごくわずかの部分であって、むしろ散説されていると考えた方がよい。慈恩大師の『述記』『枢要』や、慧沼の『了義灯』、智洲の『演秘』等も同じであるし、日本唯識がさかんに引用する慈恩大師の『大乗法苑義林章』にも、「四分義」も「三類境義」も独立して章が設けられてはいない。ところが日本に入ってくるとすでに、善珠（七二四―七九七）が『唯識分量決』で四分義を大きくとりあげ、『了義灯増明記』でもこれに触れ、仲算（九三五―九七六）は、『唯識分量決』の四分義の部分に注釈を加えて『四分義極略私記』を著わした。

一方、三類境義についてみると、これは『成唯識論』にも、他の唯識論書にもそのままの形では、まったく説かれない。三類境義がきちんとまとまって出てくるのは、慈恩大師の『成唯識論枢要』がはじめてである。ここで「性境不随心　独影唯従見　帯質通情本　性種等随応」という「三蔵伽陀」が突然表われ（大正四三・六三三・中）、『大乗法苑義林章』（大正四五・三三〇・中）にも引用される。いったいこの頌自体が、玄奘がインド留学の時、戒賢から真意を授けられ、それを頌に製して慈恩に授けたと伝えられるものであって、玄奘がまったくはじめて製作したものなのか、原型はインドにあったのか、そのあたりもあきらかでない。しかし、慧沼は『了義灯』で注釈をつけた（大正四三・六七八・上）。日本に入ってくると、護命（七五〇―八三四）が『法相研神章』で早速この頌をとりあげ（大正七一・一五・上）、善珠も『了義灯増明記』で注釈をつける。『法相研神章』は、天長六本の一つで各宗から提出された他の五本とならんで、法相教義の要点をまとめた本であるから、そこに「三類境義」がとりあげられているということは、すでに教学体系の中で重要な位置を与えられていたことを意味する。真興（九三四―一〇〇四）も『唯識義私記』にとりあげており（大正七一・三〇九・中）、十二世紀の撰述である『成唯識論本文抄』になると、「四分義段」と同じように「三類境義段」が独立して設けられ（大正六五・四四二・下）、それはそのまま『成唯識論同学鈔』（大正六六・八二・上）に継承されてくる。このような背景の上に「四分三類唯識半学」というような語がうまれてきたのであろうが、『観心覚夢鈔』が、「百法二空」のあとにただちに「四分義」、つづいて「三類境義」を掲げているのは、このような日本法相唯識教義の伝統にのっとるものということができる。

あるいは、三無性を、執空義（南寺）とするか、体空義（北寺）とするかとか、三性対望中道（南寺）、一法中道（北寺）等の説にも触れられており、その他、「所依本経」「一代教時」から説きおこすのも法相教義の定規であるし、「二諦相依」「二重中道」の項が設けられているのも、日本唯識の特徴としてあげてよいであろう。「二諦相依」も「二重中道」も『大乗法苑義林章』に基づくものであるが、慈恩大師の教説が、ほとんど『成唯識論』等と対等な位置におかれるのは日本唯識の基本の性格であるから、そういうあたりにも一つの傾向がみられるのである。

第三、日本法相唯識学の奥義書としての性格

『観心覚夢鈔』は単なる唯識学の手引書や法相教義の概論書ではない。それらを踏まえながら、良遍が自説を述べ尽くそうとするところに第三の性格があり、むしろこれこそが『覚夢鈔』の真のねらいであった。良遍の著作をたどってみると、そう断言してまちがいないのである。

良遍の主張とは、三性門と三無性門とを並列的に考え、三性門は差別門であり、三無性門は平等門であってしかも二門は不即不離であるとする説である。この立場を基本として、五姓各別と一切皆成、あるいは事と理、ひいては一乗と三乗等々の不即不離が説かれる。いったいに法相教義というのは、一乗教学に対しては三乗教学、実大乗に対しては権大乗と貶称されて、一乗佛教の側からは決して高い評価を与えられることがない。法相宗を除いて他はすべて一乗佛教といってもさしつかえない日本の佛教界のまっただ中にあって、法相教義はそれにどう対応するかということが一つの課題でさえあった。良遍は、そうした一乗佛教の側からの批判は、一切、法相教義の差別事相門のみをとりあげて、それが法相教義の全体であるかのごとく誤解するところから生じているとする。確かに、差別事相門に精細であるのが法相教義の他に誇る不共の特徴ではある。しかし良遍は、それは差別門の一面であって、法相教義には不即不離の関係において片方に平等門があるのであり、その面から見れば、一乗教学となんら変わるところはない、むしろ一乗教学の中には平等無差別門のみを固執して、差別門を顧みようとせぬ傾向があり、平等・差別の二門を、かたよることなく説く法相教義こそが真の中道教であるといいたいのであった。それは禅と法相教義との関係を説く『真心要決』にも、他の教学を意識しながら法相教義の中道義を宣揚しようとする『大乗伝通要録』にも、一貫してみられる良遍の強い主張であり、信念である。

この性―相、事―理、平等―差別、三性―三無性の不即不離の論理は、典拠をあげながら論述されているように、決して良遍の独創や思いつきではなく、法相教義の規矩をはずれるものではない。そのことはきちんと確認しておく必要がある。しかし、同時にそれまであまり表立ってとりあげられることの少なかった一面に、良遍が新しく光をあてたことも否定できない。

そして、この第三の性格こそが良遍の真意であったと思われる。その一つの表われとして、『覚夢鈔』も含めて、良遍の著作には経論の引用が非常に少ないことをあげることができる。中国・日本の唯識学関係の典籍の傾向として、経論の引用が多いということがある。それは、『成唯識論』にもみられるように、あらゆる主張は、教証・理証の二面から論証されなければならぬことになっており、教証は、根拠となる経論の文章を引用明示することである。これがなければ、原則的にはいかに論理の筋道が整っていても独断とみなされ、その正当性は認められない。だから自然と引用が多くなる。経論の文章は先人・先徳の宗教的体験の表白といってよいから、それを尊重するということには宗教的な深い意味があるのであるが、結果的には、論旨の叙述が晦渋となったり、こじつけになったりすることもある。しかし、教証は大切だから、日本では『成唯識論本文抄』のように経論注疏の抜き書き集のようなものが作られている。ところが良遍の著作を見ると、引用が実に少ない。どの著作にも共通していえる性質である。これは良遍が、伝統にのっとって入門書や概論書を書くというよりは、自分の考えていることを思う存分書き尽くしたいという気持の表われではないかと思う。

さて、このように『覚夢鈔』は、あらゆる意味において、日本法相唯識の名著たるにふさわしい内容をそなえていると考えられるにもかかわらず、長い間あまり読まれなかったのではないかと思う。そう思うには、次のような四つの理由があるからである。

㈠法相宗学侶による注釈で公刊されたものがない。『覚夢鈔』の末注を最もよく整理されているのは、三根脩一編『新編観心覚夢鈔』の解題であるが、そこに列記されている十五の注釈書のうち、法相宗の人によって書かれたのは、慧竜という人の『観心覚夢鈔玄談』一巻のみである。『国書総目録』によっても結果は同じである。このことは、法相宗の衰微と関係があるのかもしれないし、あるいは他に理由があるのかもしれないが、しかし、一応、『覚夢鈔』がそれほど重きをおかれていなかったと考えられるように思う。㈡著者不明の時代がかなりあるように思われることである。明治十八年刊の小山憲栄著『鼇頭観心覚夢鈔』の頭注に「今鈔作者古来不詳」と述べ、あるいは、三論宗真空の作ではないかといわれたことも記されている。これが、はっきり良遍の著作であるとわかったのは、法隆寺と東大寺から古写本が発見されて、それに基づいて大正五年（一九一五）大屋徳城氏の研究が発表されてからである（「観心覚夢鈔は良遍が作たる確証」『佛書研究』二〇）。それによると、法隆寺の写本は天文四年（一五三五）、東大寺の写本は応長二年（一三一二）・文明二年（一四七〇）で、良遍の名が明記されているそうであるから、十六世紀の初め頃まではっきりしていたということになる。それが

三、四百年後には著者がわからなくなっているわけである。その三、四百年の間は、著者が誰であるかも気にしないほど軽視されていたのではないであろうかと思う。(三)聞証(一六三四—一六八八)が『覚夢鈔』について述べていないことをあげることができる。聞証は、『略述法相義』の著者である。『略述法相義』も唯識入門書としてよく読まれ、しかも内容的には、伝統にそったものとして高く評価されている。その聞証は、唯識を講ずるに当たってテキストに『百法問答抄』を使っている。『問答抄』も著者のはっきりしない本であるが、現在、蔵俊(一一〇四—一一八〇)のものという説が一番支持されている。もしそうだとすると良遍よりはちょっと前のものということになる。聞証はそれをテキストに使ってその誤りに気づき、唯識を正すために『略述法相義』を著わしたといわれる(『佛教大系略述法相義』解題)。『問答抄』がテキストに選ばれた理由もむろんわからないから、『覚夢鈔』が選ばれなかった理由ももちろんわからず、積極的な理由とはいえないが、『覚夢鈔』があまり読まれていなかったのではないかという消極的な例証とはなるように思う。(四)には、基弁(一六八一—一七五〇)も『覚夢鈔』の名をあげていないことをあげることができる。基弁は、良遍の影響を受けることの大きい法相宗の学僧である。いまここに一々それを論証する余裕はないが、三性・三無性論で、三無性説を非常に重視するあたりの言いまわしは、良遍を予想せずしては理解できない。また、法相宗の日本の系統を、道昭・行基・良遍・長乗という流れで捉えてもいるところからみて(大正七一・一五二・中)、良遍を非常に尊敬していたとみられる。その基弁に『大乗一切法相玄論』という本があるが、「自序」に、唯識を勉強してもよくわからなかったが、のち奈良に、住して、秋篠肝心・笠置要決・勝願要録を読んではじめて蹈足(足をふむ)することができたと述べている(大正七一・一五一・中)。

秋篠は善珠、肝心は『肝心記』、笠置は貞慶、要決は不明、勝願は東大寺勝願院で良遍をさす。そうすると要録は、『大乗伝通要録』ということになろう。これもここに、『覚夢鈔』があげられていないから、『覚夢鈔』は読まれていなかったということにはなるまいが、消極的には一つの事例としてさしつかえあるまい。

以上のようなことを考えあわせてみると、読まれていたかどうかはわからないとしても、どうもそれほど尊重されてはいなかったのではないか。少なくともそういう時代がかなり続いていたらしいということはできそうである。

しかし、じっくりと『観心覚夢鈔』を読みこんでみると、これがいかに優れた日本唯識学の成果の一つであるかを知ることができる。

前に述べたように、日本の法相唯識学は二つの流れをうみだしているが、その第一の流れを代表するのは、なんといっても『成唯識論同学鈔』であろう。『同学鈔』の中には、一乗教義を是認する思想もみられるが、それはごく少数であり、基本的には三乗教義を堅固に守るものということができる。そして第二の流れの最高の傑作は何か。これこそがこの『観心覚夢鈔』にほかならないのである。

四　良遍の生涯

良遍は建久五年（一一九四）、丹波入道藤原盛実を父として京都に生まれた。母はわからない。いつ興福寺に入ったのであろうか。元久二年（一二〇五）、十二歳で興福寺勝願院覚遍（一一七三―一二五八）のもとで具足戒をうけた。覚遍は解脱上人貞慶（一一五五―一二一三）の高弟で、晩年には法隆寺の別当をつとめた人である。したがって良遍は貞慶の孫弟子となる。実際に良遍が直接貞慶の教えをうけたかどうかはあきらかではないが、良遍の生き方や思想の中には、貞慶の強い影響と思われるものが決して少なくない。貞慶は建久四年（一一九三）に笠置に隠退し、承元二年（一二〇八）海住山寺に移った。その膝下での修学は充分に可能であった。しかも片方ではその頃貞慶の指導のもとに、日本唯識の総集編とも呼ぶべき『成唯識論同学鈔』の編集がすすめられていた。たとえ直接の教えをうけることはなかったとしても、偉大な法祖父の生涯を感受性豊かな青年良遍が満身にうけとめたことは想像に難くない。

良遍が興福寺に入り、具足戒をうけたその頃は、政治的にも社会的にも、佛教界の動きも、最大の動乱の時代であった。寿永四年（一一八五）三月、平氏は檀の浦に壊滅し、政権は源氏に移った。正治元年（一一九九）には源頼朝が没し、翌年にはすでに京都に騒動がおき、建仁元年（一二〇一）には城長茂が幕府への叛乱軍をおこしている。長茂は間もなく吉野で討たれてはいるものの、政情は決して安定していたとはいえない。

佛教界もまた激動の時代であった。建久九年（一一九八）には法然の『選択本願念佛集』、栄西の『興禅護国論』が著わされ、建仁二年（一二〇二）には栄西によって建仁寺が建立され、承元元年（一二〇七）には法然・親鸞らが念佛を停止《ちょうじ》され遠流《おんる》された。新しい佛教の動きが、澎湃として大地を揺がしていたのである。一方それに対応するように、戒律復興運動が貞慶・俊芿《しゅんじょう》（一一六八―一二二七）、高弁（一一七三―一二三二）、真空（一一九四―一二五八）等によって高唱されていた。貞慶の『観学記』や『起請文』によると、当時の佛教教団の頽廃が推察される。また、貴族階級出身の僧と、庶民階級出身の僧との対立が深刻になっていた時代でもあった。

その上、興福寺自体も未曽有の危機を迎えていた。パトロンの藤原氏もすでにかつての権勢を誇るものではなかったし、しかも治承四年（一一八〇）には平氏の焼打ちにあって堂塔伽藍はもちろんのこと、多くの典籍を焼失していた。西明寺円測の『成唯識論疏』が焼失したのもその時である。治承四年貞慶は二十六歳であった。のちに『同学鈔』の編集作業を、強力に押しすすめたのには、そのこのような興福寺教学のおかれた歴史的事情への危機感があったのではあるまいか。一切が戦火の犠牲となった焼跡に立って、伝統教学の集成を志した当時の学侶たちの雄々しい姿が彷彿と眼前に浮んでくる。文治四年（一一八八）には金堂・南円堂が復興してはいるものの、興福寺にとって未曽有の危機の時代であったことはまちがいない。

とにかく良遍の青年期は内外ともに激しい動乱の時代であった。その中で青年良遍は何を感じ何を思ったのであろうか。青年期の良遍を知る資料はない。

承久二年（一二二〇）二十七歳の良遍は、八月に『因明大疏私鈔』九巻を、十月に『因明相承秘要鈔』一巻を著わした。のち、宗性に因明を講じている。因明を得意としたのであろう。貞慶にも『因明明本鈔』十五巻、『因明明要抄』五巻があり、建暦二年（一二一二）から三年にかけて著わされている。それから七年後の良遍の最初の著作が因明のものであるということは、貞慶から因明の講義を直接うけたとも充分に考えられることである。因明学は南都の特徴である。比叡山では、因明は佛教の第一義を説くものではないとして重視されないのに対して、南都では三論宗も華厳宗も因明を修めた。北嶺に対して南都を主張するその一つとして因明の研究が不可欠とされたのであろう。

承久三年（一二二一）二十八歳、維摩会竪義《りゅうぎ》、嘉禄元年（一二二五）三十二歳、最勝講聴衆、安貞二年（一二二八）三十五歳、最勝講聴衆、寛喜二年（一二三〇）三十七歳、維摩会講師《こうじ》、貞永元年（一二三二）最勝講講師をつとめている。天福元年（一二三三）四十歳、季御読経《きのみどきょう》に請じられている。直接的な比較にどれだけの意味があるかわからないが、貞慶の場合、維摩会竪義は同じ二十八歳であるが、維摩会講師は三十一歳、季御読経は三十三歳であるから、良遍よりかなり早い。良遍の出自があまり高くなかったことを語るものかもしれない。天福二年（一二三四）から、仁治三年（一二四二）頃にかけて、東大寺宗性は何回か良遍から因明を受講している。良遍が生駒の竹林寺に隠退してのちも、わざわざ訪ねて教えをうけているので、かなり深い交遊があったと思われる。天福二年には興福寺光明院に住していた。

文暦元年（一二三四）四十一歳、維摩会聴衆、嘉禎三年（一二三七）に少僧都に任ぜられた。そして、『通受比丘文理抄』一巻を著わしている。この頃、東大寺戒壇院の復興を完遂した円照（一二二〇—一二七七）が良遍の前に姿を表わしてくる。法祖父貞慶の戒律復興の余薫をこのあたりに見ることができる。良遍は律を守り律を尊重したのであった。

延応元年（一二三九）四十六歳の年には、師覚遍のあとを継いで勝願院に住しており、そこで宗性に『因明大疏抄』と『同学鈔』の中の因明に関する論草を講じている。因明に明るかったことが窺われる。しかし、唯識関係の典籍の中には、因明学をてらうところはまったくない。

この年、九条道家の、東大寺戒壇院での受戒があり、その羯磨《こんま》師をつとめている。羯磨師とは受戒時不可欠とされる三師の一つで、戒師のことである。

仁治二年（一二四一）四十八歳、法印大僧都に任じられ、そして、翌仁治三年（一二四二）六月、生駒の竹林寺に隠栖した。四十九歳である。竹林寺は行基の廟所であり、行基が文殊の化身と信仰されていたところから、文殊の霊場五岳山の大聖竹林寺の名を冠したものであるが、広く霊場としての信仰を集め、遁世の僧が多く集まっていたといわれる。したがって隠遁とか遁世とかいっても、中世草庵の遁世の生活とはかなり性質を異にしている。現に良遍も、竹林寺に移ったのちにも、白毫寺にも知足院にも姿を現わしているし、そこで著作もしているので、奈良と生駒との間を往来していたのであろう。

隠遁の理由は定かでない。『護持正法章』を見ると、当時の佛教界の腐敗をきびしく批判するところがあり、自身は生涯律を尊重し守りつづけているので、そういう心境が隠遁を決意させたのかもしれない。法祖父貞慶も三十八歳で笠置に隠遁していた。偉大な法祖父貞慶のたどった道をみずからも選んだのかもしれない。貞慶には、唯識観法のための静寂の地を求めたという説もある（富村孝文「解説上人貞慶の笠置隠遁について」『日本歴史』三四八号)。これもそのままそっくり良遍にあてはまることであろう。

この年、弟子縁円が『法相二巻抄』を書写している。『法相二巻抄』は、良遍が母のために唯識教義を平易に和文で書き送ったものである。日本の唯識典籍は、まず中国の注釈をそのまま継承したものといってよく、まして和文で書かれたものなどは一つもなかった。良遍はそれを日本のことばにおきかえた。それはよほど深い理解がなければ不可能である。中国の注疏を伝統にしたがってしっかりと咀嚼し、完全に自分のものにした上でなければできることではない。難解な法相教義を日本のことばで表わしたという意味において、他に比類のない書物であり、しかも広汎な内容を重点的に簡潔にまとめてあるという点からも、日本思想史上見落としてはならぬ名著の一つであるといわなければならない。

この年、宗性は竹林寺を訪ねて因明の講義をうけた。

寛元二年(一二四四)五十一歳、竹林寺において、『真心要決』前抄一巻を書き、そして、『観心覚夢鈔』三巻を著わした。『真心要決』は、禅と法相教義との内的な関係を論述した傑作である。この年四月十日には『菩薩戒通別二受鈔』の奥書が白毫寺において書かれており、また竹林寺で『行事鈔』(道宣撰)を講じ、円照もそれを聴講した。円照は宝治二年(一二四八)まで竹林寺にとどまったといわれる。

寛元四年(一二四六)五十三歳、三月には『真心要決』後抄二巻を書きおえた。前抄一巻が対他的な傾向が強いのに対して、後抄二巻はずっと内面的な対自的性格の強いものである。この年、京都では、東福寺で円爾弁円が『宗鏡録《すぎようろく》』を講じている。円爾は、在宋六年、無準師範の法を継いで仁治二年（一二四一）に帰国し、寛元元年（一二四三）九条道家（一一九三—一二五二）に迎えられて東福寺に入った禅僧であり、多くの人々の関心を集めていた。『宗鏡録』の講義には多くの聴衆が集まったにちがいない。良遍もおそらくそれに加わったであろうといわれている。『真心要決』はその円爾弁円に呈せられた。良遍がどのようなきっかけから、どのようにして円爾に出会ったのであろうか。前抄は円爾が京都に入った翌年に書きあげられている。そして文中、禅宗のことを述べる時には、いつも「伝聞」「風聞」という間接的なかかわりを想像させる語を使っている。直接円爾に相見する以前に、なんらかの形でその宗風や人柄を伝え聞いていたのであろう。むろん「伝聞」「風聞」は円爾そのものをさすとは限らず、その他の禅とも考えられぬことはない。たとえば、栄西の活動はすでに軌道にのっていたと思われるし、安貞二年（一二二八）には、奈良の勢力圏にある多武峯《とおのみね》に達磨宗の禅徒がたてこもり、興福寺衆徒に追いはらわれている。資料が少なくて達磨宗の実体はよくわからないが、禅宗の一派であることはまちがいないわけであるから、こうした方向からも良遍は禅への関心を充分に持ち得たであろう。さらにもう一つ、山城深草では、十年ばかり前から、道元（一二〇〇—一二五三）が盛んに禅を挙揚していた。しかし、『真心要決』にはそのいずれの影響もみられない。

宝治二年（一二四八）五十五歳、『観心覚夢鈔補欠法門』一巻が著わされた。これは法相唯識教義全体の上から見て、本鈔に欠落した部分を補おうとしたものである。

翌建長元年（一二四九）五十六歳、『唯識用意』一巻を著わし、唯識観法について重ねて説き、続いて建長二年には法相教義と浄土教信仰について『厭欣抄』一巻、さらに律についての『通受軌則有難通会抄』一巻、『菩薩戒別受行否鈔』一巻、『通受懺悔軌則鈔』一巻を著わした。このうち、『通受軌則通有難通会抄』は知足院で書かれている。

建長三年には『念佛往生決心記』一巻が書かれ、『奥理抄』一巻が著わされた。『奥理抄』は、唯識教義と、真言阿字三義、達磨の禅心との融即を説いたものである。良遍の生涯を貫ぬく一つの課題が、一乗佛教との融即を論理化することであったのを窺わせるこれも一つである。しかし、それは法相教義の構造を崩すことを意味してはいない。法相教義を曲げて一乗化を試みたのではない。法相教義の中にあって、従来背後においやられてあまり重視されることのなかった一面を発掘し、再発見したのである。

建長四年（一二五二）五十九歳、この年、良遍は何も遺していない。そして八月二十八日、竹林寺に長い求道の生涯を閉じた。

竹林寺の林の中に小さな墓がある。

良遍の著作は次のとおりである。

唯識三十頌略記	一巻
観心覚夢鈔	三巻
覚夢鈔補欠法門	二巻（一巻欠）
応理大乗伝通要録	二巻
法相二巻抄	二巻

奥理抄　一巻
中道事　一巻
唯識三性観　一巻
唯識空観　一巻
唯識三類境　一巻
唯識般若不異事　一巻
自行思惟事　一巻
不思議　一巻
瑜伽論大科　一巻
真心要決　三巻
宗鏡録要義　三巻
善導大意　一巻
群疑論科註　一巻
念佛往生決心記　一巻
厭欣抄　一巻
通受文理抄　一巻
別受行否抄　一巻
苾蒭略要義　六巻

表無表章抄　三巻
因明大疏私鈔　八巻
因明四相違記　二巻
因明局通対記　一巻
学徒教誡　一巻
白毫寺縁起　一巻
知足院縁起　一巻
春日安居記　一巻（富貴原章信『日本中世唯識佛教史』）

良遍についての参考資料

『本朝高僧伝』、『蓮阿菩薩伝』、島地大等『日本佛教教学史』、富貴原章信『日本中世唯識佛教史』、山崎慶喜『大乗伝通要録講読』、結城令聞「観心覚夢鈔解題」（国訳一切経和漢撰述・諸宗部一一）、田中久夫「良遍」（岩波・日本思想大系『鎌倉旧佛教』）、鎌田茂雄「南都教学の思想史的意義」（岩波・日本思想大系『鎌倉旧佛教』、北畠典生「日本唯識教学の一視点」（大正新脩大蔵経会員通信八五号）、田中久夫「佛教者としての良遍」（千葉大学教育学部研究紀要二七号、一九七八・十二）

第二編　本文解釈

心を観じ、夢を覚る——書名について——

およそ一冊の書物の題名には、著作の意図が圧縮されて端的に示されているものである。『観心覚夢鈔』もまたその例にもれぬばかりでなく、そのなんともいえぬ魅力のある書名は、われわれの思いをひかずにはかおない。

さて、この魅力のある書名は、大きく分けると、(1)観心、(2)覚夢、(3)鈔の三つのグループになる。その順序にしたがって意味をたずねてみよう。

(1)観心。いうまでもなく心を観ることだが、ここに(A)「観」と(B)「心」という二つの重要なことばが含まれている。では(A)「観」とは何か。「観」とは、梵語 Vipaśyanā（毘鉢舎那）の訳語で大切なことばであるが、「真理を観る」とか「ありのままに観る」という意味である。われわれは、なかなかものごとをありのままにみることをしない。自分の主観や、願望を混入してみようとする。「観」はそういう自分の都合でものをみることを捨て、対象の本質としてひそむ永遠の真理の上にそのものをありのままに観るのである。したがって、みる側の「観」が深くなければ真理は観られない。「観」の浅深が、対象の浅深をきめてくる。われわれは、なんとなく誰も同じものを一様にみていると思っているが、決してそうではない。「観」の深さのいかんによって、さまざまの世界が観えるのである。「観心」とは、心を深く観、心を通じて永遠の真理に触れることである。そして能観の体、つまり観る主体は、別境の慧であるといわれている（『大乗法苑義林章』「唯識義章」）。別境の慧についてはのちに詳しく触れるが、知性の果たす役割は非常に大きい。

(B)「心」とはではいったい何か。法相唯識の立場からいうと、「心」は三つの段階に使い分けられる。(a)狭義の心、(b)中間的な心、(c)広義の心である。(a)狭義の心とは、法相教義では第八阿頼耶《あらや》識をさす。法相唯識では、後述のように人間を八つの識に分析するのであるが、その第八番目の深層の心を阿頼耶識といい、狭義で「心」という時には、この識のみをさすことになっている。(b)中間的な「心」とは、八つに分析されたその全体をいう。八識とは、(1)眼《げん》識、(2)耳《に》識、(3)鼻《び》識、(4)舌《ぜつ》識、(5)身《しん》識、(6)意《い》識、(7)末那《まな》識、(8)阿頼耶識であるから、この中間的な広さにおける「心」とは、われわれの感覚作用や深層意識等をも含めた意識活動の全体をさすことになる。(C)広義の「心」とは、意識活動の主体としての自己、および、自己をとりまく環境全体をも含めたものである。われわれの意識活動を「心」と呼ぶのはよいとして、われわれをとり囲む環境——紙とか机とか、家とか大地とか、山や川や、太陽や星までが「心」であるとはいったいどういうことであろうか、いきなり環境も「心」だといわれても理解に苦しむのであるが、唯識佛教の理解にここは大切なところである。あまりここでつっこんだことを触れるわけにいかないが、われわれの環境というのは、われわれと無関係に外に実在しているのではない。外界はわれわれの認識の対象として、認識のはたらきの中に組み込まれることによってはじめて対象となる。対象となることによって存在する。そして私の環境としての世界がそこに立ち現われる。そういう構造を持っているのではなかろうか。別の言いかたをすれば環境のすべては、自分を軸とした視点からのみとらえられ、その形態がその形態として認識されているにすぎないのであって視点が変わり、見る主体が変わると対象の形態もすっかり変わってしまう。毎日、自動車で通っている道を、ある日、歩いてみると、視角が変わってまったく新しい美しさを発見して驚くことがある。われわれは時計の音を「カチカチ」あるいは「コチコチ」と聞く。ところが英語圏の人たちにとって時計は、「チックタックチックタック」と聞える。「コチコチ」という音が実在するのでもなく、「チックタック」という音が外界に存在しているのでもない。認識主体の違いが、外の音を変えるのである。環境の形態は、それを認識する主体と深くかかわっている。有名な「三界唯心」ということばは、こういうことをいう。唯識佛教ではそう解釈する（華厳教学では「心」を形而上学的に解するが——）。「三界」とは欲界・色界・無色界をいうが、要するに凡夫の世界であり、その世界は凡夫の心の顕われだというのである。良遍は『法相二巻鈔』の最初に、「一切ノ諸法ハ皆我心ニ離レズ。大海・江河・須弥《しゅみ》・鉄囲《てっち》、ミズシラヌ他方世界・浄土・菩提、乃至一実真如《しんにょ》ノ妙理マデ併シナガラ我心ノ内ニアリ。……心ノ外ニ有ト思フハ迷乱ナリ」と述べている。これが広義の「心」である。

さてそこで、「観心」の「心」とは、どの「心」を観ることであろうか。どの「心」も「心」の真実を捉えたものであるから、「観」るのは、全体の「心」というほかはない。しかし、いきなり、山を「観」ることが「心」を「観」ることであり、真理を「観」ることだといわれても、なかなか急には納得いかない。また、第八阿頼耶識を「観」ることだといわれても、第八阿頼耶識なるものがいったい何ものなのかわからない。そんなことを考えてみると、「観心」の「心」とは、中間的な意味での「心」、つまり、常識的な意味においての、見たり聞いたり考えたり、愛したり憎んだりするところの「心」を「観」ることと考えて出発してよいように思う。それを出発点として「心」を観ずることによって、やがて、一枝の梅花を「観」ることが、そのまま自己を「観」ることであり、真理を「観」

ることであるという奥義に参入することができるであろう。

⑵覚夢。これもまたⒶ「覚」とⒷ「夢」という二つの語からできあがっている。まずⒶ「覚」とは、「さとる」という意味と「さめる」という意味とを持つ語であるが、佛典の中では、梵語 bodhi（菩提）の訳語として深い意味を持たされている。菩提とは、智慧の意味であり、智慧とは、真理と冥合する心のはたらきである。そうすると、この場合の「覚」とは、夢の真実をさとるという意味になる。さとることは同時にさめることでもあるが、基本的には、さとることと理解しておこう。ではⒷ「夢」とはなんであろうか。「夢」はむろん一番根本的には、睡眠中にみられる非現実的な錯覚、または幻覚の状態、をいうことはことわるまでもない（『岩波小辞典心理学』）。しかし、その非現実的であり幻覚でありながら、しかも一つの力を持つ面が、われわれの根源的には空でありながら、しかも似有として存在する人生に似通っているところから、経典の中では、人生の譬喩としてさかんに使われている。最も人口に膾炙しているのは、『金剛経』の「一切有為《うい》の法は、夢幻泡影《むげんほうよう》の如し」であろう。佛典によって培われてきたのであろうか、人生の根源にひそむ空無性、あるいは不在性をわれわれは「夢」という譬喩で表わすことをいつの間にか身につけているように思う。

然るに平家、世を取って二十余年、
真《まこと》に一昔《ひとむかし》の過ぐるは夢の中なれや。

これは謡曲『敦盛』の一節であるが、二十年の栄華を夢と捉えるこの一節を聞く時、われわれは深い人生の不在性に触れるのである。「いっさい夢に御座候」と書き送って処刑された武将もある。「夢」とは人生の真相を語るものである。良遍は、「夢」という語が好きであったように思う。この『覚夢鈔』の中にも、また『奥理抄』の中にも何回も使っておるし、『臨終之用意』の中にも、「何事も皆夢也」と述べている。このような「夢」の譬喩は、存在論的な虚無性を表わすのであるが、唯識佛教では、もう一つ認識対象の幻影性をも譬える。「夢」の中でみるものは、非現実的な幻想にすぎない。さめると、その瞬間皆消えさってしまう。ちょうどそのように、われわれが、見たり聞いたりしている認識対象は、認識しているそのままの姿で決して実在しているのではなく、自分の「心」の立ち顕われた形象にすぎない。三界唯心である。認識構造の面からいって、あると思っている世界は「夢」のごとく空無である。このような認識論的な面からも「夢」の譬喩は使われる。佛教では、理想・憧れ等の意味に「夢」を使うことはない。

さてそこで、「覚夢」とは、その人生の「夢」性をさとることである。「夢」性の中に埋没している限り、「夢」は「夢」として自覚されない。「其の夢みるに方《あた》りては、其の夢なるを知らざるなり」(『荘子』「斉物論篇」)。したがって、「夢」を「夢」と知らぬ段階においては、「夢」は「夢」ではない。「夢」が「夢」として捉えられるのは、「夢」が「夢」としてさとられた瞬間においてである。「覚夢」とは、「夢」を「夢」とさとることである。「夢」を「夢」とさとるのであるから、「夢」は消えさったのではない。やはり自覚された形において存在していなければならない。しかし、存在はするが、すでに夢であったという自覚があるのだから、夢をみてうなされたり喜んだりしている時とは完全に違った次元に立っていることになる。それが「覚夢」である。良遍もあとで「今此の夢境とその覚境と但是れ妄心分別《もうじんふんべつ》の有無《うむ》なり」と述べ、また『観心覚夢鈔』「唯識義理」章の最後を次のような美しいことばで飾っている。

人、夢中に処して自ら是れ夢と知れば、其の夢必ず寤《さ》む。我等、今生死《しょうじ》の夢中に処して、しばしば唯心如夢《ゆいしんにょむ》の道理を観ずれば、覚悟の朝に至ること定で近きに在るか。

ここに良遍が『覚夢鈔』をとおして言わんとするすべてが語り尽くされているといっても決して過言ではあるまい。「一期は夢」(『閑吟集』)という存在論的・認識論的真相への覚醒こそが、この書物のねらいであるといってよいであろう。

では「観心」と「覚夢」との関係はどうなるのだろう。これに二とおりの解釈がある。第一は、「観心」によって——方法として——人生の夢を覚るとする説(小山憲栄『鼇頭観心覚夢鈔』)。第二は、「観心」がそのまま「覚夢」であるとする説(松浦鉄心『観心覚夢鈔講義』)である。前説は、修行→得果という修行の立場に立って説かれたものであり、われわれも修行に心をおく時、たどらざるを得ぬ漸進の一面を強調した見かたであり、後説は、直下承当の本義に立つ説である。本来的には第二の説に立つべきであろうが、そのために、一歩一歩向上の一路を進む前説の一面を忘れると、佛教が観念化され、ひとりよがりの弊に陥る危険性がある。心を観ずることが即そのまま覚夢にほかならぬが、しかし、毎日毎日、心を観ずる行を積み重ねていく志気も忘れてはならないのである。しかしまた、後説を忘れて前説のみに立つと、佛教が修養論になってしまい、本来的な宗教性を失うことになってしまう。

(3) 鈔。「鈔」は撮要《さつよう》・含摂《がんしょう》の義と言われるように、「広大な内容の要点をまとめて述べる」という意味である。

観心覚夢鈔

良遍草す

序説

夫れ菩提を得んと欲せば、須《すべから》く自心を知るべし。之を知るは寔《まこと》に唯識の教門に在り。求法《ぐほう》の人、誰か学ばざらんや。

但し、文義広博にして頓《とん》に学ぶこと能わず。今、略中の略を取りて聊《いささ》か其の旨趣を示さん。

一には所依本経。二には一代教時。三には百法二空。四には四分安立《あんりゅう》。五には三類境義。六には種子熏習《しゅうじくんじゅう》。七には十二縁起。八には三種自性。九には三種無性。十には二諦《たい》相依《え》。十一には二重中道。十二には唯識義理。十三には摂在刹那《しょうざいせつな》。

《菩提》　梵語 bodhi の音写。智慧と訳する。佛教の目ざすところは、人生の真実を観取する透徹した心眼を開くことにある。

佛教の肝要は自心を知ること。

佛教の目ざすところは、透徹した心眼によって人生・宇宙の真実を生きることである。その心眼を、智慧という。唯識の目的と転識得智という語で表わす場合があるが、迷いの心（識）を転じて、真実を観る智慧を獲得するという意味である。その真実の智慧を得るのには、まず、自心を知れという。自己の心を観ることである。自己の心をありのままに観るのである。自己認識を通して自己を変革していくのである。それこそが、この唯識佛教の教えである。

まず自心を知れというこの出発に、私は、唯識佛教の普遍性があると思う。神・佛を信じることができなくとも、自分の心を観ることはできる。すべてのものの存在を疑ったとしても、疑う自分の心の存在だけは否定できない。誰でもが、なんの不信も不安もなく、踏み込むことのできる広大な佛教の世界がここにある。佛教という語をここに持ちだす必要もない。真実の人間への道がここにあるといってよい。「求法の人、誰か学ばざらんや」といわれるゆえんである。

私は、唯識佛教を佛教人間学と呼んでよいと考えている。考えてみれば佛陀の教説をはじめ、佛教のすべてが人間学としての性格を基本的に持っているというべきであろうが、でも特に唯識は、現実の人間の姿を克明に分析し厳密な組織のもとに把握した佛教であるといって過言ではない。しかし人間は複雑である。人間とは何かという問いは、人類がもの心づいて以来問いつづけてきた千古の問題である。それだけ人間というものは複雑なのである。何千年もの間、あくことなく詩が作られ、文学がうみだされたのは、人間という存在が複雑なものだからである。佛陀の教えに八万四千の法門があるというのも、その複雑さを語るものであろう。人間が複雑でまた神秘であるから、それを追求する唯識佛教もまた自然と「文義広博」とならざるを得ない。良遍はそれを、略中の略をとって十三章にまとめるというのである。

第一章　所依本経

唯識疏に云く、「六経を爰《えん》引す。所謂《いわゆる》、華厳と深密と如来出現功徳荘厳と阿毘達磨と楞伽《りょうが》と厚厳となり」と。故に六経を以て本経と為すなり。

但しこの六経の中、解深密経《げじんみっきょう》を以て殊にその本と為す。正しく唯識の三性、十地因果の行位を明かす了相大乗中道教の故なり。

又、荘厳経と阿毘達磨経と及び厚厳経とは皆未渡の経なり。唯識論の中には、数《しばしば》その文を引く。

問う、若し爾らば深密の説処と教主と対揚等とは何ぞや。

答う、説処は華蔵世界なり。教主は盧舎那《るしゃな》佛なり。対揚は法雲・究竟《くきょう》なり。義理は中道了義なり。皆、経に見ゆ。長きが故に載せず。

《所依本経》　法相唯識教義が、依り所として尊重する経典。禅宗を除いて他の佛教はすべて所依の経論を持つ。法相唯識教義では、次にあげられる『華厳経』以下の六経を所依の本経という。**《唯識疏》**　慈恩大師基 の『成唯識論述記』のこと。『成唯識論』注釈の原典として最も尊重される。**《華厳》**　『大方広佛華厳経』の略称。(1)東晋・佛駄跋陀羅訳・六十巻、(2)唐・実叉難陀訳・八十巻、(3)唐・般若訳・四十巻の三訳がある。『華厳経』は、華厳宗所依の経典であるが、三界唯心説の根拠として、法相宗の六経の一つに摂める。**《深密》**　『解深密経』の略称。次の四訳がある。(1)北魏・菩提流支訳『深密解脱経』五巻、(2)唐・玄奘訳『解深密経』五巻、(3)陳・真諦訳『佛説解節経』一巻（抄訳）、(4)宋・求那跋陀羅訳『相続解脱経』二巻（抄訳）、法相唯識では玄奘訳が最も尊重され、また六経の中でも最も根本の経典とされる。**《如**

来出現功徳荘厳》　『如来出現功徳荘厳経』。これは漢訳されていないが、『成唯識論』巻三に、一偈が引用されている。**《阿毘達磨》**　『大乗阿毘達磨経』の略。この経は散佚して伝わらないが、『摂大乗論』『成唯識論』に数個所引用されており、『解深密経』と並んで初期唯識思想を代表する重要な経典と考えられている。**《楞伽》**　『入楞伽経』の略。これに次の三訳がある。(1)宋・求那跋陀羅訳『楞伽阿跋多羅宝経』四巻、(2)北魏・菩提流支訳『入楞伽経』十巻、(3)唐実叉難陀訳『大乗入楞伽経』七巻、三訳の間には根本的な思想の違いもみられ、如来蔵思想との関係もみられるのであるが、所依本経とされるのは十巻の魏訳であり、古来、五法・三性・八識・二無我を説く経典として、『成唯識論』成立の頃には権威あるものであったと考えられている。**《厚厳》**　『厚厳経』。失訳であるが、『大乗密厳経』の同本と推定されている。『成唯識論』に伽他《かだ》が引用されており、『述記』で、『厚厳経』の伽他と注されている。**《唯識三性》**　遍計所執性《へんげしょしゅうしょう》・依他起性《えたきしょう》・円成実性《えんじょうじつしょう》のこと。後述。**《十地因果行位》**　菩薩の修行の階位の一つを「十地」といい、その行を因として佛位の果を得ると考える。これについてはのちに詳しく説かれる。**《了相中道大乗教》**　「了相」とは、存在するものの相状を明了に説くことで、この分野が法相唯識教義の最も得意とするところである。**《未渡の経》**　中国に伝来されなかった経典。**《説処》**　経典の説かれるところ。**《対揚》**　対告衆《たいごうしゅ》ともいい、佛の説法の対象。**《華蔵世界》**　蓮華蔵世界の略。蓮華に包まれた美しい佛の浄土である。『解深密経』はここで説かれたとされるが、他に『華厳経』『梵網経』の説処も蓮華蔵世界である。しかしその浄土の様子は多少異なっている。**《盧舎那佛》**　『解深密経』の教主。盧舎那佛は、他受用身の佛で、光明遍照と訳す。他受用身については後述。**《法雲・究竟》**　「法雲」は菩薩の第十法雲地、「究竟」は究竟位で佛果位のこと。つまり、『解深密経』は、非常に高い境地の人々を対象に説かれたとするのである。**《義理》**　道理。唯識の教えの内容。

佛陀の教説には、非常に論理的哲学的な一面があり、これが長い佛教の歴史を通じて一貫している。しかし、どのように論理的に完璧であっても、その主張が経論の中に源を持つものでなければ佛教としては認められない。単なる独断ということになる。必ず根拠として経論の文句が要求される。それが所依の本経である。経論の文句が要求されるというと、ちょっと教条主義的なにおいがしないでもないし、たしかに、ものによっては、そううけとられても仕方のないようなこともないわけではないが、根拠としての経論というのは、本質的には、教条主義として片づけられるべき性質のものではなく、これは佛陀や先徳たちの宗教体験の表白としてうけとられるべきものである。佛陀や先徳の宗教体験がまずあって、それがことばに表わされて経論となり、われわれは自分の宗教体験を、その経論の言語をとおして佛陀や先徳の宗教体験の上にたしかめるのである。

法相唯識教義では、六経・十一論を所依の経論としてあげる。六経とは『華厳経』『解深密経』『如来出現功徳荘厳経』『大乗阿毘達磨経』『入楞伽経』『厚厳経』である。『覚夢鈔』は六経のみをあげて、十一論の名をあげていないが、参考のために紹介すると次の十一論である。『瑜伽師地論《ゆがしじろん》』『顕揚聖教論』『大乗荘厳経《しょうごんきょう》論』『集量《じゅうりょう》論』『摂大乗《しょうだいじょう》論』『十地経《じゅうじきょう》論』『分別瑜伽《ふんべつゆが》論』『観所縁々論』『唯識二十論』『弁中辺論』『大乗阿毘達磨集《あびだつまじゅう》論』。この六経十一論を所依の経論とするが、特に『解深密経』『瑜伽師地論』（略称『瑜伽論』）が尊重され、『深密』『瑜伽』と併称される。

ただここで、一つ注意しておかなければならぬのは、以上の六経十一論が所依の経論とはされるけれども、法相教義が直接的に依憑するのは『成唯識論』であって、六経十一論は、その『成唯識論』が依って立つところであるという意味においての所依だということである。つまり、六経十一論を所依として『成唯識論』が成立し、『成唯識論』を直接の所依の論典として法相教義は成立しているということである。だから中国・日本の法相教義の歴史は『成唯識論』研究の歴史であるといってさしつかえない。

さて六経十一論の中で最も重要な位置を占めるのは、『解深密経』であるが、ここでは(1)説処、(2)教主、(3)対揚、(4)義理が簡潔に述べられている。(1)説処は、その経がどこで説かれたのかということで、この経は、蓮華蔵世界という蓮華の咲きみちた美しい浄土で説かれたといわれる。これは霊鷲山《りようじゆせん》とか祇園精舎とかのように地上に実在するところではない。しかし宗教的境地の深さによっては、どこでもが蓮華蔵世界となることは十分に可能である。(2)教主は盧《る》舎那《しやな》佛である。盧舎那佛は、法相教義の上から自他相即の受用身であるといわれるように、永遠不滅の人格身である。永遠の真理そのものである法身とも違い、地上に一時の姿を現わす変化身とも異なって、その二つを統一した永遠の真理と思慕の念のいずれにも応える理想の佛である。したがって蓮華蔵世界がどこにでも出現するように、相応の境地に達したどこの人々の前にも示現する佛である。(3)対揚は説法の対象である。佛は漠然と誰にともなく説法するということはない。必ずはっきりと対象を心して説法される。『解深密経』は、法雲地の菩薩や究竟位の佛たちのために説かれた経典だというのである。これはこの経が深遠な内容のものであることを表わそうとするものであろう。『解深密経』の中には、「凡と愚とには開演せず」と普遍性を拒否するような口調もみられ、それが何を意味するのか長い間わからなかった。衆生無辺誓願度という佛・菩薩の大悲の誓願と矛盾するのではないか、境地の高い人たちはいわばほっておいてもよいのであって、迷える凡愚の衆生にこそ教えが必要なのではないか、そう思われて仕方なかったのであった。しかしよく考えてみると、佛陀の教えには、凡愚を拒絶するところがある。絶対に衆生に妥協したり、世俗の欲望を許容されることはない。それは実に峻厳でさえある。凡愚の衆生に佛陀が示されるのは、凡愚を抜けよということである。世俗の欲望のままでそれでよいとはいわれない。

世俗の欲望は、なかなか抜けないぞとはいわれる。しかし、だからそのままでよいとは一語もいわれない。凡愚を超えよ、心を開けよといわれる。たしかに暖かい方便の手はいろいろ尽くされはするが、決して真実をまげて妥協されることはない。ある意味では真実は孤峻であり、人情をよせつけない。佛の大悲等と聞くと、われわれは何ものも許されてしまうような甘さの錯覚を持つが、そうではない。そうした真実の中にある厳しい一面を、ここで、対告衆の高さで示すのではなかろうか。今はそう考えている。(4)義理は中道の教えであることはいうまでもない。

説処・教主・対揚・義理は、どこで、誰が、誰に向かって、何を説いたかをあきらかにすることである。そしてこの四項目は、またわれわれが人生の真実を求める時の肝要な条件でもある。どのような師について何を聞いたか、それが佛魔両界をへだてる岐路ともなるのである。

なお禅宗は、所依の経論を持たないというが、それは経論を否定することではない。一、二の経論の言語に拘泥しないということである。「言語道断とは一切の言語をいふ」(『正法眼蔵』「安居」)というのが本来の意味である。

第二章　一代教時

第一節　古徳の判教を破す

古来の諸徳、教を判ずること同じからず。或は一時教を立て、或は二時教を立て、乃至或は五時教を立つ。此れ等の所立《しょりゅう》は皆教文無ければ、依用すること能わず。故に義灯に云く、「一・二・四・五時教を立てること、聖教の文無ければ並びに依るべからず」と。（正文見るべし。）

《判教》 教相判釈・教判と同じことで、佛陀一代の説法を、その形式や内容によって分類し組織化すること。いわゆる南三北七等といわれるように、多くの教判が伝えられている。 **《一時教》** 佛陀は生涯にわたって常にすべてを説き続けたとする教判で、菩提流支《ぼだいるし》（―五二七）の説といわれる（『大乗法苑義林章』一）。 **《二時教》** 『義林章』によると、古来の諸徳の説として(1)頓・漸二教、(2)半教・満教、(3)有作・無作、(4)生空教・法空教、(5)勝義諦・世俗諦の教判があげられている。

《五時教》 『義林章』には劉虬《りゅうきゅう》（―四九五）の説をあげている。それによると、佛陀は第一時に提謂《だいい》等のために世間の因果を説き、第二時、すなわち成道後二十一日より十二年間、三乗のために『阿含《あごん》経』を説き、第三時、成道以後三十年間、三乗のために『維摩経』『般若経』を説き、第四時、すなわち成道後四十年のうちに『法華経』を説き、第五時、入涅槃の時に『涅槃経』を説かれたという。 **《四時教》** 『義林章』には具体的に何も触れられていないが、法雲（四六七―五二九）の声聞乗・縁覚乗・菩薩乗・法華一乗の四乗教や、智顗《ちぎ》（五三八―五九七）の化法の蔵・通・別・円、化儀の類・漸・秘密・不定等の四教を考えればよかろう。《義灯》　法相二祖淄洲大師慧沼『成唯識論了義灯』の略称。円測の学説を破斥したもので、日本では論義の手がかりとして盛んに読まれた。

佛陀の教説は八万四千あるといわれる。それらの広範囲な内容的にも種々多様な教説をどのように分類整理するか、また自分の信仰の核心からそれをどのように配列し位置づけるかという教相判釈は、中国の学僧たちの重大な関心事の一つであった。それが南三北七といわれるような多くの教判をうみだしたのであった。一時教とは、佛陀は一切時に一切教を説いたとするものであり、二時教とは、佛陀はある時は頓教を説き、ある時は漸教を説いたとする教判である。しかし、法相教義の立場からは、すべて典拠がはっきりしないという理由で、それを皆認めない。法相教義は次に述べるように、三時教判を立てるのである。

第二節　三時の教判

(1)　総　説

宗家の意は『解深密経』に依って三時教を立つ。是れを以て彼の「無自性品」を披《ひら》くに、勝義生菩薩、有《う》・空両経の相違を挙げて如来に請問《しょうもん》す。世尊、之に答えて一代教の大意を演《の》べてその相違を会《え》したもう。文言繁長なり。略を取て意の云く、遍計《へんげ》と依と円との三性に依止して、次《つ》いでの如く相と生と勝義との三種の無性を建立《こんりゅう》す。

相無性とは遍計所執《へんげしょしゅう》なり。体性都無《とむ》にして譬えば、空華《くうげ》の如くなれば相無性と名づく。

生無性とは、依他起性《えたきしょう》なり。無自然性《じねんしょう》なり。譬えば、幻事の如くなれば生無性と名づく。

勝義無性とは、一切諸法は法無我にして衆《しゅ》相を遠離《おんり》す。譬えば、虚空《こくう》の如くなれば勝義無性と名づく。

是《かく》の如き三種の無性に依るが故に、我・説いて一切諸法皆無自性と言う。

相無性の空と及び勝義無性の自性凝然《ぎょうねん》常住の義とに依るが故に、我、亦説いて無性無滅本来寂静自性涅槃《じゃくじょうじしょうねはん》と言う。生無性の依他の体によるが故に、我、亦説いて五蘊・四諦等の種種法と言う。故に前後の説、相違せざるなりと。（言わんとす。）時に勝義生菩薩、深く領解《りょうげ》を生じて一代諸教に、有・空・中道の三時教を立つ。

その時、如来、之を嘆印したもう。

初時教とは、所謂、如来、初に一時に於て施鹿林《せろくりん》に在りて、諸《もろもろ》の声聞《しょうもん》の為に広く蘊・諦等の諸の善巧《ぜんぎょう》を説きたもう。是れ則ち正しく生無自性の依他の諸法に当たる。その義、最浅なるが故に小機に対して最初に之を説きたもう。

第二時とは、如来、在昔《むかし》、諸の菩薩の為に鷲嶺等に於て広く諸法皆無自性・無生無滅・本来寂静・自性涅槃と説きたもう。是れ則ち正しく三無性門に当たる。是れ猶お、総説隠密《おんみつ》教の故に中根の器に対して漸次に之を説きたもう。

已上の二教は、また希奇《けき》なりと雖も、皆、隠密の故にこれを諍論《じょうろん》安足の処所と名づく。

第三時とは、如来、今、華蔵界等に於て、広く遍計《へんげ》等の三性に依って三種の無性を建立《こんりゅう》するの旨を説きたもう。具足《ぐそく》して空・有の諸法を顕了したもう。是れ則ち最極《さいごく》円満教の故に普く一切乗の者の為に之を説きたもう。如来所有の密意《みっち》尽く顕われて永く諍論を離る。故に無諍無容の教と名づく。

是れ其の三時教の大綱なり。

《宗家の意》　原則的には慈恩大師の説。法相唯識教義の立場を示す場合もある。《遍計》　遍計所執性。妄想によって執著されたもの（後述）。《依》　依他起性。因縁和合によって生じ、仮の存在としてあるもの。《円》　円成実性。あらゆるものの真実の本性。《相》　相無性。妄想によって執著されたものは無であるということ。《生》　生無性。因縁によって生じたものは、無であるということ。《勝義》　勝義無性。勝義、すなわち永遠の真理（真如）は、本来的に無であり空であるということ。しかし、それは存在しないということではなく、根本無分別智によって証見される。永遠の真理は空として存在するといえばよいであろうか。《空華》　眼疾の人がみる空中に浮遊する花弁様の幻影。本来、実体はないのに、あると妄信している遍計所執性の譬喩として使われる。《無自然性》　自然に本来的にあるのではないということ。《幻事》　幻術・奇術等のこと。実際にそうであるのではないのに、奇術師によって、実際にそこにあるように演出されるのと、実際には実有として存在しているのではないのに、因縁和合によってそこにあるように思われている依他起性とが似ているので、その譬喩として使われる。《凝然常住》　不変にして常にそこにあること。真知が永遠不変のものとして存在することをいう。真如は随縁縁起するという『起信論』等の如来蔵思想と対立する法相教義の真如観を表わす重要な語。《施鹿林》　鹿野苑（サルナート）のこと。佛陀初転法輪の地である。《声聞》　梵語 Śrāvaka の訳。佛の教えを聞いて修行し証果する者。独覚（縁覚）・菩薩とともに、三乗の一。《蘊》　五蘊の教説。《諦》　四聖諦の教え。《善巧》　衆生済度のためのすぐれた手段方法。《小機》　小さい機根（素質）のもの。《鷲嶺》　霊鷲山《りょうじゅせん》（Gṛdhra-kūṭaparvata）。《隠密》　佛陀の教説に隠密・顕了の二意を分ける。「隠密」は、ことばの背後に隠されている佛の真意。「顕了」は、はっきりとことばに表わされたもの。「隠」が真で、「顕」が方便である。《諍論安足の処所》　あらそいの議論を呼びおこす場。《無諍無容の教》　「無諍」はあらそいのないこと。「無容」は疑問を容れる余地のないこと。

さて法相教義では、三時の教判を立て、それによって全佛教を整理分類する。三時の教判は、『解深密経』「無自性品」が根拠となる。それによると、勝義生菩薩が、佛陀に向かって有を説く経典と空を説く経典との矛盾をあげて、その説明を請うた。それに対して世尊は、遍計所執性・依他起性・円成実性の三性と、相無性・生無性・勝義無性の三無性の説にもとづいて一代の教説を位置づけられた。

相無性とは遍計所執性のことである。ちょうど眼疾の人が見る花弁の浮遊のように、われわれが実有と妄執しているもののすべてが、本来的には空無である。それを相無性といい、幻想そのものは空無であるにもかかわらず、病人にとっては存在する面から遍計所執性という。無の面からいうか、有の面からいうかによって違いはするが、同一のものの表裏であり、根源的には体性都無である。たとえば、時計はコチコチと鳴る。コチコチという音をわれわれは実在すると思っている。しかしそんなものは存在しない。存在しないというのが相無性であり、コチコチと鳴ると思いこんでいるのが遍計所執性である。

生無性とは依他起性である。この世のあらゆる存在は、因縁の和合によって存在している。他との関係なくまったく孤立して存在するものは一つもない。それを無自然性《むじねんしょう》という。それはちょうど、奇術師によって作り出されたさまざまの不思議な現象が、実際にはそのとおりにあるのではなく、奇術師の技《わざ》によってそこに現出させられるのと似ている。しかし奇術師によって作り出される不思議な現象は、空華のように完全な幻影ではない。万人が見事にだまされてしまう。その現象が実在するとしか思えない面を、因縁和合によってそこに存在するという依他起性の語で表わし、しかも、それは因縁和合によって存在するようにみえはするが、本来的には無である、という面を生無性という。遍計所執性よりは、はるかに強く存在性を持つが、因縁所生という意味において、根本的に空無である点は変わらない。

勝義無性は円成実性のことである（『覚夢鈔』本文にはこの言いかたは欠けている）。一切の存在は本質的には実体はない。無我である。したがってその面からみると、あらゆる存在の千差万別の姿、形態はすべて消えさってしまう。それはちょうど、空間が自分自身どのような形態も持たないで、すべての形態をその中に存在せしめるのに似ている。虚空・空間の無的な面を勝義無性といい、しかも空間がそこにあるという面を円成実性という。

このような三種の無性の面から、一切諸法は無自性であるといわれる。

そして、相無性の根本的な空無性と、しかも空無の真理が永遠に存在するという二面から、無性無滅本来寂静自性涅槃という教えが説かれ、根本的には実有ではないのに、因縁によって存在しているという点から、五蘊の教説や四聖諦の教えが説かれるのであるから、ある時には、徹底的に空無が主張され、ある時には、存在性を許容して有として教えが説かれることに矛盾はない。

これが佛陀の解答である。

これを聞き、三性・三無性の説に基づいて勝義生菩薩は、佛陀一代の教説を有・空・中の三時教として整理をし、佛陀はそれを讃歎印可される。

三時とは、初《しょ》・昔《しゃく》・今《こん》の三時である。

初時の教えとは、佛陀が鹿野苑《ろくやおん》で、もろもろの声聞のために五蘊の教説、すなわち、人間を五つの要素（色・受・想・行・識）に分析して無我であることを教えられ、また四聖諦説、すなわち、人生を苦・集・滅・道の四面から教示されたのをさす。五蘊説は、〈自分を、五つの要素の結合として有る〉という前提に立った教えであり、四聖諦説も、〈人に苦が有る。その苦には因が有る。苦の滅した境地が有る。滅苦の境地への道が有る〉というように、有の次元に立って空性が説きすすめられているわけである。われわれは、いきなり人生は空だと言われても理解し難いが、お前はそこに生きているであろう、その生は因縁所生として有るのだと、有の地盤から説得されると納得しやすい。佛陀はまずそのような小機の者のために有の教えを説かれたという。

第二時を昔という。佛陀が霊鷲山《りようじゆせん》で、菩薩のために一切皆空の教えを説かれた。前の佛陀の説明にあてはめると、三無性として空無の面から説かれたのが第二の段階であるという。しかし、この段階にも、佛陀の真意が完全に開示されているわけではない。有に執著しやすいのを、空無と打ち破って、漸次に中道の教えに引導されようとするのである。

以上の二教、つまり有に立っての教え、無に立っての教えは、佛陀の真意がほんとうに開示されることなく、有・無の二辺に片寄った教えであるため、それは、諍論――諍いの議論の場となる。人生を有として執著し、空無性を認めないのもまちがっているが、そうかといって今度は、人生の空無性・不在性のみを真実だときめこんでしまうのも、決して正しくはない。それは虚無主義に転落するだけである。

そこで、第三時の教えが説かれることになる。そして、ここに華蔵世界が登場してくるから、対告《たいごう》衆《しゆう》は当然、第十地の菩薩と究竟《くきよう》位の佛である。説かれるのは、有の面よりの把握である三性説と、無の面よりの把握である三無性説とを、一体のものとする最極円満の中道教である。人生は有ではないが、また無でもない。有であって無であり、無であって有である。それが人生の真実であろう。

さてこれを、三時の教判といい、第一時は、有の立場での教えを説く『阿含経』の時代、第二時は、無の立場で教えを説く『般若経』の時代、そして第三時が、有・無の中道を説く『解深密経』の時代というように組織するわけである。有・空・中の三時といわれるゆえんである。この三時の教判は、少々大雑把なところがあり、たとえば、『華厳経』は、佛陀成道後二七日に説かれたといわれるが、中味は中道教が説かれているわけであるから、一体初時にいれてよいのか、それとも第三時にいれるのかというような疑問が出てくる。最後の説法である『遺教経《ゆいきょう》』は、『華厳経』とちょうど逆の意味において、時期的には最後の時期に属しながら、内容的には有の教えであるという矛盾があって、やはり問題となる。こういう問題があるものだから、次の義類という考えかたが出てこざるを得ないのであった。

たしかにそういう問題はあるにはあるが、この有→空→中という展開は、われわれが、人間の真実に覚醒してゆく道筋として、非常にわかりやすく、自然で、その意味では説得力のある教説であるといってよい。なんといっても、自分はここに生きているという有の感覚が常識的にある。しかし、その自分の存在を深く省察することによって、自分の空無性を自覚する。そしてそこを経過した上で、しかもその空無の人生以外に、人生の味わいも生き甲斐もないという新しい地平に進んでいく。これが自然の省察の深まりである。

だから、三時の教判というのは、単なる教説の分類や位置づけではなく、人間の真実への覚醒の道筋ということができるのである。いやむしろこの人間の真実への覚醒の道筋こそが底にあって、それが組織化されて、三時の教相判釈がうまれたというべきかもしれない。

(2)　三時の名義

然るに佛、教を設くるの由来は、但し是れ義理浅深の次第なり。謂く、有は最浅の故に初めに之を説き、乃至非空・非有は最深の故に第三に説く。此《かく》の如くその義理の浅深を以て機に随って説く時、自ら年月を経て前後次第す。此の経る所の年月の時を取って以て名号と為し三時教と号す。

故に由来を尋ぬれば義理の浅深なり。其の名号を論ずれば年月の次第なり。彼の理の浅深も亦年月の義に違せざるが故に名と義と相当して教時能く成ずるなり。

これを以て『華厳』を第三時に摂し及び『遺教経』を初時に摂する等、皆、相違せざるなり。

《義理浅深の次第》　教説を分類するのに、意味内容を基準として浅より深へという順序に整理すること。次の「年月の次第」に対するもの。　**《年月を経て前後次第す》**　教説の分類を、内容によらないで、説示の前後によって整理するもの。前の「義類浅深の次第」に対する。

前の段で、問題になったように、『華厳経』や『遺教経』の位置づけの矛盾をどう解釈したらよいのか。それに応えるのがこの一段である。

その答えは、佛陀一代の教説を三時に分けるのは、説かれた年代の前後によるのではなく、教説の内容の浅深を基準としてであるという。佛陀は、聞く者の機根の浅深に随って、まず「有」の教えを説き、次に「無」の教えを説き、最後に非有非無の中道を説いて、浅より深へ説きすすめられたのである。そして、それがおのずから、初時・第二時・第三時の年月の順序と重なるのである。したがって、最初に説かれた『華厳経』は、内容の深さによって第三時と考えるべきであり、年月の前後からいえば一番最後になる『遺教経』は、初時の経典といってさしつかえないことになる。

三時の教判を、年月の順序とするか、内容の浅深とするかについては、「年月の三時」「義類の三時」という二説として、法相教義の中で種々議論されてきている。そして良遍は、その二説を巧妙に統合し、年月次第と義類次第とを対等の説としている。これは良遍の識見によるものである。

だいたい、三時の教判の基本は、『成唯識論述記』と『了義灯』にある。『覚夢鈔』の論述は、だいたい『述記』の文脈にしたがったものである。

ところが、『述記』はこのあとに、「これは機と理との漸教の法門に約して以て三時を弁ず。もし大の小に由って起るには即ち三時年月の前後あり。……もし頓教門の大の小に由らずして起るには即ち三時前後の次第なし」と述べて年月次第の前後にあるのは、小乗より大乗へ廻心した漸悟の菩薩の場合であり、最初より大乗の修行を修する頓悟の菩薩の場合には三時の前後はないとしている。この漸悟・頓悟については、『覚夢鈔』でもこのあとでもう一度触れられるので、詳しくはそこにゆずって、ここでは、この『述記』の説をうけた『了義灯』の説の方にすすんでゆこう。

『了義灯』の特徴は、「義類の三時」をはっきり別立したところにある。すなわち、巻一に「漸悟に対するが為に教を説くこと三時あり。もし頓悟に対せば、三時の別なし。又、所説の教、定で是の如き前後の次第ありて判じて三時とするにはあらず。並びに所説の義類に約して相従す」と述べて、年月前後の次第に対して、義類（浅深）の次第説を分立している。『了義灯』では巻七にも「三時を弁ずることは前後に約するに非ず。但だ類を以て相従し、有を第一となし、空を第二となし、俱なるを第三となす」とあって、慧沼が義類次第説に積極的であったことが窺われる。つまり、『述記』では、(a)漸悟の菩薩によって年月次第を説き、(b)頓悟の菩薩によっては前後はないというのみであったのを、『了義灯』は(b)について義類次第説を立てて説明するのである。佛陀一代の教説を、機械的に年月の順序のみにしたがって整理するのは、やはり無理があり、教説の内容を基準とする義類次第説がどうしても別に分立される必要があったのである。むろん、義類次第説を主張したのは、慧沼に限るわけではない。慈恩大師自身、年月次第説のみをとったのではないし、『解深密経疏』で、「三時所説の教とは、義の浅深広略の義に約して説く。年歳日月の前後に約して三時を説くに非ざるなり」（続蔵一―三四―二九八左上）とはっきり義類説をとるべきことをうちだしている。

ところが、この年月前後次第説と義類浅深次第説とは、日本でいろいろな論義をかもしだした。凝然の『華厳五教章通路記』によると、「法相学者、三時の義を陳ぶるに異義多端なり。(1)或は唯義類といい、(2)或は義類を本となし兼ねて年月を収むといい、(3)或は又これに反すといい、(4)或は義類・年月双存という。異義区分一編に定め難し」（大正七二・三九〇・下―三九一・上）と四説あることを述べている。ところが湛慧（一六七五―一七四四）の『成唯識論述記集成篇』はこれをそのまま引用し、その上で、唯年月説こそが正義であると述べる。すなわち、「疏中……漸教の法門を以て三時を弁ずるに、即ち三時年月の前後あり。『深密』これなり。もし頓教門なれば即ち三時前後の次第なし。淄洲、前後に約するに非ざるは、文を曲げて義を成ずるなり。甚だ信用し難し。然も玄奘・慈恩の釈の中に於て未だ前後・義類の二門を分立するを見ず。……皆沼公の胸臆より出ず。……義理の浅深をなすは、もと『義灯』に拠ってその義を恢張し、専ら枝葉に攀《よ》って根源の由る所を究めざるなり」（大正六七・三〇・中）と述べて、義類浅深次第説は、『了義灯』で慧沼が勝手につくりあげた謬説であるから、それによってはならぬと断じているのである。この説によれば、『通路記』にあげられている四説は、全部否定されることになり、年月次第説のみが正しいことになる。

そこで『通路記』の四説と、『集成篇』の説とを総合すると、日本における三時教判の解釈に次のような五説が存することになる。

(1)唯年月次第説＝湛慧『成唯識論集成篇』（大正六七・三〇・中）

(2)唯義類次第説＝善珠『了義灯増明記』（大正六五・三三六・上）、『成唯識論同学鈔』（大正六六・三・上—中）

(3)本年月兼義類説＝『百法問答抄』（曹大本・八—三十六右）

(4)本義類兼年月説＝『通路記』の中に、「義多端」の一説としてあげられている。

(5)年月義類双存説＝『観心覚夢鈔』

このように五説を列記してみると、三時教判についてかなりいろいろな解釈があったこと、『覚夢鈔』が、それらの学説をふまえながら、独自の解釈をかかげていること、そのあたりに学僧としての良遍の学識の深さと確かさが窺われること等を知ることができる。

(3) 名義均等

問う。義理の深浅、時の名に違せずとは、其の意、云何《いかん》。

答う。『瑜伽抄』の中に彼の『本論』所説の時死・非時死の文を釈すらく、「時とは道理の義。或は、時分に応可するの義なり」と。「時」の言、本《も》と、道理の義を兼ねること其の旨分明《ふんみょう》なり。是れ則ち、「時」とは分位・相称・剋性《こくしょう》の義なるが故に道理に亘るなり。

所以に、其の専とする所は、年月の時を以て名づけて三時教と為すと雖も、其の「時」の言の中、自《おの》ずから三重の道理を含むなり。

《瑜伽抄》　慈恩大師基『瑜伽師地論略纂』十六巻の略称。『瑜伽論』の注釈。**《本論》**　『瑜伽論』のこと。**《時死・非時死》**　「時死」は、寿命満ちて死ぬのをいい、「非時死」はそうでないのをいう。『瑜伽論』巻一に出る（大正三〇・二八一・中）。「非時死」について次のような八種があげられている。(1)食すること度量なし。(2)食宜しからざる所あり。(3)消(化)せざるにまた食す。(4)生《なま》なるを而も吐かず。(5)熟せるを而も之を持つ。(6)医薬に近づかず。(7)己れにおいて、もしは損、もしは益なるを知らず。(8)非時非量に非梵行を行ず。**《三重の道理》**　この場合、「三重」の語に二つの意味が考えられる。第一は、直前に述べている「時」の三義、すなわち、道理・応可・時分、あるいは、分位・相称・剋性の三つであり、第二は、有・空・中の三つである。おしつめていえば年月次第は、同時に義類次第である、という良遍の主張を述べているのであるから、この二種の三重をいずれときめる必要はなく、両方を含むものと考えてよいであろう。

義類の三時と年月の三時とを同列に扱うというのは、良遍の独特の三時教判についての解釈であった。そこでここでは、その妥当性が確かめられるのである。義理の深浅が、時の名、つまり初時・第二時（昔）・第三時（今）という年月の順序と背反しないという意味は何かと自ら問いを設けるのである。

それに対して、『瑜伽抄』の一文を引いて答える。『瑜伽抄』の一文とは、(1)時とは道理の意味である。(2)時とは、時分に相応するという意味だという本論のことばである。良遍はそれを、(a)分位、(b)相称、(c)剋性の義と説明する。(a)分位とは、『瑜伽抄』の時分を説明する語であって、「時」の一点、つまりある時点、をさす。「時」は具体的には、ある時点しかない。昨日も「時」であり、今日も「時」であるということはない。「時」は常にただその時のみという一点しかない。それを分位といい時分というのである。(b)相称とは、ある特定の存在がその状態にあるということは、その時点という一点の時との交差として捉えられることである。「時」も存在もそのようなものである。「時」とは、存在を離れてどこかに独立してあるのではない。ある存在が、ある因縁の道理のもとに、そこに存在する。――それが「時」である。(c)剋性とは、「剋」は「能くする」という意味であるので、「道理」をさす。存在の理法である。

さて、そこで、良遍がいおうとしているのは、「三時教判」が、「三時」というように「時」の概念を用いてはいるが、それは通常考えられるように、「時」＝移り行き流れ去るものというような皮層的な「時」概念によっているのではなく、存在の理法そのものをさす「時」概念によるということである。したがって、内容の浅深そのものが、初時・第二時・第三時という「時」そのものと乖離しないというのである。

良遍はこのようにして自分の主張する年月・義類を対等とする説が、決して自分の独断ではなく、慈恩大師の『瑜伽抄』の中にれっきとした根拠のあることを述べるわけである。唯年月次第説に立つ『集成篇』は、良遍より約四百年後の撰述であるが、良遍のこの年月・義類双存説についてはひとことも触れていない。これはなぜであろうか。これも『覚夢鈔』がある時代それほど読まれなかったということと、関係があるのではあるまいかと思う。

(4)　宗家の判釈

加之《しかのみならず》、宗家、諸教を判ずるに、大に二門あり。所謂頓悟門は、唯、一時教を立つ頓悟教の人は、一切の教を聞いて中道を悟るが故に。是れ則ち、佛の意は初時に有《う》と説くも中道の有なり、是れ三性の中の依・円の有の故に。第二時の空も亦中道の空なり、是れ三性の中の所執の空の故に。頓悟の前には三時の別無し。二に漸悟門は即ち三時教なり。漸悟の人は、根漸熟の故に有・空・中道の三時の悟解に其の階級あり。故に佛は要《かな》らず三重の教を説くなり。是れを以て、阿含《あごん》・般若《はんにゃ》・深密《じんみつ》等の次第は専ら是れ漸機の前の教相なり。是の故に、之を以て三時の本と為す。然り而して、時教を安立《あんりゅう》の習、教として尽きざること無し。故に必定して華厳等を摂するなり。

故に頓悟の門には一代の諸教を皆一時に摂す。

漸悟門の中には、一代の諸教を皆三時に摂す。

彼・此欠くること無く、義・道円満す。

《頓悟の人》　法相教義では、菩薩を⑴頓悟菩薩と⑵漸悟菩薩とに分ける。⑴頓悟菩薩は、菩薩の機根が熟していて、最初から菩薩の大菩提心（自利・利他）を発し、まっしぐらに菩薩の大行を修し、大果を証する。ためらいも、さまよいもないところから、直往《じきおう》の菩薩とも呼ばれる。⑵漸悟菩薩は、不定姓の菩薩であり、最初は声聞・独覚の発心・修行・証果を経て、その後、改めて大乗菩薩の発心をするもので、廻心向大《えしんこうだい》の菩薩、略して廻心の菩薩、あるいは廻小向大の菩薩等という。

《漸悟の人》 漸悟の菩薩。 **《阿含》** 『阿含経』、三時教判では、初時・有教を説く経典の代表。 **《般若》** 『般若経』。三時教判では、第二時・空教を説く経典の代表。 **《深密》** 『解深密経』。三時教判では第三時・中道教を説く経典の代表。 **《安立》** 言語によって表象されること。非安立《ひあんりゅう》の対義語。『成唯識論述記』には、「施設と言うは安立の異名なり」とあり、施設＝安立＝仮説の意味である旨が述べられている。 **《義・道》** 法義と道理。

慈恩大師の三時の教判は、⑴頓悟門と⑵漸悟門とに分けて説かれている。

⑴頓悟門は一時教判とでもいうべきものであり、初時の有の教えの中に、第二時の空の教えも、第三時の中の教えも含まれており、第二時の空教にも、初時の有教、第三時の中道教が含まれ、第三時もまたそれと同じく初時・第二時を含むとする。つまり、三時の別はないとする。

⑵漸悟門では、初時＝有教、第二時＝空教、第三時＝中道教というように、漸次に浅より深へと説きすすめ深められていったと位置づけられる。

この二門を併用して、佛陀一代の教説を分類すると、一切矛盾することなく、この二門の位置づけの中に包摂される。三時の教判は完全無欠であるという。

以上で「一代教時」、つまり「三時教判」の概要が終るわけであるが、最後の頓教門・漸教門について見落としてならぬことがある。それは、頓教・漸教というのは固定したものではないということである。『成唯識論述記』に、「頓と漸と別して定まれる教のなきことを顕わすなり」（佛教大系本・一—五頁）とあって、頓教・漸教は固定的なものではないといわれているのである。さらに慈恩大師は

『大乗法苑義林章』で、「多分、頓と漸との別の教門なし。一会の中に随って応ずる所の益なるが故に」（大正四五・二四八・中）と同趣旨のことを述べている。佛陀の説法は一つであるが、聞く者の機根の熟・未熟によって、それからうける利益は一人一人ちがうのである。教えの浅深がそのまま聞く者に届くのではない。機根の浅深によって、教えの浅深が変わるのである。「三時教判」はこのように、年月の次第と、教えの内容である義類の次第と、それを聞く側との三重の重なりにおいて、佛陀一代の教説を整理したものということができる。

第三章　百法・二空

第一節　総　説

夫れ百法は、空執を遣《や》らんが為なり。
二無我は、有執を遣らんが為に施設する所なり。

《百法》　以下述べられる百の要素。すなわち現実の自己を百の要素に分析したもの。　《空執》　「空」を実体化してそれに執著すること。　《遣る》　とり除く、否認する、排除する等の意。遣去とも熟語する。　《二無我》　人無我・法無我をいい、人空あるいは我空、法空ともいう。　《有執》　対象をそのまま実体とみなして有と執著すること。

いよいよ本章より、法相教義の内容に入ることになる。
法相教義の一つに百法・二空がある。百法・二空は、現実の人間を百の要素に分析することによって、人法二空を会得せしめる教説である。百法は、人生を一切皆空と否定しさることにかたよる空執を排除するために説かれるのであり、二空は、逆に百の要素を実有と執著するのを取り除くために説かれるのである。

佛陀の教説は、一切皆空の認識を根本とする。空・無我が会得されぬ限り佛教はわからないといってよい。空とは、有の否定であることはいうまでもないが、その空を絶対化することは、元来有の否定であるべき空をかえって逆に有化することを意味し、空の本義を離れることになる。ところがわれわれは、有といえば有を絶対化し、空といえば空を絶対化しやすい。人間の論理にはそういう陥穽がひそんでいる。その論理の有・空のいずれかにかたよることを除くために、百法・二空の教説は示されるのである。

この一段は、『百法明門論』の組織に基づいて説かれる。

第二節　百法総説

先ず百法を論ずるに、略して五法と為す。

一には心法。梵に質多《しった》と云う。此れに名づけて心と為す。是れ積集《しゃくじゅう》の義、集起《じっき》の義なり。

二には心所有《しんじょう》法《ほう》。心が家の所有なれば心所有と名づく。

三には色法《しきほう》。質礙《ぜつげ》を義と為す。

四には心不《しんふ》相応行法《そおおうぎょうぼう》。行は即ち行蘊《ぎょううん》なり。行蘊に二あり。謂《いわ》く相応行と不相応行となり。今は前に簡《えら》ぶが故に不相応と名づく。

五には無為法《むいほう》。為とは作《さ》の義なり。此の法、常住にして造作を離るるが故に名づけて無為と為す。

此の中、心王《しんのう》（心法）は一切に最勝なるが故に。
心所有法は此れ（心王）と相応するが故に。
其の諸の色法は心王と心所との所現の影なるが故に。
不相応行は心（心王）と心所と色との位の差別なるが故に。
諸の無為法は心と心所と色と不相応行との顕示する所なるが故に。
是《かく》の如く次第す。

《質多》 梵語 citta の音写。心と訳する。 **《積集の義・集起の義》** 法相教義で心を積集・集起の義という時は、特に第八阿頼耶識のみをさすのが普通であるが、ここでは八識全体の意味に使っている。 **《心家所有》** 心を(1)その働きの主体となる面と、(2)それに従属するさまざまの作用とに分け、(1)を心法・心王、(2)を(1)に所有されたものと解して心所有法といい、略して心所という。元来、心の働く時、主体となる一面とそれに従属する一面という二面があるわけではない。見る、聞く、考える等の一つの全体的な働きがあるにすぎないが、しかしそれを分析して二面として説明するのである。 **《質礙》** 質量を持ち、一定の空間を占有し、同じ空間に他の存在を許さぬという意味で、色法つまり、物質的存在の性質の説明に用いる。 **《行蘊》** 五蘊（色・受・想・行・識）の一つ。五蘊は人間を五つの要素に分析するものであるが、色蘊が物質的存在、識蘊が心王、受蘊・想蘊が心所に含まれるのに対して行蘊は受・想以外の心所と不相応行法の二十四が含まれる。 **《無為法》** 梵語 asaṁskṛta の訳語。常住不変の絶対の法をいう。有為法の対で「造作を離れる」こと、すなわち因縁所生法を離れ生住異滅する有為法とまったく次元を異にする。五位の分類によれば、心法・心所有法・色法・不相応行法の九十四はすべて有為法であり、残りの六のみが無為法である。 **《所現の影》** 心の上に現われた影像。

百法はさらに概略的には五つの分野に分類される。すなわち、(1)心法、(2)心所有法《じょう》、(3)色法《しき》、(4)心不相応行法、(5)無為法である。(1)心法は百法の中で最勝のもの、(2)心所有法は心法にともなう心のはたらき、⑶色法は心王・心所有法の対象、⑷不相応行法は以上に含まれぬ有為法、⑸無為法は以上の四法に顕われる永遠不変の真理である。永遠不変の真理といっても、そういうものがどこかに実在しているのではない。具体的な前の四法を貫通しそこに顕われるのである。

(1) 心　法

① 眼　識

第一心法に略して八種有り。（A五識の起る時には意識は必ず起る。B意識起る時は五（識）必ずしも起らず。C五識も亦即ち必ずしも倶起《くき》せず。）

一には眼識。⑴眼根に依止して⑵四顕色《けんじき》を縁ず。⑶別種の所生なり。⑷三性《しょう》に通ず。⑸欲と初禅とに在り。⑹四の所依有り。一には眼根、二には意識、三には末那《まな》、四には頼耶《らや》なり。⑺若し三量を論ぜば唯是れ現量なり。⑻相応の心所は三十四有り。然れども同時に非ず。爾許《そこばく》相応す。下に明かすが如きなり。

《眼識》 視覚作用。　**《眼根》** ものを見る器官。眼球や視神経。「根」は梵語 indriya の訳で、強い力を持ち、ものをうみだす能力のあるものの意。　**《四顕色》** 青・黄・赤・白色。　**《別種所生》** そのものを生ずる独自の種子より直接生ずるということ。法相教義では、そのものの種子より生じたものを実法といい、聚集・相続・分位によって成立した仮法と区別する。　**《三性》** 善・悪（不善）・無記（非善非悪）。　**《欲・初禅》** 「欲」は欲界、「初禅」は色界の初禅。

《所依》 依り所。　**《三量》** 対象を認識する三つの方法。現量（直観的認識）、比量（推理的認識）、非量《ひい》（誤謬の現量—似現量と、誤謬の比量—似比量）。　**《相応》** 梵語 saṃprayukta の訳で、二つのものが相互にかかわりあって離れ得ぬ関係にあること。法相教義では、時同・依同・所縁等・事等の四義平等を説く。

五位百法の第一は心法であるが、これは前に述べられたように、法相教義では八種に分類される。まず眼識からはじめられるわけであるが、その前に前五識と第六意識相互の関係が（　）内に述べられている。(A)前五識の起る時には、必ず第六意識がともに働くという関係。つまり、感覚が働くと第六意識は常にそれに対していろいろな思慮分別をするという関係でこれを五倶《く》の意識という。(B)しかし第六意識の起る時には、必ずしも五識が起るというわけではないという関係。つまり第六意識は独自にも働くということで、これを独頭《どくず》の意識という。(C)五識は、同時にも働くが、単独でも働くという五識相互の関係。つまり聞きながら見るということもあり得るが、聞くことだけに没頭するということもある。これが前五識と第六意識の関係である。

さて、第一の眼識であるが、これがさらに八つの角度から組織的に整理される。

(1)なぜ、眼識と呼ばれるのかという部門で、釈名分別《しゃくみょうふんべつ》門といわれる。すなわち眼識は、眼根——眼球や視神経によって働く識作用であるので、眼識とよばれるという。

(2)眼識の対象（所縁）は何かを明らかにする部門で、所縁分別《しょえんふんべつ》門といわれる。視覚作用の対象は、四顕色、つまり青・黄・赤・白の色彩である。眼識は、色彩だけでなく、対象の形態や動きも見分けるが、それは他の認識方法によっても知ることができるのに対して、色彩のみは、眼識でなければ認識できないので、ここには色彩のみがあげられるのである。形や動きは手で触って知ることもできる。

(3)仮実《けじつ》分別門という。眼識が仮法であるか実法であるかを分類する部門で、眼識は実法とされるのである。実法といっても実体的な存在をいうのではない。佛教の場合、すべての存在は因縁所生のものであるから、実体的存在は一つもないのである。では、実法とは何かというと、法相教義では、直接的に種子より生じたものを実法といい、聚集・相続・分位によって成立した仮法と区別する。種子といっても、これも実体ではなく因縁所生の有為法であるが、一応、種子より生じたものを実法と呼ぶのである。眼識――視覚作用は先天的・後天的素因（種子）を根拠として働くのであって、その時その時の事情によって勝手に無秩序に動くのではない。たとえばわれわれの視覚作用は、赤外線や紫外線は見ることはできないという素因によって働いている。すべてのものが三次元の空間の上にのみ認識されるというのも、眼識の実法という性格に基づくと考えてよい。また、われわれがものを見るという動作の中には、われわれの積み重ねてきた今日までの全経験が収約されている。しっかりとした根拠を持つ働きを実法というのである。

(4)眼識の性質は、善・悪・無記のいずれであるかを説明する部門で、三性《さんしょう》分別門という。それによると眼識は、善・悪・無記の三性のすべてに働くといわれる。眼識は感覚作用であるから、もともとは無記である。善でも悪でもない。善の視覚、悪の視覚等というものはない。しかし、眼識が働く時には、必ず第六意識が働いて、判断を下したり、いろいろな思いはかりを付加してくるので、元来は無記である眼識が、第六識の思量にひかれて、善・悪にも働くのである。眼の見るのは色彩のみであるが、心の中に汚れがあるとその色彩に汚れが加わり、心が清浄であれば、対象も清らかさを増して認識されるのである。

三界の組織図

三界
- 無色界
  - 非想非非想処
  - 無所有処
  - 識無辺処
  - 空無辺処
  - ［定多慧少の禅定の世界］
- 色界
  - 捨念清浄地（四禅）
  - 離喜妙楽地（三禅）
  - 定生喜楽地（二禅）
  - 離生喜楽地（初禅）
  - ［定慧均等の禅定の世界］
- 欲界
  - 天上
  - 人間
  - 修羅
  - 畜生
  - 餓鬼
  - 地獄
  - ［五欲の世界］

(5)眼識は、三界（上図）のどこにつながり、かかわっているかを説く部門を界繋《かいけ》分別門という。われわれの感覚作用や意識活動は、全部がいつも働いているわけではない。たとえば坐禅がきちんとできている時には、眼の前を少々何が動いていても、それによって心を乱されることはない。眼識は、欲界と初禅とにあるというのは、そういうことをいうのである。色界の二禅以上というのは禅定の深い世界であるから、眼識が心を動乱させることはない。見たものに心を奪われるというような状態は、欲界や禅定の浅い初禅の境域にのみあるのである。したがって眼識のかかわるのは、欲界と初禅とであるといわれる。

(6)眼識の所依を説く部門で所依《しょえ》分別門という。所依とは依り所、あるいは眼識の働く場、あるいは眼識の背後にあって眼識の働きを支え、また影響を与えるもの。眼識には四つの所依があるといわれる。第一は眼根、眼球や視神経であり、これは視覚作用にとって不可決のものであることは当然である。眼識は、この身体を所依としてその上に働く。第二は第六意識である。第六意識については、のちに詳しく出てくるわけであるが、知・情・意の全体である。われわれが、ものを見る時に、眼識が色彩をうけとめると、それが何であるかを第六意識が尋求して判断を下す。そこではじめて、その対象がはっきりと認識される。眼識が対象の色彩を受容するだけの認識ももちろんないわけではないが、それは深い認識としては成立しない。電車の窓からぼんやり外を見ていると、いろいろな店の看板が目に入るが、電車を降りる時にはほとんど覚えていない。覚えているのは、何か多少でも関心をもっている分野の看板のみである。関心は第六意識の働きである。所依の第三は、第七末那識である。末那識は、潜在的な我執の意識である。われわれがものを見る時には、まず一番表面に眼識が働くわけであるが、そのうしろにあるのが第六意識である。ところが、法相教義ではそのうしろに、潜在的な我執が働いているという。自分の都合のいいように第六意識を働かせ、眼識を動かしてものを見るということである。所依の第四は第八阿頼耶識である。中国・日本では略して頼耶と呼ばれることが多い。阿頼耶識もまたのちに詳しく説明されるが、一応、総体的人格性の根源といっておこう。眼識も第六意識も第七末那識も、自分という独自の個体の上に働いている。我執も知的判断も、花を見るという行為も、抽象的に無性格なものとしてあるのではない。必ずその人独特の働きを持っている。それは、眼識が一番根底に阿頼耶識を所依として持っているからである。

(7)三量分別門。眼識は、三量の中では、ただ現量としてのみ働くというのがこの分別門の説明である。三量とは、認識対象を量知する三つの方法で、現量（直観的認識）、比量（推理的認識）、非量《ひりょう》（誤まれる現量と比量）であるが、眼識は感覚作用であり、感覚作用は直観的認識であるから、推理的方法はむろん持たない。ただ現量のみである。花の紅い色彩を見るのみでそれ以上の働きはしない。

(8)眼識が働く時に、一緒に働く心所は何々かを説く部門で、心所相応門という。眼識とともに働く心所は次の三十四である。触《そく》・作意《さい》・受・想・思《し》（以上遍行）・欲・勝解《しょうげ》・念・定《じょう》・慧（以上別境）・信・慚《ざん》・愧《き》・無貪《とん》・無瞋《しん》・無癡《ち》・勤《ごん》・軽安《きょうあん》・不放逸・行捨《ぎょうしゃ》・不害（以上善）・貪・瞋・癡（以上煩悩）・掉挙《じょうこ》・惛沈《こんじん》・不信・懈怠《けだい》・放逸・失念・散乱・不正知《ふしょうち》・無慚《むざん》・無愧《むき》（以上随煩悩）。ただしこれら三十四の心所は、常に同時に全部が働くわけではない。これらの心所については後述。

以上が眼識の八分別であるが、われわれの「見る」という一見単純そうな行為の中にこれだけ複雑な性格が分析されるということである。眼の前の本を見るというただそれだけの行為も、決して視覚作用のみで捉えられるものではなく、その背後に働く、知識や教養や情操等の第六意識がその「見る」行為を支えており、さらにそのうしろには、潜在的な我執とかその人の育ちや人格性などがひそんでいる。「見る」という単純な行為が、実はそういう深く複雑な重層的立体的構造としてあるということである。われわれはなんとなく皆同じように同じものを見ていると思い込んでいるが、決してそうではない。その人その人のありかたによって、皆別々のものを見ているのだ。ただ同じような知識や経験を持つ人間同志だから、類似した形象を見ているにすぎないのである。

② 耳識・鼻識・舌識・身識

二には耳識《にしき》。耳根に依止し、声《しょう》を縁じて境と為す。乃至相応の心所の数等は上の識に明かすが如し。

三には鼻識。鼻根に依止し、香を縁じて境と為す。余は上に説くが如し。但し、界繫《かいけ》は唯、欲界にのみ在り。

四には舌識。舌根に依止し、味を縁じて境と為す。余は亦、上の如し。

五には身識。身根に依止し、触を縁じて境と為す。余は亦、上の如し。但し、界繫は眼・耳識に同じ。

	釈名	所縁	仮実	三性	界繋	所依	三量	心所
眼識	眼根	四顕色	実	善・悪・無記	欲・初禅	眼根・第六識・第七識・第八識	現量	34
耳識	耳根	声境	実	善・悪・無記	欲・初禅	耳根・第六識・第七識・第八識	現量	34
鼻識	鼻根	香境	実	善・悪・無記	欲界	鼻根・第六識・第七識・第八識	現量	34
舌識	舌根	味境	実	善・悪・無記	欲界	舌根・第六識・第七識・第八識	現量	34
身識	身根	触境	実	善・悪・無記	欲・初禅	身根・第六識・第七識・第八識	現量	34

《耳識》　聴覚作用。**《耳根》**　耳の器官。**《声》**　耳識の対象である声境のこと。声といわれてはいるが、その中には、器物の音や自然の音等も含まれる。**《鼻識》**　嗅覚作用。**《鼻根》**　鼻の器官。**《香》**　鼻識の対象である香境のこと。よいかおりも悪いにおいもすべて含む。**《舌識》**　味覚作用。**《舌根》**　舌の器官。**《味》**　舌識の対象である味境のこと。**《身識》**　触覚作用。**《身根》**　皮膚・粘膜。**《触》**　身識の対象である触境のこと。

耳・鼻・舌・身識については、眼識の八分別に基づいて簡潔にまとめられている。共通する性質が多いからである。

耳識は、耳の器官の上に働く感覚作用であるから、耳識といわれる。対象は音声であり、その他の性質はすべて眼識と同じである。

鼻識は、鼻の器官の上に働く感覚作用であるから、鼻識といわれる。対象はにおいである。その他はだいたい眼識と同じであるが、界繋については、眼・耳・身識と違って欲界にのみ働く。嗅覚というのは、すぐにおいに慣れてしまう性質を持っている。蘭の馥郁《ふくいく》とした香りは、その部屋に入った時には強い印象をうけるが、部屋に長くいると気がつかなくなってしまうものだ。禅定が深くなれば、におい等まったく意識にのぼらなくなるのである。坐禅をしていて、においが気になるうちは、坐禅がまだほんものになっていないということであろう。それで鼻識は唯欲界にのみ働くといわれる。

舌識は舌の器官によって働く感覚作用であるので舌識といわれる。ものの味を味わう味覚作用である。その他すべて鼻識と同じい。界繋も鼻識と同じく欲界のみである。禅定の中で、何かを味わうというようなことはありえないことである。

身識は、身根の上に働くので身識と呼ばれる。身根は身体を連想してしまいやすいが、皮膚のことである。ものに触れて知るので対象を触境《そっきょう》という。身根は直接には皮膚をさすのであるが、皮膚は全身を覆い他の器官と違って全身的であるので、身根といったのであろう。その他の性質は、眼・耳識と同じである。

以上で感覚作用の五官が終ったので、まとめると九一頁の表のようになる。

③ 意識

六には意識。(1)意根に依止し、(2)法を縁じて境と為す。法とは、即ち是れ一切諸法なり。意根とは、即ち是れ第七末那なり。(3)別種の所生なり。(4)三性に通じ、(5)三界繋に通ず。(6)二の所依有り。意根と第八となり。(7)三量に通ず。(8)一切の心所、皆相応することを得《う》。然れども同時に非ず。下に明かすが如し。

《意識》 知・情・意を全体的に含む心の働き。現代の意識という概念より範囲は広い。日常われわれが心と呼んでいるのはこの第六意識である。 **《意根》** 意識の依り所となるもので第七末那識をさす。「意根」には(1)前滅の意――八識それぞれの前刹那に滅した識をさす場合、(2)第六意識・第七末那識・第八阿頼耶識の後三識をさす場合、(3)第七末那識のみをさす場合の三説があるが、ここでは(3)説があげられている。《法境》　意識の対象を法境という。法境の内容は一切法である。

第六意識は、推理・思考・判断・記憶・想像等の知性や、感情や意志のすべてを含んだ識作用である。普通、われわれが心と呼んでいるものと考えてよい。われわれが経典を読んで、理解したり考えたりするのも第六識であるし、優れた説法を聞いて感動したり、菩薩行を実践しようと志を立てるのも第六意識である。迷うのも、悟るのも第六意識である。人生の真実を求めるのに、第六意識は非常に大きな意味を持つ識といわなければならない。

第六意識も八分別によって整理されているので、順序にしたがってみよう。

(1)釈名分別門は、第六番目の識作用が意識と呼ばれるのはなぜかということである。それは意根に依止して働くからだといわれる。意根とは、第七末那識のことである。第七番目の末那とは、梵語manasの音写である。マナスとは「思量する」という意味で、「意」と訳された。心・意・識を厳密に区別して使う時には、第七末那識を「意」にあてる。つまり末那識は「意識」となる。それに対して、第六番目の識は、第七番目の「意識」に依止して働くので「意識」というのである。同じ意識でも第六識は「意に依る識」、第七識は「意即識」だが、ことばの上では、両方とも「意識」となってしまい区別がつかないので、第六番目の識を「意識」、第七番目の識を原語のままに「末那識」と使い分けるのである。

(2)所縁分別。第六意識の所縁は法境である。法境とは、一切諸法のことであるから、第六意識は、一切諸法を対象とするということである。第六識が広縁の意識といわれるゆえんである。

ところが、このことを裏から考えてみると、一切諸法といっても、それは自分の意識の領域に浮んだものにすぎぬということを意味している。自分にとってはすべての存在——一切諸法は、どこまでも「自分にとって」という前提の上においてである。意識が一切諸法を対象とするという点は、意識のひろやかな重要性をさすことになるが、同時にわれわれの認識の限界をしめすことでもある。意識の対象にのぼらぬものは、われわれにとって存在しないといってよい。意識の領域を超えたものに眼を開くのは、智慧である。唯識佛教の修行を転識得智という語で表わすのは識の領域を超えた世界に開眼することを意味する。

(3)仮実分別によると実法であることはいうまでもない。今日まで蓄積された経験を種子《しゅうじ》とし、それに基づいてわれわれの意識活動はある。今日までためこんだ知識を離れて、われわれは何事も思考することはできない。佛教の修行で、心の修行が大切なゆえんだ。しかしここにも一つの限界が示されていることを忘れてはならない。自分が蓄積した知識や教養が、新しい創造の原動力であると同時に、それが思考や創造力を制約してくることも見落としてはならぬ一面なのだ。自分の持つ種子が自分の力であるとともに、また限界でもあることを知らねばならないのである。

(4)三性分別。意識はむろん、善・悪・無記のいずれにも働く。

(5)界繫分別門でいえば、欲界・色界・無色界の三界に通じて働く。意識は深い禅定の世界にもある。澄浄な心としてあるのである。しかし、これもまた同時に一つの限界が示されていることを覚えておこう。それは、三界というのは凡夫の世界であって、その三界に繫縛されているということである。佛界は三界を超越してある。すなわちわれわれの第六意識が知るのは、三界であって佛界ではないということである。凡夫の情量をもっては佛界を量ることはできない。われわれの第六意識によるところの思慮分別を、放棄しさった時にのみ佛界を窺うことができるということである。しかし、自分の思慮分別を捨てようとするのもまた第六意識であるから、そこに自分を捨てるということの難しさがある。「大死一番」等ということばは、その難しさをなんとかして表わそうとしたものである。

(6)所依分別門でいえば、第六意識の所依は意根つまり第七末那識と第八阿頼耶識である。末那識は我執の識であるから、われわれの知・情・意の動きは、我執の上に動いているということになる。そしてさらにその底には、総体的人格性である阿頼耶識がそれらを支えている。

この所依分別門には三つの注意すべき点があるように思う。一つは、所依となるものが、心的機能にのみ限られているということである。前五識には、眼根・耳根等の身体の器官が所依の一つとしてあげられていたのに対して、第六意識にはそれがない。これは第六意識以降は、いわゆる純粋に心的機能とか精神作用とか呼ばれる分野に属すると考えられる（阿頼耶識には心的機能のみとはいえない性質もむろんある）ということがあるのではあるまいか。佛教の基本の立場は身心一如であって、精神と肉体とは一体不二とする。しかしそのことは、精神分野がないということではない。特に唯識佛教は身心一如を前提としながら、しかも独立した心的領域を認めて、その追究を精密にする佛教であるから、第六意識の所依は、心的機能の中にのみ求められたのであろう。第二は自分の染汚性への深い真摯な自覚だと思う。通常の意識活動の底に潜在的な自己中心性を発見し、修行しても修行してもぬぐきいれぬ、その染汚性を第六意識のすぐ背後におかざるを得なかったのである。しかもその染汚性は肉体に起因するのではなく、心的機能の中に把握された。精神が精神を汚すという自覚であろう。前

	釈名	所　縁	仮実	三　性	界　繫	所　　依	三　　量	心所
意識	意根	法境	実	善・悪・無記	欲・色・無色	意根（第七）・第八識	現・比・非	51

五識にも、所依として第六識・第七識があげられていたが、それは第六意識の直接の所依として捉えられた末那識が、そのまま前五識にも敷衍されたものというべきであろう。第三は、阿頼耶識が所依の一つであるということについてである。阿頼耶識を総体的人格性の根源とするということは、第六意識がその人の人格性の上に働いているということである。そんなことはあたり前だといってしまえばそれまでであるが、ちょっと考えてみなければならぬことがある。それは第六意識の働きの一部分に、知性とか理性といわれる一面があり、それは普遍性・合理性の根拠となるものである。近代合理主義は唯識的ないいかたをすると、第六意識の普遍性・合理性を絶対視し、それを根拠として発展したものだといってよい。ところが、ここで唯識佛教がつきつけてきているのは、それへの疑問である。第六意識は我執を根拠とし、その人の人格性の上にのみ働くとするのであるから、それがどれだけ普遍性や合理性の要求にこたえるものであるかは疑問となるのである。普遍性や合理性も、その人格性を超えるものではないということである。この所依分別門は、普遍的認識への根源的問いかけであると考えてよいのである。

(7)三量分別門では、第六意識は現・比・非の三量に通じるといわれる。八識の中で三量に通じるのは第六意識のみである。推理的な比量こそ第六意識の一番特徴のあるはたきであるが、過去や観念的対象を直観的に認識することもあるので、現量としてもはたらくのである。また誤まれる非量によって狂った認識をすることも避けられない。

(8)心所相応門は、ともにはたらく心所を明らかにすることであるが、第六意識に相応するのは、五十一のすべての心所である。

以上の八分別を前五識にならって表にすると九六頁のようになる。

④　末那識

七には末那識。(1)此《ここ》に意識と云う。第六は依主《えしゅ》(釈)なり。此れは持業(釈)の故に二は各別なり。恒に審かに思量すること余識に勝るるが故に別して末那と名づく。(2)別種の所生なり。(3)唯、有覆性《うふくしょう》なり。(4)三界繋に通ず。(5)第八(識)を依と為す。(6)唯、これ非量なり。(7)但し第八(識)の見分を縁じて境と為す。(8)十八の心所、同時に相応す。

《依主》　依主釈《えしゅじゃく》のこと。依主釈は、梵語の合成語を解釈する六つの方法(六合釈《りくがっしゃく》)の一つで、合成語の前半の語が、後半の語に対して格となる場合である。ここでいえば、「意」と「識」という二語から合成されている「意識」という語において、前の「意」があとの「識」の格となり、「意の識」あるいは「意に依る識」の意味とされる。**《持業》**　持業釈《じごっしゃく》のこと。六合釈の一つで、前半の語が後半の語に対して、形容詞、副詞あるいは同格の名詞の関係である場合をいう。ここでいえば前の「意」があとの「識」に対して、同格の名詞であるということで、「意即識」の意味と解釈される。**《恒に審かに思量する》**　「恒」は「常恒に」、「審」は「審細に」。第七末那識は「常恒に審細に思量する点が余識にない優れた特徴である」といわれる。**《有覆性》**　有覆無記性のこと。「無記」はもともと非善非悪であるが、その無記性の中になお悪性を含む「有覆無記性」と、まったく非善非悪の透明の状態である「無覆無記性」とを分け、末那識は有覆無記性とする。「覆」については、『成唯識論』巻三に「覆というは、謂く(1)染法なり。(2)聖道を障うるが故に、(3)又能く心を蔽いて不浄ならしむるが故に」とあり、それについて『了義灯』に、「聖道を障うるを以て有覆とするならば、不善も聖道を障うるのであるから有覆としてもよいではないか」という問いを設け、それに対して「能く聖道を障うるに拠っては不善をも覆と名づくべし。

（不善は）果を招く勢用強し。故に有覆とは名づけず」（佛教大系本二―二一〇頁）と答えている。つまり、不善・悪のように強い力を持たないということである。元来、非善非悪の無記性の中に、不善の如く強力ではないが、なおかつ心を不浄ならしめる一面を分析したものである。《見分》対象を認識する主観の作用。あとの「四分安立」の章で詳述される。

第七末那識は翻訳して意識という。末那 manas というのは思い量るという意味で、心・意・識の意にあてられるのである。そうすると第六識も意識であるが、第七識も意識ということになる。しかし、前に述べたように、第六識の意識は依主釈で、第七識は持業釈である。すなわち、第六識の意識は「意に依る識」、第七識の意識は「意即識」である。第七識を末那識——思い量る識というのは、恒《つね》に審《つまびら》かに無我である自己に対して、自我の思いを持ちつづけるからである。

文章の順序は前後しているが、さきの八分別によると次のようになる。

(1)釈名分別。常恒に審細に自我の思いを持ちつづけるので思量する識——末那識と呼ばれる。「常恒」というのは、同じ思量するにしても第六意識と違うことを表わす。すなわち第六意識は有間断《うけんだん》（断絶することがある）であるのに対して、第七識は間断がない。寝ても起きても、悪いことをする時にも善いことをする時にも働きつづけるそういう性質を表わそうとするのである。「審細」というのは第八阿頼耶識と違うことを表わす。常恒に働くという性質からいえば、第八阿頼耶識も常恒である。しかし、第八阿頼耶識は末那識のように思量しない。そこで、「常恒」という点では共通であっても、「審細」に思量するという点で違うというのである。つまり、恒思量――第六意識の有間断と違うことを表わす。
審思量――第八阿頼識の無分別であるのと違うことを表わす。

⑵所縁分別。本文では⑹「第八の見分を縁じて境と為す」という一節である。末那識の対象は第八阿頼耶識である。阿頼耶識は自分の総体的人格性の根源であるから、末那識はその自己の根源を対象とすることを意味する。自己が自己を対象として執著することである。しかもそれが常恒に働くのである。

本文には「第八の見分を縁」ずるとあるが、阿頼耶識を対象として働くといっても、第八識のどこなのかによって異説があり、法相教義は見分説を正義とする。見分とは、相分（対象）に働きかける側であるから、見分を縁ずるということは働きかけるその一面を対象とすることを意味する。私が生きているということは、何かの対象に働きかけながら生きているということであるが、その働きかける最先端の自分を対象とするということである。私が対象としているものを縁ずるのでもなく、隠れた自分を対象とするのでもない。

⑶仮実分別。これも末那識をうみだす独自の種子よりおきる実法である。我執の識の強い力の自覚といってよい。我執の働きを独立させて末那識と呼び、それを潜在的な第七番目の識作用として、一つの位置を与えたのは法相教義の特徴である。我執の自覚はもちろん佛陀以来のことであるが、それを識の組織の上に独立的に定置した宗教的意味は見落とされてはならぬことである。

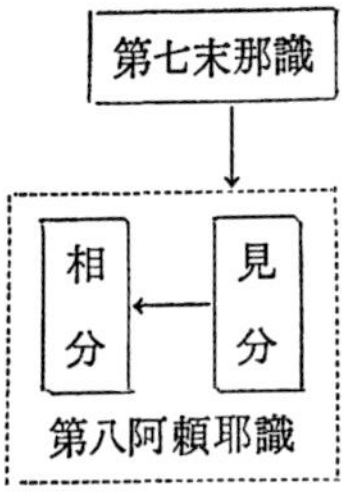

⑷三性分別。有覆無記である。無記であるから基本的には非善非悪である

	釈名	所縁	仮実	三性	界繫	所依	三量	心所
末那識	恒審思量	第八見分	実	有覆無記	欲・色・無色	第八	非量	18

が、聖道を障え心を不浄にする染法である。煩悩・随煩悩のように、悪とか不善とかいわれるほど強い力をもって擾乱することはないが、しかし、いつも第六意識の底で働きつづけて、第六意識を汚していくのである。汚すというのは、自己中心的な動きを持ちこんでくることである。第六意識では善い行為だと思っている時にも、根底には自己中心的な染汚の働きがひそんでいるというのが三性分別である。

(5)界繫分別でいえば、三界に通じるというのが第七識である。三界に通じるということは、五欲にひきずりまわされている欲界は当然のこと、色界や無色界の禅定の世界においても我執が働いているとすることである。有覆無記であるということも、三界に通じて働くということもおそろしいことだ。それは善の行為の底にある染汚性を見ぬいていることであり、清浄なるべき禅定の底に、自己中心的な有所得の念をとらえていることだからである。三界を超越した佛・菩薩には末那識は働かない。だから佛・菩薩の精神は清浄である。

(6)所依分別では、第八阿頼耶識のみである。自己の上に働く汚れた自己の働きということになる。

(7)三量分別でいえば、末那識は「唯非量」である。非量とは誤謬の認識であった。末那識はどのような誤謬認識なのかというと、無我である第八阿頼耶識を対象として、我の意識を持つという誤りである。阿頼耶識といっても、因縁所生の無我なるものであるのに、それを固定化し実体化して、不変の自我を措定するのである。決して無我なる自己の真実る。

に目ざめることはない。だから唯非量であり、自分の全体がその非量によって汚されてしまうのである。

(8)相応の心所は十八である。触・作意・受・想・思（以上遍行）、慧（別境）、我癡・我見・我慢・我愛（以上煩悩）、掉挙・惛沈・不信・懈怠・放逸・失念・散乱・不正知（以上随煩悩）である。この中で特に強調されるのは、我癡・我見・我慢・我愛の根本煩悩の四つである。『唯識三十頌』にもこの「四煩悩と常にともなり」といわれている。

以上の八分別門を例によって表にすると一〇〇頁のようになる。

さてこの末那識は、佛教を学ぶ者にとって非常に重要な分析といわなければならない。それは人間の清浄性への困難を説くものだからである。人間はほっておいても自分を是認し、自分を必要以上に高く大きく優れたものとして意識しやすい。自慢高慢の慢心を持ちやすい。その上、一乗佛教が一切衆生悉有佛性等と説くと、その深い真意を考えることもなく、簡単に自分は佛だというような非常に安易な自己肯定を行うことにもなる。末那識の省察はそうした安易な自己肯定へのきびしい批判である。善い行為をしている、善業を積み重ねている、一生懸命坐禅をしている、そういって自己を肯定することの危険性をつきつけていることだといえる。善業はほんとうに根底的に美しい善業であるのか、坐禅はほんとうに清浄な禅定であるのか。それをいい加減に許さぬのが法相教義であり、末那識の教説であるといってよいのである。

⑤　阿頼耶識

八には阿頼耶識《あらやしき》。(1)此《ここ》に翻じて蔵と為す。能《のう》蔵と所《しょ》蔵と執《しゅう》蔵との義の故に名づけて蔵識と為す。(2)別種の所生なり。(3)唯、無覆性《むふくしょう》なり。無覆性の中に四無記《しむき》あり。此の識は唯是れ異熟《いじゅく》無記なり。(4)三界繋《さんがいけ》に通ず。(5)第七(識)を依と為す。(6)唯是れ現量なり。(7)三種の境を縁ず。種子《しゅうじ》と五根《ごこん》と器界《きがい》是れなり。(8)相応の心所は但是れ五数なり。凡そ一切法の能生《のうしょう》の種子は皆今此の蔵識の中に在り。

《阿頼耶識》　梵語 alaya の音写に漢字の識を結合したもの。アーラヤには、執著する、執著される、ひそむ、たくわえる等の意味があるので、蔵識と訳された。法相教義では、阿頼耶識・頼耶と呼ばれることが多い。第七末那識に執著される識であり、種子をたくわえる識であり、人間の奥底にひそむ識である。**《能蔵》**　阿頼耶識と種子との関係で、たくわえられる種子を所とするのに対して、それをたくわえる阿頼耶識を「能蔵」というのである。**《所蔵》**　阿頼耶識と七転識の関係で、七転識が種子を熏習するから、「能」とし、その種子を受身的に熏習するから、阿頼耶識を「所」とする。**《執蔵》**　阿頼耶識と末那識の関係で阿頼耶識は、末那識に執著される性質があるので、その面をいう。**《無覆性》**　無覆無記性のこと。まったく汚れのない非善非悪の性質をいう。**《四無記》**　無覆無記のものが四つある。(1)異熟無記（前世の業の果報としての心）、(2)威儀無記（行・住・坐・臥の動作を起す心）、(3)工巧《くぎょう》無記（技術・美術等をなす心）、(4)通果無記（神通力を起す心）。阿頼耶識は異熟無記である。なお『成唯識論述記』には、能変無記・所変無記・分位無記・勝義無記の四無記が説かれている（佛教大系本二―二〇八頁）。**《異熟無記》**　「異熟」は梵語 vipāka の訳。原因の性質と異なって結果が熟すること。現在の自己は過去の善悪業を因とし、その結果として存在しているが、その存在自体は無記である。それを異熟無記といい阿頼耶識は異熟無記心である。**《五根》**　眼・耳・鼻・舌・身根。**《器界》**　有情の住む環境世界、物質的世界。

阿頼耶識は、第八番目の識であるが、この識は人間の深い奥底にあって、あらゆる経験を保持しており、末那識によって愛執の対象とされる。深い奥底にあるというのは、前五識や第六意識と違って潜在的な存在であるということ、あらゆる経験とは、個人の経験はいうまでもなく、祖先や遠い人類の経験までをさし、それらを保持しているのがこの識であるとされる。

私という存在は現在のみのものである。過去は消え去った時間であり、未来はまだ表われぬ時間であって、「ある」のは現在のみである。私は現在の自己としてのみ今ここにある。しかし、阿頼耶識という人間把握は、その現在の自己の奥底に悠久の過去を発見することであった。その人の過去の育ちはむろんのこと、その血筋も、その民族の文化も、いやもっともっと古い過去久遠劫の人類のたどってきた歴史をさえも内に持って、今ここに人は生きているとするのである。文化や価値観を背負って人は存在すると言い換えてもよい。そしてその自分が、現在の自分や自分をとり囲むさまざまの環境を規定している。過去を捨て去り、過去より切断された自分というものはどこにもないのである。それが現在の自分である。未来はその自分がつくりあげていくのである。過去が現在の環境をまで規定しているというのは、前に述べた三界唯心を想起していただければよい。山河大地まで心の顕われでないものはない。一人一人の人間が、それぞれ集積している心の内容、つまり総体的人格性の違いによってそれぞれ違った山河大地を見ているのであり、その見ている山河大地以外のものはその人にはない。その根源にあるのが阿頼耶識である。

ここにも、根源的な普遍性への疑問と認識への深い自省をよみとることができる。

さて、阿頼耶識も八分別門にしたがって叙述されているので、その順序によってみていこう。

(1)釈名分別。この識が、阿頼耶識——蔵識と呼ばれるのは、能蔵・所蔵・執蔵という性格を持つからであるといわれる。「能蔵」はあらゆる経験を種子として蔵していることである。祖先や人類の記憶をまで持ってわれわれは生きている、その面を能蔵という。包蔵される種子に対して能の立場に立っているのである。過去を持っているという面である。「所蔵」は、経験を主体（能）と考えた時に、それを受けいれるのが阿頼耶識であるから、そこを所蔵という。七転識を能としてそれに対して阿頼耶識を所とするのである。七転識が働いて種子を阿頼耶識にたくわえこむ関係である。自分の行為によって自分がつくられていく一面といってよかろう。「執蔵」は、末那識の愛執となる一面である。過去を背負い、自己が自己をつくりながら生きている、それが現在の自己であるが、その自己は、そのように因縁所生のものであって、元来は空なる存在であるにもかかわらず、それを依り所として生きるしかないので、われわれは、それを実体化し、実有化して執著する。阿頼耶識には実体化されやすい性質がある。それを執蔵というのである。三蔵を図示すれば次のようになる。

能蔵	能蔵	阿頼耶識	阿頼耶識と種子との関係
	所蔵	種子	
所蔵	能蔵	七転識	阿頼耶識と七転識との関係
	所蔵	阿頼耶識	
執蔵	能蔵	第七識	阿頼耶識と第七末那識との関係
	所執蔵	阿頼耶識	

(2)所縁分別。阿頼耶識が対象とするのは、種子・五根・器界の三種である。阿頼耶識は、任運無分別であって、第六意識のように思慮分別する働きはないが、識として捉えられているということは、対象に働きかけるものであることを意味する。対象に対して働きかける、それが生きるということであろう。阿頼耶識は潜在的な心であるから、無意識のうちにわれわれが対象としているものそれを所縁というのである。「種子」については、のちに一章を設けて説かれるので、詳しくはそこにゆずるが、簡単にいえば、経験が阿頼耶識の中にたくわえられたところで、それを一応有的に把握したものであり、それは一切万法を顕現する因子となるものである。われわれは、自分の中に保持している種子の顕われとしてものを考え、ものを見たり聞いたりするのである。自分の保持する経験の集積を無意識のうちに対象化してそれに依存し、またそれに拘束されている。阿頼耶識が種子を所縁とするということはそういうことをさすのだと思う。「五根」は眼根—身根であるから、身体である。われわれは無意識のうちに自分の身体を意識している。眼識で手のひらを見たり、身識で頭をさわって知るのではなく、自分の生きていることを自分の身体において内側より体感している。そういうのをいうのであろう。「器界」は、外の物質的世界である。阿頼耶識は無意識の領域において物質的世界を対象としている。山河大地や本や机や、それらの物質的存在を自分の人格性によってまず対象として捉えるのである。それは意識的にされるのではなく、無意識的に任運にその人格性によって行われる。好きな物は嫌いな物にはならず、嫌いなものは好きな物としては絶対に認識されない。それは阿頼耶識が、今日まで積みかさねてきた人格性において、人格の奥底で一度、対象として捉えているからである。嬉しい時には月の光も清澄な喜びにみちて見えるし、哀しい時には蒼白い暗い光に見える。外界とはそういうものである。我執に捉われている人間には、見るもの聞くものすべてが、自分の都合で染められているが、心の清浄な佛・菩薩には世界は光明にみちみちている。それは故意にそうするのではなく、阿頼耶識のいかんによって、おのずから客観が変わるのである。

(3)仮実分別。実法であることはいうまでもない。だから、末那識によって実我と妄執されるのである。しかし、前にも述べたように、佛教には固定的実体的存在はないのであるから、阿頼耶識も、種子をたくわえる容れもののようなものが存在すると考えてはならない。激しい流れのように一刻もとどまることなく生きている、それが自分の本当の姿である。

(4)三性分別では、無覆無記になる。完全に純白な非善非悪である。この人間把握も法相教義の特徴といってよい。人間が生きているということは善でも悪でもないということだ。善や悪は無記なる生命の上に展開されるものであって根底は非善非悪である。なぜ無覆無記として捉えられるかということは、あとの「種子熏習」の章に詳しいが、経験の種子を蓄積する場合、蓄積する阿頼耶識が善悪いずれかの性質であると、その逆の性質のものはうけいれられぬことになるというのが最大の理由である。理由はそのとおりであろうが、そのことは二つのことをわれわれに考えさせる。一つは、我執を持つわれわれが、過去に多くの自己中心的悪業を積み重ねてきているにもかかわらず、現在の自分は無記であって、根底的に悪になっているのではないという赦されの一面である。現在の一念によって、今日までの自分が生まれ変わることの可能性が残されていることを意味する。もう一つは、それと同じことが逆の善業についてもいえるわけで、善業を積んでも積んでもやはり無記であって、阿頼耶識自体はもとのままだということである。このことは、どんなに善の行為を積み重ねていても、現在の一念によっていつ何時でも悪への転落が可能だということであろう。修行がおろそかにされてならぬ理由であろう。しかしとにかく、人間を無記のものとするのは、いきなり人間は悪を本性とするとか、性は善であるとする説よりも、自然な人間の状態を捉えている点において優れているといえる。いきなり価値観を持ちこまぬところに一つのよさがあるように思う。

(5)界繋分別でいえば、阿頼耶識は三界のすべてにゆきわたることはいうまでもない。総体的人格というべきものであるから、命のある限り欲界であれ無色界であれ、嬉しい時であれ危ない時であれ、阿頼耶識は存在する。しかし、これも界繋であるから三界を出ないことを意味する。では佛・菩薩のように三界を超越した人たちには阿頼耶識はないのか。もしないとすると、総体的人格性―第八識というような説明と矛盾することになる。佛・菩薩には阿頼耶識はない。しかしそのことは人格性がなくなることではない。阿頼耶識と呼ばれるような我執の対象としての性格がでなくなるのだ。汚れた自己が清浄な自己に変わっていくのである。これを転依《てんね》というが、あとの修行のところで詳しく説かれる。

(6)所依分別。阿頼耶識はわれわれの一番奥底の識である。だから今までの前七識は、最終的には阿頼耶識を所依とした。前七識の共通の根本依であった。ではいったいその一番奥底の阿頼耶識は何を所依とするのであろうか。もうよるべき何ものもその底にはないのではないか。そう考えるのがあたり前である。ところが阿頼耶識の所依は第七末那識といわれる。我執の働きの識であった末那識が所依だという。つまり、われわれは一番深い自分の根底において、無意識のうちに自己に執著するとともに、その執著するという働きによって存在しているといわれているのである。これが、法相教義が

	釈名	所　縁	仮実	三　性	界繋	所　依	三量	心　所
阿頼耶識	蔵義	種子・五根・器界	実	無覆無記	三界	末那識	現量	五遍行

つきつけてくる人間の現実相である。三界の中に在るわれわれにとっては、生きるとは自我を愛して生きることであり、その自我愛に支えられて生きることを意味するのである。ちょっとやそっと、佛教を勉強したり坐禅をしたりして、佛教がわかったとか悟りが開けたとかいうことへの強い警告の思想だともいえる。強い警告ではあるが、悟りや救いを奪うのではない。

(7)三量分別。阿頼耶識は現量のみの働きであって、比量のような推理的作用は持たない。われわれが自分の人格性によってものを見る時、見えてくるのは、自分で自由に取捨選択したり、いろいろ思量分別した結果のものではない。任運無分別に、自然にたくまずしてそう見えてくる。好きなものは好きなものとしてしか見えないのであって、好きに見ようという意志や分別によってそう見えるのではない。われわれの対象が立ち顕われるのは比量ではない。比量はそのあとでうまれてくる。したがって阿頼耶識は現量であるといわれるのである。

(8)心所相応分別。阿頼耶識とともに働く心所——心作用は、触《そく》・作意《さい》・受・想・思の五遍行のみである。五遍行の心所はすぐこのあとに出てくるが、簡単にいえば、対象に触れ、それに対しての受動的・能動的働きを起す過程を、五つの段階に分析したものである。触・受は受動的であり、作意・想・思は能動的である。つまり、対象との間に受けいれや働きかけの動きのあることである。この五遍行が阿頼耶識に相応するということは、阿頼耶識が動くもの、それもただ受身的にのみ動くのではなく、能動的な一面をも持ちながら、動いているものとして捉えられていることを意味する。

以上八の分別を図示すると、一〇八頁のようになる。

以上、法相教義に基づいて八識の概略が説明された。かなり多くの分量をさいてきたが、百法の中のわずか八法のみが終ったところである。わずか八法のみではあるが、唯識佛教にとっては非常に大切な人間観の基礎である。『成唯識論』を見ると、この八識と次の心所法の説明に半分以上の分量を費やしている。それだけ重要だということである。しかし良遍は、『百法明門論』にしたがいながら簡潔に要点のみを列記していた。細部の議論は一切省略しているのである。


省略している中で最も重要なのは、識の能変という性質にまったく触れていないということなのでそれについて触れておこう。この八識の分類に二つの方向を捉える必要がある。一つは、眼識より順次耳識――身識、意識、末那識、阿頼耶識へと深まっていく方向である。これは心の深さの探究といってよいであろう。この方向の特色は、末那識・阿頼耶識という潜在的な心の分析を持ったことであろう。特に法相教義としては、その中に潜在する自我愛執の働きを、末那識として定立したことであろうが、いずれにしても深い意識の層を、人間の根底に発見しそれを組織化したことである。むろんそれは、唯識佛教が急に単独で発見したものではなく、佛陀以来多くの修行者たちによる長い宗教的実践が背後に隠されている。彼らの経験と思索が、精神医学の基を開いたフロイト（一八五六―一九三九）の業績を超えるような成果を、修道の体験の中からのみ把握し組織化したことに驚嘆せざるを得ない。われわれの祖先は、唯識佛教を通じて人間の深層を窺知していたのである。平安朝物語文学にみられる人間の心の理智を超えたたゆたいの把握や、能の前シテ・後シテにみせる人間の二重構造の深み等と、唯識佛教の描く心の深さの探究とが、まったく無関係とはいえないであろう。

もう一つの方向は、心の能変という性格である。『覚夢鈔』はこれに直接触れていないが、今までの説明の中でたびたび述べたように、心は自分を変え世界を変えるという一面を見落としてはならない。これを法相教義では能変といい、識の最も重要な性格とする。『成唯識論』では、八識の説明は初能変（阿頼耶識）、第二能変（末那識）、第三能変（前六識）という順序で進められている。これは、阿頼耶識が一番根底にあって、まず最初に自分を変え、自分の世界を変えているということだ。われわれは自己の過

(2)現われの方向 ↑

1	眼識	＝第三能変
2	耳識	
3	鼻識	
4	舌識	
5	身識	
6	意識	
7	末那識	＝第二能変
8	阿頼耶識	＝初能変

(1)深さの方向 ↓

去や人類の歴史を背負い、あるいは文化や価値観や社会通念を潜在的に保持しながら、その上に自分なりの独自の世界を生きている。われわれは自分なりの世界にしか住めないし、自分なりの世界にしか触れることはできない。これが初能変である。われわれはその自分と自分の世界に愛著する。そして、その自分を軸としてのみ行動してゆく。そこでまたまた自分の世界が自己中心的に変えられていく。これが第二能変である。そういう潜在的自己を基盤として、前六識が動いていく。第六識の持つ知識や教養がまた自分や興味・関心の世界を変え、感覚機能である前五識がこれらに規制されて、最終的に対象世界を変えていく。このような把握が能変としての八識である。しかも第八阿頼耶識は、異熟という時間的存在でもあった。現在の自己は過去を背負い過去に規制された自己である。その意味では、われわれは業果の自己であり、われわれのすべての行為・行動は、その境域を出ることはで

	釈名	所　縁	仮実	三性	界繋	所　　依	三量	心所
眼　識	眼根	色　境	実	三性	欲・初禅	眼根・第六識・第七識・第八識	現量	34
耳　識	耳根	声　境	実	三性	欲・初禅	耳根・第六識・第七識・第八識	現量	34
鼻　識	鼻根	香　境	実	三性	欲	鼻根・第六識・第七識・第八識	現量	34
舌　識	舌根	味　境	実	三性	欲	舌根・第六識・第七識・第八識	現量	34
身　識	身根	触　境	実	三性	欲・初禅	身根・第六識・第七識・第八識	現量	34
意　識	意根	法　境	実	三性	三界	第七識・第八識	三量	51
末那識	思量	第八見分	実	有覆無記	三界	第　八　識	非量	18
阿頼耶識	蔵	種子・五根・器界	実	無覆無記	三界	第　七　識	現量	5

きない。普遍的・合理的思惟の可能な第六意識も、阿頼耶識の領域を超えるものではない。また前五識は深さの探究の方向からいえば表層の入口にすぎないが、第二の能変という方向からいうと、その全人格が最も具体的な形において顕現する出口である。しかもその二つの方向は、空間的・時間的に別にあるのではなく、現在のわれわれの生存の上に同時に働いている。八識はそれぞれ別々の機能を果たしながら、同時に一体の自己として動いている。このような重層的な人間観が八識三能変としての法相教義である。

この心が変えていくという自己認識は、悟りや安らぎを願う宗教の領域からみた時、非常に大切な一面を捉えているといわなければならない。すべては心の現われであるという認識は、心の変革、つまり自己の根底的変革の方向から捉えられるのであろう。自分の認識は絶対ではない、自分は清浄性において絶対ではないという自省から、真実と清浄への謙虚で真摯な道がつくりはじめられるのだといってよい。

八識の二つの方向を図示すると一一〇頁のようになる。

重複するが、八識の全体像を明瞭にするために、八分別門によってあらためて一覧表にすると一一一頁のようになる。

なお、このような法相教義による人間把握は、あまりにも人間の領域の諸問題を個の中に収斂しすぎる嫌いがあり、人と人とのつながりとかコミュニケーション等を否定するもののように思われやすい。たしかにそういう疑問はおこり得るのである。それぞれの人間が、それぞれの境域をもって生きているとすると、相互の理解や共感は成立しなくなると思われる。しかし、八識の人間観がもしそうであるとするならば、佛陀の説法も菩薩の慈悲行も一切成立しなくなるのであって、およそ佛法とは異なったものとなってしまう。八識三能変の人間観は、たしかに人間の個の深渕に光をあてるものではあるが、その一人一人の個の間には、共通の世界があるのを見落とすものではない。それは人間が人間である限りは、同じ共通の経験をお互いに積み重ねているからである。それを共業《ぐう》と呼び相互に理解しあい感じあえる共通の場の理由とする。決して孤立しているのではない。しかし、ではすべてが共通の地平にあるのかというとそうでもない。通じあわない世界もあるのである。

あらゆる存在はかかわりあいの上に存在している、諸法無我というのが佛教の存在論であるから、その点からいえば、人と人との間のつながりの方がより根源であるといえよう。しかし、法相教義はその空なる自己において個物としての実存に光をあてて、深くそれを凝視する佛教だといってよいのである。

(2) 心所有法

第二に心所。略して六種あり。（心王起る時、心所必ず起る。心所起る時、心王必ず起る。一聚《いちじゅ》に約して論ず。）

(1)遍行《へんぎょう》に五有り。一切心の中に定めて得べきが故に名づけて遍行と為す。

(2)別境《べつきょう》に五有り。別々の境を縁じて而《しか》も生ずることを得るが故に名づけて別境と為す。

(3)善に十一有り。唯、善心の中に生ずることを得べきが故に之を名づけて善と為す。

(4)煩悩に六有り。性是れ根本煩悩の摂なるが故に煩悩の名を得《う》。

(5)随煩悩の中に二十種有り。唯是れ煩悩の等流性《とうるしょう》の故に随煩悩と名づく。

(6)不定《ふじょう》に四有り。善・染等に於て、皆、不定の故に不定の名を立つ。

《心所》　心の作用。心王・心法に対してそれに所有されるものという意味から、心所有法といい、略して心所という。

《一聚》　聚はアツマルこと。現実には心の動きは多くの要素のあつまったものとして捉えられる。もっともこれは本末転倒であって、実際には心の動きを分析すると多くの要素に分析できるということ。　**《約》**　……について……の面からみて等の意味。　**《定めて》**　必ずという意味。「定」「唯」等がかなり重要な意味をもって使われることがあるので注意を要する。　**《根本煩悩》**　あらゆる煩悩の根本となるもの（後述）。　**《等流性》**　梵語 naisyandika の訳。原因と結果とが同じ性質のもの。『成唯識論述記』には「等とは相似を謂う。流とは謂く流類なり。……等より流るる所たり。因に従て名と為す。故に等流と名づく」とあり、『成唯識論演秘』には、「言う所の流とは、これ流注の義、果は因によって起る、因より流さるるが故に、これを名づけて流となす。……或は所生の果は因と相似せり。これを名づけて流となす。彼に従いて起さるる、これを名づけて流となす」（佛教大系一―五七二・五七三頁）とある。つまり随煩悩とは、根本煩悩と同じ性質をもって、具体的な場面に働く煩悩のことである。　**《染》**　「染汚法《ぜんま》」の略。煩悩によって汚れているもの。染汚法は不善と有覆無記とをいう。『阿毘達磨雑集論』巻三に「不善と及び有覆無記法とこれ染汚の義」（大正三一・七〇八・中）といわれている。「雑染法《ぞうぜん》」という時には有漏法の全体をさし、有漏の善も無覆無記も含まれる。『成唯諸論述記』に「雑染法とは、即ち有漏法の善も染も皆これなり」（佛教大系本二—三二八頁）といわれている。

五位百法の第二は心所有法である。さきにみた八識（心王）とともに働くので、心王に所有される法という意味でそう呼ばれ、略して心所といわれる。心王が働く時には、必ず心所をともなっていると同時に、心所が働く時には必ず心王も働く。つまり、心王・心所は一体のものであるが、主体的な一面を心王とし、作用の面を心所とするのである。「一聚に約す」とはそのことをいう。体と用という別体のものがあるのではない。生きた精神の動きは体用一体のものであるのを、仮に二つに分析するのである。

心所は六つの部門に大別され、さらに全体は五十一に細分される。すなわち、⑴遍行—五、⑵別境—五、⑶善—十一、⑷煩悩—六、⑸随煩悩—二十、⑹不定—四の六位五十一の心所である。

「遍行」は一切の心が動く時、必ずともに働く心所。「別境」は遍行に近い基本的な動きであるが、別々の境を所縁として生ずる心所。「善」は善心とともに働く心所、「煩悩」は根本煩悩、「随煩悩」は根本煩悩を源としてそれより流れ出たさまざまの煩悩、「不定」は善・染のいずれともなり得るものである。

これが心所の六位の概略的な説明であるが、われわれの日常生活の上に具体的に捉えられるのは、この六位五十一の心所以外にはない。だから自分を省みるというような宗教的生活にとって心所は重要な分析といわなければならないのである。

①　遍　行

遍行の五とは、（今此の五種の心は定めて倶起す。）

謂く、

一に作意《さい》。心を警《きょう》するをもって性と為し、所縁の境の於《うえ》に心を引くをもって業と為す。別種の所生なり。三性と三界と三量と八識相応とに通ず。然れども其の所依と所縁と㈠性と㈡界と㈢量等は、皆、一聚の心王に同じ。

二に触《そく》。三和して、変異に分別《ぶんべつ》して心・心所を境に触れしむるをもって性と為し、受・想・思等の所依たるをもって業と為す。別種と三性等は、前の法の如し。

三に受《じゅ》。順と違と倶非の境相を領納するをもって性と為し、愛を起すをもって業《ごう》と為す。別種性等は亦前の法の如し。此に於て五受を開く。憂《う》と苦と善と楽と捨となり。

四に想《そう》。境の於に像を取るをもって性と為し、種種の名言《みょうごん》を施設するをもって業《ごう》と為す。余は亦前の如し。

五に思《し》。心をして造作《ぞうさ》せしむるをもって性と為し、善品等に於て心を役《やく》するをもって業と為す。余は亦上の如し。

《作意》　梵語 **manaskāra** の訳。心を目覚めさせ対象に向かって能動的に働きかける作用。**《心を警する》**　心を目覚ませること。心が対象に対して関心をもって立ちあがること。『述記』には「心の未だ起らざるを正しく起らしむ」（佛教大系本二―一八七頁）とある。この時目覚める心について、(1)種子、(2)種子・現行の二説があるが、法相教義では種子警覚説をとる（『了義灯』佛教大系本二―一八七頁）。《性》本性。《業》はたらき。《触》梵語 sparśa の訳。心が対象に触れる時、根と境と識とが和合して「触」という心的状態が表われ、そこで認識が成立すると考える。「触」という語には、他に身識の対象としての「触境」の意味があるので、混同しないように注意する必要がある。《三和変異分別》「三和」は根・境・識が和合融即すること。「変異分別」とは、根・境・識の三つが和合融即して認識が成立すると、それ以前の状態と異なった様子になるのをいう。そこでこの場合の「分別」は、推理思量する意味の「分別」と区別して、特に「ブンベツ」と読む。『述記』には、「此の三の法（根・境・識）は種子に居する時と及び未だ合せざる前とは皆順じて心所を生ずる作用なし。三の合する位に於て功能乃ち生ず。既に前と殊なるを説きて変異と名づく」（佛教大系本二―一七八頁）と説かれている。《受》梵語 vedanā の訳。外界を受けいれる心作用。この時、憂《う》・苦・喜・楽・捨の感情的・感覚的・要素が働く。《順》自分の気持にそった順境。《違》自分の気持にそむいた違境。《倶非》順・違のいずれでもない境。《五受》憂（うれい）・苦（苦痛）・喜（よろこび）・楽（快楽）・捨（いずれでもない精神的感覚的状態）。《想》梵語 saṃjñā の訳。対象の相状を分類し明確に認識し、それに概念を付与し記号化する働き。《名言》概念。《思》梵語 cetanā の訳。意志の働き。

遍行の五とは、⑴作意、⑵触、⑶受、⑷想、⑸思の五つである。この五つの心所は、心の働く時には必ずいつもすべて一緒に動くので「遍行」といわれる。⑴「作意」は、対象に対してはっきりとした関心を持ち、心をそちらに向ける働きである。われわれの認識は決して鏡が前のものを映すような受動的なものではない。対象に対しての興味関心が動くことによって、はじめてそれが認識の境域の上にたち顕われるのである。心の立ちあがり、それが作意である。⑵「触」は、認識の条件である根（身体的能力）、境（対象）、識（心作用）の三つが整い認識が成立することである。このうちどれか一つが欠けても認識は成立しない。この場合、「触」と「作意」とどちらがさきともきめ難い。興味関心があるから認識が成立するということもできるが、また根・境・識の三つが和合して、はじめて興味関心が起きてくるともいえる。「作意」を前に説くのは『百法明門論』の説で、『唯識三十頌』では「触」→「作意」の順序である。二説が併行してあるということは、認識の成立における受動性と能動性のからみあいの複雑さを語るものであろう。

(3)「受」は、成立した認識の対象に対して、苦・楽（以上感覚的反応）・憂・喜（以上感情的反応）・捨等の感覚的・感情的な対応を示すことである。われわれの認識の一番根底には、感覚や感情が働いている。好きとか嫌いとか、苦痛とか快楽とかの感情や感覚が混じっているのが現実の認識である。「捨」というのは苦楽・憂喜のいずれでもないことであるが、感情や感覚の次元にあるという点では同列に考えられるべきものである。感情や主観を超越した客観的認識は、のちに反省的思惟によって抽象的に構築されたものといえる。(4)「想」は、認識対象を心の中にとりこみ認識対象として構築構画し、それに概念を付与する心の働きで、表象作用とか知覚とかにあたる。認識の対象としてたち顕われた対象は、単に受容されるのみでなく、それと同時に内側から組み立てられ、弁別され、名前が与えられてようやく明確な認識が完了する。認識されたものを組織したり名前を与えたりする働きは心の内側にあるのである。対象が内側の持つ範疇にうまくあてはまらぬ時は、われわれはなんとなく落ち着かない。認識の持つ能動性の一面であろう。(5)「思」は意志と考えてよい。認識された対象に対して行動をおこそうとする心作用である。少し行いをつつしもうとしたり、修行をしようとするのが「思」である。

この五遍行は、善・悪・無記の三性にも、欲・色・無色の三界にも、現・比・非の三量にも、遍くおきる。いかなる心が動く時にも、どこででも働くのが五遍行である。

② 別　境

別境の五とは、（今此の五法は、必ずしも倶起せず。或は一、或は二、乃至五倶なり。総別合して三十一句あり。）

一に欲。所謂所縁の境に於て希望《けもう》するをもって性と為し、勤《ごん》の依たるをもって業と為す。別種の所生なり。三性と三界と三量と六識相応とに通ず。七・八識を除く。其の所依等は一聚《いちじゅ》の（心）王に同じ。

二に勝解《しょうげ》。謂く決定《けつじょう》の境に於て印持《いんじ》するをもって性と為し、引転すべからざるをもって業と為す。別種所生等は亦前の法の如し。

三に念。所謂曽習《ぞうじゅう》の境に於て心をして明記《みょうき》して忘れざらしむるをもって性と為し、定《じょう》の依たるをもって業と為す。余は前の法の如し。

四に三摩地。所観の境に於て心をして専注して散ぜざらしむるをもって性と為し、知の依たるをもって業と為す。余は亦前の如し。

五に慧《え》。所謂所観の境に於て簡択《けんちゃく》するをもって性となし、疑を断ずるをもって業と為す。七識に通ず。但し第八（識）を除く。余は亦前の如し。

《欲》　梵語chandaの訳。所縁の境をねがいもとめのぞむ働き。「勤の依」となるといわれているように、精進の原動力である。「欲」といえば、梵語tanhāの訳語としての、貪り、とか渇愛とかの意味をただちに連想しやすいが、別境の心所としての「欲」とは、はっきりと区別しておく必要がある。別境の「欲」は、善・悪・無記すべての希望する一般心理的な働きをさし、そのまま貪欲・渇愛等をさすのではない。**《勝解》**　梵語adhimuktiの訳。対象を確認する働き。「印持」

は「印可任持」の意。《念》　梵語 Smṛti の訳。過去の境を明了に意識して忘れぬ働き、定の依となる。「曽習の境」とは過去に経験したこと。それを忘れないことを「明記不忘」という。「定」とは次の「三摩地」のこと。今は明記不忘であるから心散乱せず、「定」の依となる。《三摩地》　梵語 samādhi の音写。「定」「等持」と訳する。対象に対して心を留めること。所観の境に意識を注ぐことからものごとを決める（決択）智が生ずることになる。《慧》　梵語 prajñā の訳。えらびわけ、決定判断する働きで疑いを断つ。

心所の第二は別境である。別境とは⑴欲、⑵勝解、⑶念、⑷定、⑸慧の五つをいう。この五つの心所は必ず同時に働くというわけではない。ある時にはただ一つ働き、ある時は二つ、ある時は三つと定まらない。欲のみの働く時、欲と勝解とのみ働く時、欲と勝解と念の三つが働く時等、組みあわせると三十一の結合が考えられる。

⑴「欲」は、所縁の対象をねがい求める働きであり、これを原動力として佛道に精進するようになる。⑵勝解は、対象をはっきり確認し認識する働きである。勝解によってその認識はもうぐらつかない。それを「引転すべからず」という。⑶「念」は、それまでに経験したことをはっきり記憶して忘れぬことである。それを「明記不忘」という。意識の集中である次の「三摩地」はここから生まれる。⑷「三摩地」は、心を一つの対象に対して専注することである。「定」「等持」等と訳される。智慧はここから生まれる。⑸「慧」は、対象をえらび分け決断をする働きで、疑を断つ。

以上の五心所は、善・悪・無記の三性に通ずるとか、欲・色・無色の三界、現・比・非の三量と相応し、前六識に共通に働く等という点はすべて共通のものである。ただ「慧」心所についてのみ一つの違いがみられる。それは「慧」心所のみは、第七末那識とともに働くということである。第七末那識とは、前にみたように我執の識であるが、我執とは、自分を他と区別してその自分を愛著し執著するのであるから、えらび分ける「慧」の心所が煩悩とともに働くのである。他の「別境」の心所が第六意識どまりであるのに対して、「慧」の心所のみは、さらに深い潜在的な我執の領域にまで働いているということになる。人間の意識の深層における嫌著の性質が指摘されているのである。なお「慧」はよく「智」と結んで、「智慧」という熟語として使われる。その場合、「智」と「慧」とはどう違うのであろうか。それについて『百法問答抄』に「体は一つであるが、義用が異なるのである。広く簡別の働きを皆『慧』といい、その用《はたらき》の深妙となって印可決定するのを『智』という。だから『慧』は広く『智』は狭い」（曹大本一―九左）と説明している。

以上の五別境は、前の五遍行と並んで一般心理的性格の強いものである。五遍行とちがうのは、五つが同時にいつも働くわけではないという点である。だから、「欲」といっても、対象を希い求めるという性質であって、貪欲・貪愛等のような悪の欲のみをさすわけではない。佛の境涯を希い佛道を求めるという善欲も「欲」の心所である。大欲を起せ等といわれるのはこの欲であろう。本文の説明によると「勤（精進）」の依といわれているので、むしろ善法を希求する方向で捉えられているといってよかろう。「勤（精進）」とは努力し勤めることであるから、善にも悪にも通用する心の働きではあるが、唯識では、「勤」は善の心所にいれられ、善を修し悪を断ずるのに勇悍であることだといわれるので、「欲」は善悪いずれにも通ずるとはいいながら、傾向としては善の方向で捉えられていると考えるべきであろう。佛教が決して単なる心理分析ではなく、いかに生きるべきかという創造性を常に根底に持つものであることの一つの顕われである。したがって、「勝解」も「念」も「三摩地」も

「慧」も、皆、善悪いずれにもあてはまる心所でありながら、善なる方向が意識されているということができるように思う。五遍行が純粋な一般心理であるのに対して、五別境は、その一般心理の動きの上に、佛道への方向性へのきっかけを探ろうとしたものということができるであろうか。

念のために補足しておくと、五別境は『倶舎論』では、五遍行と同類のものとして「大地法」という枠の中に含まれていた。それを唯識が、それぞれの性質の違いを精細に区別して二分したのである。その点を考えると、「別境」をあまり佛道の方向に向けすぎるのは適当でないということもできる。だから、基本はどこまでも一般心理であることを見過ごしてはならぬであろう。

そしてそのことを、唯識という佛教の非常にすばらしい点だと私は思う。というのは、人間を把握するのに、いきなり善・悪とか、清浄・染汚等という価値観を持ちこまないで、現実の人間に即した分析から出発して人間を理解していこうとしているからである。

③　善

善の十一とは、（此の中、軽安を除て余の十は必ず倶起す。）

一に信。所謂実と徳と能とに於て深く忍し、楽《ぎょう》し、欲して、心をして浄ならしむるをもって性と為し、不信を対治《たいじ》して善を楽《ねが》うをもって業と為す。別種の所生なり。唯、是れ善性なり。三界繋《さんがいけ》に通ず。定めて現・比に通じ、六識に通ず。七・八識を除く。所依等は一聚《いちじゅ》の心王に同じ。

二に精進《しょうじん》。謂く、善と悪との品の、修と断との事の中に於て勇悍《ゆうかん》なるをもって性と為し、懈怠《けだい》を対治して善を励むをもって業と為す。余は前の法の如し。

三に慚《ざん》。所謂自と法との力に依って賢善を崇重するをもって性と為し、無慚を対治して悪行を止息するをもって業と為す。余は亦前の如し。

四に愧《き》。所謂世間の力に依って暴悪を軽拒《きょうこ》するをもって性と為し、無愧を対治して、悪行を止息するをもって業と為す。余は亦前の如し。

五に無貪《むとん》。謂く、有と有具とに於て、著なきをもって性と為し、貪著《とんじゃく》を対治して善を作すをもって業と為す。余は亦前の如し。

六に無瞋《むしん》。謂く、苦と苦具とに於て、恚《い》ること無きをもって性と為し、瞋恚《しんい》を対治して善を作すをもって業と為す。余は亦前の如し。

七に無癡《むち》。謂く、諸の理と事に於て明解するをもって性と為し、愚癡《ぐち》を対治して善を作すをもって業と為す。余は亦前の如し。（已上の三法を三善根と名づく。）

八に軽安《きょうあん》。謂く、麁重《そじゅう》を遠離《おんり》して、身・心を調暢《じょうちょう》して堪任するをもって性と為し、惛沈《こんじん》を対治して依を転ずるをもって業と為す。余は亦前の如し。但し二界に在りて欲界に於ては無きなり。

九に不放逸《ふほういつ》。精進と三善根《さんぜんごん》との断し修する所に於て、防し修するをもって性と為し、一切の世・出世間の善事を成満《じょうまん》するをもって業と為す。別の種子《しゅうじ》なし。三界に通ず。余は上の法の如し。

十に行捨。謂く、精進と三根との心をして平等に正直に無功用《むくゆう》に住せしむるをもって性と為し掉挙《じょうこ》を対治して静住《じょうじゅう》するをもって業と為す。亦、別種なし。余は亦前の如し。

十一に不害。諸の有情に於て損悩を為さず無瞋なるをもって性と為し、能く害を対治して悲愍《ひみん》するをもって業と為す。別の種子なき等は亦前の法の如し。無瞋は是れ慈、不害は即ち悲なり。

《信》　梵語 śraddhā の訳。心を浄らかにし、善をねがわせる心作用。　《実》　諸法の真実の事と理の実有。　《徳》　三宝（佛・法・僧）の真浄の徳。　《能》　一切の世間・出世間の善。　《忍》　認可決定すること。忍は認と同じ意味に使われることが少なくない。　《楽》　憧れねがうこと。その意味の時には「ぎょう」と読む。　《精進》　梵語 vīrya- の訳。「勤」ともいわれ、善を修し悪を断ずることに緊張し勇んだ心作用。　《懈怠》　梵語 kausīdya の訳。怠りなまけること。　《慚》　梵語 hrī の訳。自分の良心と真実にはじること。　《愧》　梵語 apatrāpya の訳。世間にはじること。
《無貪》　梵語 alobha の訳。自己及びあらゆる存在に対しての執著がなく、執著性を退治して善をなさしめる心所。
《無瞋》　梵語 adveṣa の訳。自分の意にそわぬものに対してもいからないこと。いかりを対治して善をなさしめる心所。
《無癡》　梵語 amoha の訳。真理と事実とに明晰な理解を持つこと。愚かさを対治して善をなさしめる心所。　《軽安》
梵語 praśrabdhi の訳。身心の調和がとれてのびのびとやすらかにかるやかに、ものごとに堪えうること。ものごとに堪えられず、暗く沈むのを対治する心所で禅定の中でのみ働く。　《麁重》　梵語 dauṣṭhulya の訳。広い意味では煩悩。法相教義では、五種の説がある。すなわち、(1)煩悩障・所知障の種子、(2)煩悩障・所知障の引くところの所余の習気の無堪忍性、(3)煩悩障・所知障の現行、(4)諸々の有漏の種子、(5)一切の有漏の種子と及び現行である（真興『唯識義私記』巻六末、大正七一・四〇七・下）。　《惛沈》　梵語 styāna の訳。くらく沈みこむこと。　《二界》　色界・無色界。　《不放逸》
梵語 apramāda の訳。精進と三善根とをもって、一度断じた悪が再び起きるのを防ぎ、善法をますます強く修せしめる心作用。　《行捨》　梵語 upekṣā の訳。精進と三善根とを動揺なく自然に守らせる働きで、心のたかぶりを対治し平静であらしめる心作用。五蘊の中の受蘊にも苦・楽と並んで捨があるので、それと区別するために、行蘊の中の「捨」という意味で「行捨」という。　《掉挙》　梵語 auddhatya の訳。心のたかぶり。　《不害》　梵語 ahiṃsā の訳。生命あるものをきずつけず、自分の気にいらぬからといっていからない働き、きずつけようとする心を対治し、有情の苦を救おうとする心所。

善の心所は十一ある。信・精進・慚・愧・無貪・無瞋・無癡・軽安・不放逸・行捨・不害であるが、このうち、軽安を除いた十は必ず同時に起きる。軽安は禅定の中にのみ得られる心境であるからである。

「信」は、諸法の真実の事と理とが実在することを信忍し、佛法僧の三宝の徳を信楽《しんぎょう》し、世・出世の一切の善を信欲して心を浄らかにする働きである。忍とは確認することであるから知的な働きであり、楽とは憧れ求めることであるから情的な働きであり、欲とはそれを得るための実践を意味するから意志的な働きということができる。このことは佛教でいう「信」が知・情・意の全体を包含した全人格性のものであることを意味する。「精進」は悪を断じ善を修するのに勇敢であることで、心をこめて前に進むことである。あらゆるものを無常として捉える佛教では、とどまることはあり得ない。とどまらないとしたら心をこめて前に出るしかないのである。「慚」は内面的な自分の良心と真理とによって賢善を尊崇し、それに比べて自分の未熟をはじることであり、「愧」は世間の力によって悪行をはじることである。世間体とか人の眼を意識することである。ふつう「慚愧にたえぬ」等と熟語として使うけれども、その場合には内面的にも外面的にもはじることを意味していることになる。「無貪」は自分（有）と自分の所有するもの（有具）とに執著しないことである。自分は自分だけで存在しているのではない。多くの縁によって存在している。しかも、それは転変のおきての中にあるという自分の生存の真実に覚醒すれば、自分のみに拘泥する気持が消えてまったく別の拡がりに開けてくる。「有具」とは物質のみをいうのではない。自分の地位や名声や経験も有具である。「無瞋」は自分の気持に添わぬものに対して、いかりを持たないことである。われわれが腹を立てた時、よく冷静にふりかえってみると、だいたい自分の気にいらぬという気持がある。それぞれがそれぞれの命をもって存在しているという自覚に立てば、自分の気にいるとかいらぬとかいって腹を立てるのは、存在への謙虚な気持が欠けているのに気がつく。腹が立つうちはまだまだ人間は未熟なのである。「無癡」は真理と存在する事物の理法に明らかであることである。道理に明らかであるかどうか。そこに人間の分かれ目があるように思う。この「無貪」「無瞋」「無癡」を三善根という。十の善の心所は倶起するけれども、この三善根はその中でも特に内的に相互にかかわりあっているからである。「軽安」は他の善の心所とただ一つ性質がちがって、禅定の中でのみ得られる心の状態である。「二界（色界・無色界）に在りて欲界に無し」というのはそのことをいっている。色界・無色界は禅定の世界であり、欲界は散界であるからである。多少でも坐禅に親しんだことのある人であるならば、坐禅が終った時の、軽やかでさわやかな落ち着いた安らかな境地を知っているであろう。あの時には、つらいことも面白くないこともすべて浄められている。それが堪忍性である。「麁重」とは語釈に紹介したようにいろいろな説があるが、要するに煩悩のことである。煩悩をあらあらしく（麁）重いものとして捉えているのは、軽安と対比して考えてみると実にみごとな把握だと思う。「不放逸」「行捨」と最後の「不害」とは他とちがって仮法だとされる。「実の種子無し」とはそのことである。この二つは、精進と三善根（無貪・無瞋・無癡）とをますます強くおしすすめて善事を完成する（不放逸）のと精進と三善根の心の働きを平らに自然な状態にあらしめる（行捨）のとであって、具体的な内容は精進と三善根である。それ以外に別の確たるものがないから仮法となるのである。「行捨」の「平等、正直、無功用」というのは、われわれが佛教を学ぶ上で注意しなければならぬことのように思う。「精進」等というと、すぐに精励努力するという点のみが強く意識されて、眉をあげ肩を張った一種の興奮状態を連想してしまう。たしかに修行にはそうした気迫が必要であることはいうまでもないが、また平常心是道という一面のあることをも見落としてはなるまい。佛道の修行が無窮のものであるとするならば、興奮状態を脱したところから地についた本当の修行がはじまるともいえる。「掉挙（心の高ぶり）を対治して静住」するというのはそのことをさしているのである。「不害」は無瞋である。無瞋であるから相手を損悩しないのであり、悲愍となって表われる。これも本来的には無瞋以外の何ものでもないから仮法となる。慈悲の慈は無瞋、悲は不害と説かれている。

善の十一の心所は、すべて前五識と第六意識とのみ働き、第七末那識・第八阿頼耶識とは相応しない。「軽安」だけは色界・無色界の上二界に働くのみであるが、他の十の心所は三界に通じている。善の心所が、前六識とのみ相応して、第七・第八識とは相応しないということは、凡夫にとって善は表層のものであって、深層にまでは浸透するものでないことを意味する。前にみたように、深層の第七末那識には、四根本煩悩や八大随煩悩が共働していたのと対比して考えてみると、法相教義の雑染としての人間把握のきびしさをみることができる。

④ 煩悩

煩悩の六とは、（此の六、之を開いて十煩悩と名づく。下に明かす所の如し。此の十煩悩は或は倶起する有り。或は倶起せざる有り。種種不同なり。『唯識論』「第六巻」に明かすが如し。然るに無明、起るに余は必ずしも起らず。若し余の起る時には無明必ず起る。）

一に貪。所謂有と有具とに於て染著《ぜんじゃく》するをもって性と為し、能く無貪を障《さ》えて苦を生ずるをもって業と為す。

別種の所生なり。不善と有覆との二性に通じ、三界繋に通じ、三量に通じ、七転識に通ず。第八識を除く。所依等は一聚の心王に同じ。

二に瞋。所謂苦と苦具とに於て憎恚《ぞうい》するをもって性と為し、能く無瞋を障え不安と悪行との所依たるをもって業と為す。別種の所生なり。唯是れ不善なり。唯、欲界にのみ有り。三量に通じ、六識に通ず。七・八識を除く。所依・（所）縁等は心王に同じ。

三に慢。所謂己れを恃《たの》んで、他に於て高挙《こうこ》するをもって性と為し、能く不慢を障え苦を生ずるをもって業と為す。別種の所生なり。不善と有覆無記とに通じ、三界繋に通ず。定めて現量に非ず。六・七識に通ず。五・八識を除く。余は上の法の如し。所依等は亦一聚の王に同じ。この中に於て七慢と九慢とを開く。

四に無明《むみょう》。謂く、諸の理と事とに於て迷暗なるをもって性と為し、能く無癡を障え、一切雑染の所依たるをもって業と為す。種子と三性と界繋とは上に同じ。三量に通じ、七転識に通ず。第八識を除く。所依等は亦一聚の王に同じ。

五に疑。所謂諸の諦《たい》と理とに於て、猶預するをもって性と為し、能く不疑の善品を障うるをもって業と為す。種子と三性と界とは亦上に同じ。定めて現・比（量）に非ず。唯、第六（識）にのみ在り。余は上の法の如し。

六に不正見《ふしょうけん》。諸諦の理に於て、顛倒推度《てんどうすいたく》する染慧をもって性と為し、能く善見を障え、苦を招くをもって業と為す。別の種子有ること無し。性と界とは亦上に同じ。唯これ非量《ひりょう》なり。唯、六・七（識）にのみ在り。五・八識を除く。余は亦上の如し。

　開いて五見と為す。今、此の五見は必ず倶起せず。

　　一に薩伽耶見《さつがやけん》。謂く、五取蘊《ごしゅうん》に於て我・我所と執し、一切見趣の所依たるをもって業と為す。

二に辺執見《へんじつけん》。謂く、即ち彼に於て随いて断と常とを執し、処中の行と出離とを障うるをもって業と為す。
三に邪見。謂く、因と果と作用と実事とを謗すると、及び四見に非ざる諸余の邪執となり。
四に見取《けんじゅ》（見）。謂く諸見と及び所依の蘊とに於て、執して最勝にして能く清浄を得すと為す。一切闘諍の所依たるをもって業と為す。
五に戒禁取《かいこんじゅ》（見）。謂く、諸見に随順せる戒禁と及び所依の蘊とに於て、執して最勝にして能く清浄《しょうじょう》を得すと為す。無利の勤苦の所依たるをもって業と為す。

《無明》 梵語 avidyā の訳。真理や道理に明らかでないこと。「癡」ともいわれる。**《貪》** 梵語 rāga の訳。むさぼり。

《有覆》 有覆無記。**《七転識》** 前五識・第六意識・第七末那識をいう。**《瞋》** 梵語 pratigha の訳。自分の気にそわぬものへのいかり。不安と悪行をうみだす。**《慢》** 梵語 māna の訳。他と自分とを比較計較して、自分を高く意識し他を蔑視する働きで苦を生ずる心所。**《雑染》** 有漏（煩悩のあること）の善・悪・無記のすべて。**《疑》** 梵語 vicikitsā の訳。真理と真理に基づく佛陀の教えとを疑い、不疑を障える心作用。**《諦・理》** 苦・集・滅・道の四聖諦とその道理。**《不正見》** 梵語 dṛṣṭi の訳。真理を正しく理解できず、顚倒して考える染汚不正の慧で苦を招く心所。「見」は見解。**《薩迦耶見》** 梵語 satkāya-dṛṣṭi の音写と訳。有身見・身見とも訳するが、法相教義では移転身という。元来、無常・無我なる自己に対して、固定的実体的な我体を幻想する誤謬の慧である。**《五取蘊》** 五蘊は色・受・想・行・識の五つで、五つの要素として捉えられた自己であるが、その自己を対象として執著したところを五取蘊という。

《一切見趣》 一切の不正見。「趣」は「品類義」（無性『摂大乗論釈』、大正三一・四〇五・上）。**《辺執見》** 梵語 antagrāha-dṛṣṭi の訳。辺見ともいわれる。常見・断見のいずれかにかたよった見解。**《処中の行》**「処」とは、それぞれの有情の住んでいる場所のこと、「行」とは、その境域での修行。四聖諦の道諦にあたる。**《出離》** 四聖諦の滅諦のこと。**《邪見》** 梵語 mithyā-dṛṣṭi の訳。因果の道理とその道理によって存在する事実とを否定する。**《四見》** 薩迦耶見・辺見・見取見・戒禁取見。**《見取（見）》** 梵語 dṛṣṭi-parāmarśa の訳。一切の悪見（佛教以外のすべての見解）とその悪見に陥っている自分とを最勝とし、それによって清浄を得ると執著する見解。《戒禁取（見）》梵語 śīlavrata-parāmarśa の訳。「戒禁」とは戒律。誤まった戒律と、それを守る自分とを最勝で清浄を得ると執著する見解。

善の心所が終って、今度はいよいよ煩悩である。煩悩は根本煩悩と随煩悩とに分けられるが、ここではまず根本煩悩が説かれる。

根本煩悩は、六あるいは十に開いて、六根本煩悩、十根本煩悩という。六あるいは十の根本煩悩は、いつも全部が全部、同時に働くわけではなく倶起したりしなかったりする。その中で無明は、他の根本煩悩が起きる時には、いつも必ず働く。無明は諸煩悩の共通の根源である。六根本煩悩とは貪・瞋・癡・慢・疑・悪見であり、十根本煩悩は、悪見を薩迦耶見・辺見・邪見・見取見・戒禁取見の五つに開いたものである。

「貪」とは、自分と自分の所有物だけでなく、自分の地位や名声や学歴や知識や教養等を含めてのそれに執著して、苦をうみだす心の働きである。われわれの苦悩をよくふりかえってみると、自分や自分のものへのこだわりが理由であるのに気がつく。そのこだわりを捨ててしまえば、一挙に苦悩はけしとんでしまうものである。ただそのこだわりが捨てられぬところに人間の哀しさがある。

「瞋」はいかりである。自分の気にいらぬものを憎みつづけ、いつまでも根に持ついかりである。「貪」が「不善と有覆とに通ず」といわれるように、無記業の中にも浸透しているのと違って、瞋はただ不善業であり、三界でいえば欲界にのみ働く激しい性格をもっている。禅定がそなわってくる色界・無色界にはいかりはない。「瞋」のあるあいだは人間は未熟中の未熟としかいいようがないのである。

「慢」はあなどりである。あなどりの心理を冷静にみると、その裏には「己れを恃《たの》」む気持がひそんでいる。なんとかして他人より自分の方が優越していると思おうとするのが「慢」である。常に相手を意識し、相手に負けまいとし、相手よりも己れの方が優れていると思おうとするので、自分の像は虚像化し拡大化されて苦の原因となる。「慢」には自分を他と比較する一面（比量）と自分の虚像をたよる（非量）ところがあるので、比量と非量とになる。「自慢・高慢馬鹿のうち」といわれるが、「慢心」はなかなか微妙でぬぐいきれぬので、それを分析して七慢・九慢が説かれている。いかに人間にとって慢心が根深いものであるか、うっかり気のつかぬところにもいかに慢心が巣くっているかを知るのによいのでそれを紹介しておこう。『成唯識論述記』には『五蘊論』の説として七慢を、『大毘婆娑論』『倶舎論』の説として九慢をあげている（佛教大系本三—三二三頁）。

七　慢

- (1) 慢
  - 劣に於て己れ勝と計す ―― 下品
  - 等に於て己れ等と計す ―― 中品
- (2) 過　慢
  - 等に於て己れ勝と計す ―― 中品
  - 勝に於て己れ等と計す ―― 上品
- (3) 慢過慢 ―― 勝に於て己れ勝と計す ―― 上品
- (4) 卑　慢 ―― 他の多勝において己れ少劣と謂う ―― 上品
- (5) 我　慢 ―― 自ら恃んで高挙す

(6)増上慢――未だ得ざるをすでに得と謂う――┐
(7)邪　慢――己れ無きに己れ有りと謂う――┘―勝徳

九　慢

(1)我勝（過慢）　(4)有勝（卑慢）　(7)無勝（慢）
(2)我等（慢）　(5)有等（慢）　(8)無等（過慢）
(3)我劣（卑慢）　(6)有劣（過慢）　(9)無劣（卑慢）

「九慢」はことばが少なく、この表のみでは理解しにくいが、「七慢」の方は、人間のあくことなき慢心の深さが実にみごとに捉えられている。(1)「慢」とは、自分より劣ったものに対して優越感を持ち、自分と対等のものに対しては、対等の意識を持つことだといわれている。優越を優越と知り、対等を対等と意識することは、事実をありのままに知ることであるから特に慢心ともいえぬように思われるが、そうではなく、他を自分との比較の上に意識しているということ、そのこと自体が実は問題なのである。その意識が基盤となって以下の六慢がうまれるからである。他との比較の意識がやがて優越感をうみ、虚像の自己をうみだしていく。(2)「過慢」は対等のものに対して、なんとかして自分が優れていると意識し、優越せるものに対しては、現実には劣れる自分を対等と思いこもうとする心理である。(1)慢は事実をそのまま認識している段階であったのが、ここにきて、虚妄の自己像が作りはじめられているのである。(3)「慢過慢」はその自己の虚像がさらにふくれあがり、優れたものに対し、いや負けてはいない、俺の方がより優れていると思いあがった状態である。相手に負けるものかという対抗意識のみがさき走って慢心が高まってきている。(4)「卑慢」は、さすがに相手の優越を認めざるを得ない状態にきている。しかしまだ折れない。「他の多勝において己れ少劣と」いう。相手は十の力を備えており、自分は残念ながら五の力しかない。事実はそうであるのにそれを認めないで、あいつはたしかに十だが、俺だって八くらいの力はあるとうそぶくのである。慢心の高じていく様子がありありと捉えられている。(5)「我慢」は、「自ら恃《たの》む」つまり自分を頼り、「高挙す」――優越感を抱くことである。本来的にいえば、無我の自己であるから頼るべき何ものもないのである。何ものもないのに自己を実体視してそれに頼り、あげくのはては優越感を持っていい気になっている。それが「我慢」である。現在「我慢」というとたえるとか、誇り高い態度を持つとかいう良い意味に使われているが、これは、「自ら恃む」という前半の意味の変化したものではないであろうか。(6)「増上慢」は、まだ到達してもいない境地をすでに到達したということであり、(7)「邪慢」は、自分には無いのに有るということである。増上慢は修行の過程で最も侵しやすい慢心でいって、強くいましめられる。わかってもいないことを、人のことばを真似てわかっているようにふるまうことは修行の中だけではない、われわれの日常生活でもしばしば経験することである。自分は持ってもいないのに持っているようにいうこともある。増上慢・卑慢は虚栄心であろう。しかもこわいのはこれらは無意識のうちに侵してしまうということだ。

「無明」は、ものの道理にくらいことである。元来、わかるべきことがわからないから無明といわれる。道理とは根本的には無常・無我の道理である。その道理がわからないから我の観念を持ち、それにこだわって一切の煩悩が起きることになる。だから、無明はすべての煩悩の根底に流れているのである。『成唯識論』には「諸煩悩生必由癡故」(佛教大系本三―三六七頁)といわれている。

「疑」は、真理と真理に基づく佛陀の四諦の教えを、それと思い定むることができないで疑うのである。禅ではよく大疑団を持てというが、それとはおのずから次元を異にするというべきであろう。禅の大疑団は大信根と常に並べていわれるように、根底には佛陀の教えへの徹底した信があるのに対して、煩悩の疑いはその根底へのためらいである。

「不正見」は、顚倒推度すること。ものをあるままに見ず、あるままに推度しないのである。顚倒の代表は四顚倒であろう。不浄の身を浄とみる、この世は苦受であるとうけとるべきを楽受とうけとる、無我である一切の存在を固定化し実体化して常住なる我をそこにみようとする、無常なる心を常住と思いこむ、これがわれわれの最も多く陥る顚倒である。したがって不正見は、三量でいえばただ非量のみといわなければならない。ただこれは、別境の慧の心所（えらびわける作用）の不正の働きの一面であって、独自の内容を持つものではないので、「別の種あることとなし」といわれる。

この不正見が五つに分析される。第一は「薩迦耶見」。因縁所生であり、ゆえに無常でもある自分（五取蘊）を、常住不変の我、我のものとみる。そこからあらゆる誤謬の見解が生ずることになる。第二は「辺執見《へんじっけん》」で、断見・常見のかたよったみかたである。形式論理には、AかBかという二者択一を迫る性質があるので、論理的に考える時に、断であれば常ではない、常であれば断ではないというように、いずれかにきめこもうとする。それが辺見である。しかし存在の真実はそのように明確に割り切れるとばかりはいかない。四句分別（1）Aである。（2）非Aである。（3）Aであってまた非Aである。（4）Aでもなく非Aでもない）は単純な論理を超えようと試みたものであろうし、般若中観の否定の論理もそれを志向しているというべきであろうが、しかも究極的には、四句百非を絶する（『大乗玄論』、大正四五・

	仮実	三性	界繫	三量	相応識
貪	実	不善・有覆	三界	三量	七転識
瞋	実	不善	欲界	三量	前六識
慢	実	不善・有覆	三界	比量・非量	第六識・第七識
無明	実	不善・有覆	三界	三量	七転識
疑	実	不善・有覆	三界	非量	第六識
不正見	仮	不善・有覆	三界	非量	第六識・第七識

一七・上）という姿勢にまで昇華されなければならなかった。常見は具体的には死後常住とする見解、断見は死後一切のものが消滅するという見解であるから、そこからは真摯な修行も道果もえられない。「処中の行と出離を障う」といわれるゆえんである。「邪見」は、狭義では真実の道理――因果の理法とその理法において存在する事実とを否定することをさし、広義では、他の四見以外のあらゆる誤れる見解をいう。「見取」は正しくは「見取見」といわれる。これは、佛教の本義以外の考え方を絶対視することである。自分の見解を絶対に正しいとする考え方であるから、あらゆる闘争の原因となる。では佛教は真実であるという見解も一種の見取見ではないかとも問うことができる。それに対しては、佛教の説く無常・無我・一切皆空は個人の見解やものの見方や考え方ではなく、宇宙を貫ぬく永遠の真理そのものだという。「戒禁取見」とは戒律についての絶対視である。ここから無意味な苦行が正統化されたりする。

さて以上の十根本煩悩のうち、「不正見」のみは「慧」の不正の働きで仮法である。三性門では、「瞋」のみが不善で、他は不善と有覆無記とに通じ、三界繫では、「瞋」のみが欲界だけに働いて、他は三界に通じている。三量門では、「貪」「瞋」「無明」は現・比・非の三量にわたり、「慢」は比量と非量のみ、「不正見」「疑」は非量のみである。諸識との関係でいえば、「貪」「無明」は七転識と、「瞋」は前六識と、「慢」「不正見」は第六・第七識と、「疑」は第六識とのみ相応する。

根本煩悩の諸門分別を表にすると一三四頁のようになる。

なお、『覚夢鈔』の根本煩悩の並べられている順序は、『百法明門論』によっている。『唯識三十頌』では、「無明」を「癡」となし、「慢」の前においている。『述記』には、『百法明門論』は利鈍の性質の順序にしたがったのであり、『三十頌』は三不善根（貪・瞋・癡）をまとめて並べたのであると説明している（佛教大系本三―三一七頁）。

⑤ 随煩悩

小随惑

随煩悩の二十とは、（此の二十とは、此の二十、或は倶起する有り、或は倶起せざる有り。下に分別するが如し。）

一に忿《ふん》。所謂現前の不饒益《ふにょうやく》の境に対するに依って憤発《ふんぽつ》するをもって性と為し、能く不忿を障え杖を執《と》るをもって業と為す。是れ瞋の分位にして別の種子なし。唯、不善性なり。唯、欲界繋《よっかいけ》なり。定めて現量に非ず。唯、第六（識）に在り。所依・（所）縁等は一聚の王に同じ。

二に恨《こん》。所謂忿を先とするに由って悪を懐いて捨てず。怨を結ぶをもって性と為し、能く不恨を障え熱悩するをもって業と為す。亦瞋の分位にして別種なき等は上の法に同じ。

三に悩。所謂忿と恨とを先と為し追触・暴熱して很戾《こんらい》するをもって性と為し、能く不悩を障え蛆螫《だっしゃく》するをもって業と為す。亦瞋の分位にして別種なき等は亦前の法に同じ。

四に覆。所謂自作の罪に於て利誉を失わんことを恐れて隠蔵《おんぞう》するをもって性と為し、能く不覆を障え、悔《け》悩するをもって業と為す。貪と癡との分位にして別種なき等は、亦上の法に同じ。

五に誑《おう》。所謂利誉を獲んが為に矯《かたまし》く有徳を現じて詭詐《きさ》するを性と為し、能く不誑を障え邪命を業と為す。不善と有覆無記とに通じ、欲と初禅とに通ず。余は亦上に同じ。

六に諂《てん》。所謂他を網せんが為の故に矯く異儀を設けて険曲《けんごく》なるをもって性と為し、不諂と教誨《きょうけ》とを障《さ》うるをもって業と為す。余は亦上に同じ。

七に憍《きょう》。所謂自の盛事《じょうじ》に於て深く染著を生じて酔傲《すいごう》するをもって性と為し、能く不憍を障え染の依たるをもって業と為す。是れ貪の分位なり。三界に通ず。余は亦上に同じ。

八に害。所謂諸の有情に於て心に悲愍すること無く損悩するをもって性と為し、能く不害を障え、逼悩《ひつのう》するをもって業と為す。是れ瞋の分位なり。唯、不善性なり。唯、欲界繫なり。余は亦上に同じ。

九に嫉。所謂自の名利を殉《もと》め他の栄に耐えずして妬忌《しっき》するをもって性と為し、能く不嫉を障え、憂慼《うしゃく》するをもって業と為す。余は亦上に同じ。

十に慳《けん》。所謂財と法とに耽著《たんじゃく》し慧捨すること能わずして、秘悋《ひりん》するをもって性と為し、能く不慳を障え鄙畜するをもって業と為す。是れ貪の分位なり。余は亦上に同じ。（已上の十法は名別に起るが故に小随惑と名づく。）

《随煩悩》 梵語 upakleśa の訳。根本煩悩に随って起きる煩悩。《忿》 梵語 krodha の訳。目前の自分の心にそわぬものに対する激烈ないいかりの爆発。《恨》 梵語 upanāha の訳。忿怒したものをいつまでも忘れぬうらみ。《悩》梵語 pradāśa の訳。「忿」や「恨」を抱いたものを、思い起してむらむらともえるいかりで性格がひねくれ、相手をチクチクいためつける心所。《追触》 あらためて思い起す。《暴熱》 猛火のようになる。《很戻》 ねじけもとる、性格がねじけること。《蛆螫》 毒虫が、かんだりさしたりすること。《覆》 梵語 mrakṣa の訳。自分の失敗で財産・名誉等を失うのをおそれて、過失を隠し自らなやむこと。《誑》 梵語 māyā の訳。自分の財産・名誉等を獲得するために、他人をたかぶらかしまどわす心所。《諂》 梵語 śāṭhya の訳。へつらい。他人の気持を捉えるために、いつわった行動をとり忠告をきかない。《憍》 梵語 mada の訳。自分のことにおごりたかぶること。《害》 梵語 vihiṁsā の訳。相手をきずつけなやます心所。《嫉》 梵語 irṣyā の訳。ねたみ。他の繁栄をねたんで一人くるしむ心所。《慳》 梵語 mātsarya の訳。ものおしみ。財・法に執著して慧捨できず、小ぎたなく畜えこむ心所。

「随煩悩」とは、根本煩悩に附随して起きる煩悩のことである。「随煩悩」は二十あるが、それは倶起するものもあり、しないものもある。「随煩悩」は大随・中随・小随の三に分類されるが、ここにあげられている十を「小随惑」あるいは「小随煩悩」略して「小随」と呼ぶ。「小随煩悩」は、激しく性格の強い煩悩であるので別々に働く。

「忿」は、目の前の自分の気にいらぬものに対して爆発するいかりであり、杖を執って打つ等の動作の源となる心所である。しかし「忿」は独立したものではない。底にあるのは根本煩悩の「瞋」であり、カッとなって「瞋」が爆発したのが「忿」である。

「恨」は怨みであって、「忿」の感情がいつまでも捨てられず熱悩しつづけひとりではらのにえくりかえる思いの心所である。したがってこれも同じく「瞋」の一つの表われである。

「悩」は「忿」「恨」の思いを、くりかえし思い出し（追触）自ら自分を毒虫にさされるように苦しませる心所である。これも「瞋」の一面である。

「覆」は、自分の失敗で利益・名誉を失うことをおそれて、一生懸命それを隠そうとし、隠したことを後悔しなやみつづけるのである。これは根本煩悩の「貪」と「癡」の変形である。名・利への貪著と愚さによるものであることは、少し考えてみれば明らかである。

「誑」は、利益・名誉等を獲んために、自分を粉飾し相手をたぶらかす心所。それは邪な生き方をうみだすことになる。前の四つが欲界にのみ働くとされたのに対して、これは欲界と初禅とに通ずといわれている。初禅というのは禅定の世界であるから、禅定の境域にも「誑」が働くということである。宗教的境地の中にさえ、相手を誑惑するという低劣な心が働くことを意味する。宗教に巣くう偽善性とでもいうべきであろうか。

「諂《てん》」はへつらいである。他人の関心をかうために（網せんが為に）心にもないことをいったりする（矯く異儀を設けて険曲）心作用で、忠告（教誨）をうけいれない。これも欲界と初禅とに通ずるといわれている。禅定や宗教的行為にさえ相手に媚るということがあるのである。「誑」も「諂」も貪と癡との差別相である。

「憍」はおごりたかぶる気持である。自分の優れていることに染著し、それに陶酔し、さまざまの汚れの源となる。根本煩悩の「貪」の分位であり、三界に通ずといわれている。三界とは色・無色の深い禅定の境界をも含むわけであるから、「憍」の心作用が高い禅定の世界をまで汚すことを意味する。『述記』には「聖者は己れの誑の境地をたのむことをしない。凡夫は聞いたり、思察したりした無漏法にさえ憍心を生じる」（佛教大系三―四二〇頁）と説かれている。凡夫は清浄な佛の教えを聞いてさえ憍心を起してそれを汚してしまうというのである。宗教あるいは宗教者の陥りやすいおごりへの鋭い省察というべきであろう。

	根本煩悩	仮実	三性	界繋	三量	相応識
忿	瞋	仮	不善	欲界	比量・非量	第六識
恨	瞋	仮	不善	欲界	比量・非量	第六識
悩	瞋	仮	不善	欲界	比量・非量	第六識
覆	貪・癡	仮	不善	欲界	比量・非量	第六識
誑	貪・癡	仮	不善・有覆	欲・初禅	比量・非量	第六識
諂	貪・癡	仮	不善・有覆	欲・初禅	比量・非量	第六識
憍	貪	仮	不善・有覆	三界	比量・非量	第六識
害	瞋	仮	不善	欲界	比量・非量	第六識
嫉	瞋	仮	不善	欲界	比量・非量	第六識
慳	貪	仮	不善	欲界	比量・非量	第六識

「害」は他をきずつけ悩ますことで、「瞋」の変形であり、「嫉」は他の繁栄をねたむことである。他の繁栄をねたむというのは、自分の中に名・利をもとめる気持がひそんでいるからである。これも「瞋」の一分位である。

「慳」はものおしみする心である。ものをおしむだけではない。人間は佛の教えをつたえる（法施）にも、ものおしむ気持を抱くのである。「慳」が「貪」の一つの表われであることはいうまでもない。

以上の「小随惑」を図示すると上のようになる。貪・瞋・癡の三不善根、あるいは三毒が根にあることが一見明瞭である。

中随惑

十一に無慚《むざん》。自と法とを顧みずして、賢・善を軽拒するをもって性と為し、能く慚を障礙《しょうげ》して悪行を生長するをもって業と為す。別種の所生なり。唯、不善性なり。唯、欲界繋なり。三量に通じ、六識に通ず。七・八識を除く。所依等は一聚の心王に同じ。
十二に無愧《むき》。世間を顧みず暴悪を崇重するをもって性と為し、能く愧を障礙して悪行を生長するをもって業と為す。余は上の法の如し。（巳上二法は、不善に遍ずるが故に中随惑と名づく。）

《無慚》 梵語 āhrīkya の訳。自ら省みてはじないこと。 《無愧》 梵語 anapatrāpya の訳。自ら罪を作りながら他にはじないこと。

	仮実	三性	界繋	三量	相応識
無慚	実	不善	欲界	三量	前六識
無愧	実	不善	欲界	三量	前六識

「無慚」「無愧」の二つを「中随惑」「中随煩悩」略して「中随」という。不善の心の中に遍在する随煩悩である。

「無慚」は自己の良心と真実とにはじないこと、「無愧」は人にはじないことである。「無慚」は内面性の問題、「無愧」は社会性に通じるものであろう。世間体とか、世間にはじる、人目をはばかる、人の目を気にする等は「愧」である。不善に遍在するというのは、不善の心の底には共通に自己にも他人にもはじぬ厚顔無恥がひそんでいることを意味する。無慚無愧は人間の頽廃であろう。

前例にしたがって表にすると上のようになる。

大随惑

十三に不信。実と徳と能とに於て、忍し、楽《ぎょう》し、欲せず心を穢するをもって性と為し、能く浄心を障え、惰の依たるを業と為す。別種の所生なり。不善と有覆無記とに通じ、三界繋《さんがいけ》に通ず。通じて七識に在り。第八識を除く。余は上の法に同じ。

十四に懈怠《けだい》。善と悪との品の修と断との事の中とに於て懶惰《らいだ》なるをもって性と為し、能く精進を障え染を増するをもって業と為す。余は亦上に同じ。

十五に放逸《ほういつ》。染《ぜん》と浄の品に於て、防し修すること能わずして縦蕩《じゅうとう》なるをもって性と為し、不放逸を障え、悪を増し善を損するの所依たるをもって業と為す。懈怠と貪と瞋と癡との四の分位なり。別の種子無し。

十六に惛沈《こんじん》。心をして境に於て無堪任ならしむるをもって性と為し、能く軽安《きょうあん》と毘鉢舎那《びばしゃな》とを障うるをもって性と為し、別種の所生なり。余は亦上に同じ。

十七に掉挙《じょうこ》。心をして境に於て寂静ならざらしむるをもって性と為し、能く行捨《ぎょうしゃ》と奢摩佗《しゃまた》とを障うるをもって業と為す。余は亦上に同じ。

十八に失念。諸の所縁に於て明記すること能わざるをもって性と為し、能く正念《しょうねん》を障え、散乱の所依たるをもって業と為す。念と癡との分位にして別の種子無し。余は亦上に同じ。

十九に不正知。所観の境に於て謬解《みょうげ》するをもって性と為し、能く正知を障え毀犯《きぼん》するをもって業と為す。慧と癡との分位にして別の種子無し。余は亦上に同じ。

二十に心乱。諸の所縁に於て心をして流蕩《るとう》せしむるをもって性と為し、能く正定を障え、悪慧の所依たるをもって業と為す。別種の所生なり。余は上に同じ。(巳上の八法は、染心に遍するが故に大随惑と名づく。染心と言うは、不善と有覆となり。)

《不信》 梵語 aśraddhya の訳。信じないこと。「信」の裏がえしで、実・徳・能を忍・楽・欲しない心所。怠惰の所依となる。**《懈怠》** 梵語 kausīdya の訳。精進の裏がえしで懶惰なこと。**《放逸》** 梵語 pramāda の訳。気ままでだらしなく、悪を防ぎ善を修することができない。《惛沈》梵語 styāna の訳。身心がくらく沈み、鈍感になり惛昧沈重なこと。さわやかな柔軟性と、さえた智慧の働きを障げる心所。《毘鉢舎那》梵語 vipaśyanā の音写。「観」と訳する。透徹せる智慧をもって対境の神髄を照見すること。《掉挙》梵語 auddhatya の訳。心をたかぶらせさわぎたたせる心所。穏やかで清澄な心をかき乱す。《奢摩佗》梵語 śamatha の音写。「止」と訳す。心の寂静澄明な状態。《失念》梵語 musita-smrtitā の訳。はっきりものを記憶できぬ散漫な心の作用。《不正知》梵語 asaṁprajanya の訳。対境を正しく知ることができず、誤りをおかす心所。《心乱》梵語 viksepa の訳。「散乱」ともいわれる。心が散ること。

ここにあげられた八つの随煩悩を、「大随惑」「大随煩悩」「大随」と呼ぶ。これは染心（不善・有覆無記の心）に遍在する随煩悩である。

「不信」は善の心所の「信」の裏がえしであって、佛や佛の教えへの不信感である。しかし、別種所生の実法であるといわれている。「不信」といえば、「信」じないというだけのことであるから、一見それほど積極的な重い意味はないように思われる。しかし、「不信」という心作用は不気味な強さをもっている。「信」が切断された状態を考えてみるとよい。「心を穢す」とあるように、一度不信感を持つと心が穢されてしまう。相手のいうことが一切信用できなくなる。弁解すれば誤魔化しに見えてくる。することなすこと、すべてが信用できないのである。「不信」があいだに入ると、しらけた断絶のみが残る。「不信」とよく似た心所に「疑」があるが、「疑」と比べてみると、「疑」の方には、とにかく疑われる対象が一度はうけいれられて正面に位置しているのに対して、「不信」には、まったくうけいれる姿勢がない。「疑」は解くことができるが、「不信」はあらためてまったくの最初から出なおして「信」をうるしかない。決して「信」がないというような消極的なものではなく、一切のつながりを根底から切断する積極的な力を持つものといわざるをえない。「信」か「不信」かは二つのかかわりをきめる決定的な一点ということができる。

「懈怠」は「精進」の裏がえしで懶惰なこと。良遍は『唯識大意』の中で、もろもろの善事の中に怠りものうき心と述べている。

「放逸」は気ままでだらしないこと。悪を防ぎ善を修するというけじめのなさである。懈怠と根本煩悩の貪・瞋・癡とのとけ合った仮法である。

「惛沈」は自分をとり囲む境遇に耐えられず（無堪任）、身心がくらく沈みこんでゆき、軽やかな柔軟性（軽安）と透徹した智慧（毘鉢舎那）がにぶることである。悲観的になるとか絶望感を持つとか、人生に対しての凛々しい態度を失って消極的になるとかという状態をいう。修行の途上で経験するスランプ等も「惛沈」といってよいであろう。

「掉挙」は、これと逆に心が昂ぶり騒ぎ立つことである。この状態になると、平静な落ち着き（行捨）と清澄な心境（奢摩他《しゃまた》）が失われる。修行が平常底のものとして修められなければならぬことを語るものである。興奮状態の修行は本ものでもないし長続きもしない。

「失念」は忘れることである。忘れることがなぜ煩悩なのか、記憶力がわるければ佛教の勉強はできぬのかという疑問がないわけでもない。だが、やはり忘れることは修行にとってマイナスである。佛教への思いが強ければ忘れぬはずである。忘れずに佛の教えを憶えているから、何かの機縁をきっかけに境地が開けるのであって、佛の教えへのしっかりとした記憶のないところには進歩はないといわざるを得ない。

	分　位	仮　実	三　性	界　繋	三　量	識相応
不　信	／	実	不善・有覆	三界	三量	七転識
懈　怠	／	実	不善・有覆	三界	三量	七転識
放　逸	懈怠・貪・瞋・癡	仮	不善・有覆	三界	三量	七転識
惛　沈	／	実	不善・有覆	三界	三量	七転識
掉　挙	／	実	不善・有覆	三界	三量	七転識
失　念	念・癡	仮	不善・有覆	三界	三量	七転識
不正知	慧・癡	仮	不善・有覆	三界	三量	七転識
心　乱	／	実	不善・有覆	三界	三量	七転識

「不正知」は文字どおり対境を正しく知り得ぬことである。「慧」と「癡」の分位といわれているように、判断力がないのではなく、判断力は持ちながら、それが正しい道理にのっとって働いていないのである。

「心乱」は散乱ともいわれるように、気が散ることである。流蕩とは『述記』に「流とは馳流……蕩とは蕩逸」(佛教体系本三―四三三頁)とあるように、心が対象に対して放縦に転々と移り変わっていくことである。ちょっと「掉挙」と似ているが、「掉挙」が心自体が昂ぶり騒ぐのであるのに対して、これは、心の対象が次々と移り変わることである。『述記』には「掉挙は心を挙すのである。境は一つである。一つの境に対して心がさまざまに変わることであり、散乱は、心を別の境にかえていくことだ」(佛教大系本三―四三四頁)と説明されている。念のために補足しておくと、坐禅の用心として惛(沈)、散(乱)がとりあげられていることはよく知られている。

以上の八大随惑を表にすると上のようになる。

なお、「随煩悩」とは、根本煩悩に随って起きる煩悩ということであるが、『述記』にはその関係によってこれを仮実の二つに分けている。

(1)根本煩悩の差別分位（異なった状態）のもので仮法のもの。

忿・恨・悩・覆・誑・諂・憍・害・嫉・慳・失念・不正知・放逸

(2)根本煩悩の等流性《とうるしょう》のもので実法のもの。

無慚・無愧・掉挙・惛沈・散乱・不信・懈怠（佛教大系本三―四一二頁）

また根本煩悩を軸として整理してみると次のようになる。

(1)「貪」の分位のもの＝覆・誑・諂・憍・慳・放逸

(2)「瞋」の分位のもの＝忿・恨・悩・害・嫉・放逸

(3)「癡」の分位のもの＝覆・誑・諂・放逸・失念・不正知

これによると、「放逸」が貪・瞋・癡の三毒に、「覆」「誑」「諂」が貪・癡の二毒に通じていることがわかる。「放逸」がいかに三毒に汚染されたものであるか、そして三毒がいかに根本煩悩の中で大きな影響力を持つものであるかを知ることができる。なお「失念」は別境の「念」、「不正知」は別境の「慧」の分位といわれている。別境の心が煩悩として表われることの一例である。

⑥　不　定

不定の四とは、（此の四法の中、初めの二法及び後の二の随一は、或る時は倶起す。後の二、相望めば必ず倶起せず。）一に睡眠《すいめん》。謂く、不自在、昧略《まいりゃく》ならしむるをもって性と為し、観を障うるをもって業と為す。別種の所生なり。三性に通ず。唯、欲界繋なり。定めて現量に非ず。唯、第六（識）にあり。所依（所）縁等は一聚の心王に同じ。

二に悪作《おさ》。謂く、所作の業を悪《にく》んで追悔するをもって性と為し、止を障うるをもって業と為す。余は亦上に同じ。

三に尋。所謂心をして怱遽《そうこ》ならしめ、意言の境に於て麁に転ぜしむるをもって性と為す。思と慧との分位にして、別の種子無し。欲（界）と初禅とに通じ、三量に通ず。余は亦上に同じ。

四に伺。所謂心をして怱遽ならしめ、意言の境に於て細に転ずるを性と為す。中間禅に通ず。余は亦上に同じ。

此の二は倶に安と不安とに住する身心の分位の所依たるを業と為す。（尋伺は、一体同用にして、唯、麁と細とを異にするのみ。）

《睡眠》 梵語 middha の訳。ねむけ。 **《悪作》** 梵語 kaukṛtya の訳。後悔。 **《尋》** 梵語 vitarka の訳。言語を対象としてその意味等を推しはかる心所。 **《怱遽》** いらだち落ちつかぬこと。 **《意言の境》** 「意」は第六意識、「言」は名言・言語。 **《伺》** 梵語 vicāra の訳。「尋」の深細なもの。

「不定」とは、善・悪がきまっていないでいずれにも働く心所である。しかし「遍行」のように、すべての心所に遍在するのでもなく、「別境」のように一切地に働くのでもない。睡眠・悪作・尋・伺の四つであるが、睡眠・悪作は尋・伺のいずれかとは倶起するが、尋・伺の二つが互いに倶起することはない。「尋」「伺」は浅深の違いこそあれ、同じ性質のものだからである。

「睡眠」はねむけである。生理的な睡眠そのものをいうのではない。身体がものうくなり、心がぼ

	分位	仮実	三性	三界	三量	識相応
睡眠	／	実	三性	欲界	比量・非量	第六識
悪作	／	実	三性	欲界	比量・非量	第六識
尋	思・慧	仮	三性	欲・初禅	三量	第六識
伺	思・慧	仮	三性	初〜中間禅	三量	第六識

んやりした状態である。その状態ではものの神髄を見抜く「観」が働くはずはない。「唯欲界繫」ということは禅定を意味する上二界にはないということである。ねむけをもよおすような禅定は本ものではないことを意味している。しかし、睡眠は善・悪いずれにも働く。夜になって眠るべき時刻にはぐっすり眠れるのがよい。「眠れぬものに夜は長い」（『法句経』）といわれるとおりである。だが、佛陀の説法を聞きながら眠るのは善き眠りではない。

「悪作」は善・悪いずれであれ自分のしたことを後悔し、心安らかでないのをいう。後悔は善・悪両方に働く。あの時、なぜもっと親切にしておかなかったかという後悔もあるが、こんなことならあの時もう少し盗んでおけばよかったとくやむのも「悪作」の一種である。倶舎教学では「アクサ」と読み意味も違う。

「尋」は、第六意識の持つ言語・概念などを対象として、その意味をいろいろ尋求《じんぐ》伺察することである。したがって、善悪いずれの働きをもすることは明らかである。「伺」はその精細なものである。「尋」が欲界と色界の初禅とにあるのみであるのに対して、「伺」はより微細な伺察であるので、色界の中間禅（初禅と二禅の間の禅定）にまであるとされている。かなり深い禅定の中でもことばの意味を考えたりしているものらしい。

「不定」の心所を表にすると上のようになる。

さて、以上で、六位五十一のすべての心所が終ることになる。かなり煩瑣で、しかもちょっとみたところでは形式的な感じがしないでもない。しかし、「心所」とは、われわれの最も具体的な、それだけに最も現実的な心の動きであり、実際のわれわれの生活は、これ以外にはないとさえいってもよいのであるから、「自心を観ずる」とか、「心を以て心を観ず」とかいわれるような、日常の自己に密着した佛教の生活にとって、非常に重要な意味を持つことになる。「自己を知る」ということの中に、「心所」は大きな位置を占めているのである。佛道に親しむということは、己れの中に善の心所を持ちつづけることである。己れが退歩することは、六根本煩悩と、二十随煩悩とに心が占められることである。

そこで、多少くどくなるかもしれないが、次に従来の説明に基づいて、六位五十一の心所を図表にして整理しておこうと思う。それによって、各心所の特徴がはっきりとしてくるであろうし、この表の全体を、じっと見つめていると、現実の自己の姿が、まざまざと浮き出してくるに違いない。

		五遍行				
		作意	触	受	想	思
仮実	仮	×	×	×	×	×
	実	○	○	○	○	○
三性	善	○	○	○	○	○
	悪	○	○	○	○	○
	無記	○	○	○	○	○
三界	欲界	○	○	○	○	○
	色界	○	○	○	○	○
	無色界	○	○	○	○	○
三量	現量	○	○	○	○	○
	比量	○	○	○	○	○
	非量	○	○	○	○	○
八識	眼識	○	○	○	○	○
	耳識	○	○	○	○	○
	鼻識	○	○	○	○	○
	舌識	○	○	○	○	○
	身識	○	○	○	○	○
	意識	○	○	○	○	○
	末那識	○	○	○	○	○
	阿頼耶識	○	○	○	○	○

	煩					悩	善											五	別	境		
忿	不正見(五)	疑	無明	慢	瞋	貪	不害	行捨	不放逸	軽安	無癡	無瞋	無貪	愧	慚	精進	信	慧	三摩地	念	勝解	欲
○	○	×	×	×	×	×	○	○	○	×	×	×	×	×	×	×	×	×	×	×	×	×
×	×	○	○	○	○	○	×	×	×	○	○	○	○	○	○	○	○	○	○	○	○	○
×	×	×	×	×	×	×	○	○	○	○	○	○	○	○	○	○	○	○	○	○	○	○
○	○	○	○	○	○	○	×	×	×	×	×	×	×	×	×	×	×	○	○	○	○	○
×	有覆	有覆	有覆	有覆	×	有覆	×	×	×	×	×	×	×	×	×	×	×	○	○	○	○	○
○	○	○	○	○	○	○	○	○	○	○	○	○	○	○	○	○	○	○	○	○	○	○
×	○	○	○	○	×	○	○	○	○	○	○	○	○	○	○	○	○	○	○	○	○	○
×	○	○	○	○	×	○	○	○	○	×	×	×	×	×	×	×	×	○	○	○	○	○
×	×	×	○	×	○	○	○	○	○	×	○	○	○	○	○	○	○	○	○	○	○	○
○	×	×	○	○	○	○	○	○	○	○	○	○	○	○	○	○	○	○	○	○	○	○
○	○	○	○	○	○	○	×	×	×	○	○	○	○	○	○	○	○	○	○	○	○	○
×	×	×	○	×	○	○	○	○	○	○	○	○	○	○	○	○	○	○	○	○	○	○
×	×	×	○	×	○	○	○	○	○	○	○	○	○	○	○	○	○	○	○	○	○	○
×	×	×	○	×	○	○	○	○	○	○	○	○	○	○	○	○	○	○	○	○	○	○
×	×	×	○	×	○	○	○	○	○	○	○	○	○	○	○	○	○	○	○	○	○	○
×	×	×	○	×	○	○	○	○	○	○	○	○	○	○	○	○	○	○	○	○	○	○
○	○	○	○	○	○	○	○	○	○	○	○	○	○	○	○	○	○	○	○	○	○	○
×	○	×	○	○	×	○	×	×	×	×	×	×	×	×	×	×	×	○	×	×	×	×
×	×	×	×	×	×	×	×	×	×	×	×	×	×	×	×	×	×	×	×	×	×	×

不定				大随煩悩								中煩随悩		小随煩悩								
伺	尋	悪作	睡眠	心乱	不正知	失念	掉挙	惛沈	放逸	懈怠	不信	無愧	無慚	慳	嫉	害	憍	諂	誑	覆	悩	恨
○	○	×	×	×	○	○	×	×	○	×	×	×	×	○	○	○	○	○	○	○	○	○
×	×	○	○	○	×	×	○	○	×	○	○	○	○	×	×	×	×	×	×	×	×	×
○	○	○	○	×	×	×	×	×	×	×	×	×	×	×	×	×	×	×	×	×	×	×
○	○	○	○	○	○	○	○	○	○	○	○	○	○	○	○	○	○	○	○	○	○	○
○	○	○	○	有覆	有覆	有覆	有覆	有覆	有覆	有覆	有覆	×	×	×	×	×	有覆	有覆	有覆	×	×	×
○	○	○	○	○	○	○	○	○	○	○	○	○	○	○	○	○	○	○	○	○	○	○
中間初禅	初禅	×	×	○	○	○	○	○	○	○	○	×	×	×	×	×	○	初禅	初禅	×	×	×
×	×	×	×	○	○	○	○	○	○	○	○	×	×	×	×	×	○	×	×	×	×	×
○	○	×	×	○	○	○	○	○	○	○	○	○	○	×	×	×	×	×	×	×	×	×
○	○	○	○	○	○	○	○	○	○	○	○	○	○	○	○	○	○	○	○	○	○	○
○	○	○	○	○	○	○	○	○	○	○	○	○	○	○	○	○	○	○	○	○	○	○
×	×	×	×	○	○	○	○	○	○	○	○	○	○	×	×	×	×	×	×	×	×	×
×	×	×	×	○	○	○	○	○	○	○	○	○	○	×	×	×	×	×	×	×	×	×
×	×	×	×	○	○	○	○	○	○	○	○	○	○	×	×	×	×	×	×	×	×	×
×	×	×	×	○	○	○	○	○	○	○	○	○	○	×	×	×	×	×	×	×	×	×
×	×	×	×	○	○	○	○	○	○	○	○	○	○	×	×	×	×	×	×	×	×	×
○	○	○	○	○	○	○	○	○	○	○	○	○	○	○	○	○	○	○	○	○	○	○
×	×	×	×	○	○	○	○	○	○	○	○	×	×	×	×	×	×	×	×	×	×	×
×	×	×	×	×	×	×	×	×	×	×	×	×	×	×	×	×	×	×	×	×	×	×

右の図を基準にして、悪と有覆無記とに通ずる心所は何々であるか、色・無色等の禅定の境域にどのような心所が分析されているか等を考え、自分自身の学道の資とすることができる。

ただ一つ注意しなければならぬのは、このように分析され列記されると、これら五十一の心所をばらばらに別々のものと考えやすいことである。しかし、生きた人間の心はばらばらにあるのではなく、有機的に一体として動いているのであり、経論のいうとおりに一聚の心であることを見落としてはなるまい。

(3) 色　法

① 五　根

第三に色法《しきほう》。（略して十一種あり。）

一に眼《げん》（根）。所謂照了と導との義なり。分位の法に非ず、別種の所生なり。眼識の所依、頼耶《らや》の所変なり。

第六意識、或る時は亦此れに依り、或る時は亦之を縁ず。謂く、五識と倶なる意識は此れに依り、独頭《どくず》は之を縁ず。本質《ほんぜつ》は皆是れ頼耶の所変なり。

二に耳《に》（根）。所謂能聞の義なり。耳識の所依なり。自余は上に同じ。

三に鼻（根）。所謂能齅《のうしゅう》の義なり。鼻識の所依なり。

四に舌（根）。所謂能嘗《のうしょう》の義なり。舌識の所依なり。

五に身（根）。所謂積集《しゃくじゅう》と依止《えじ》との二義なり。身識の所依なり。

一一の余義は、眼・耳根に同じ。

以上の五法を名づけて五根と為す。根は増上・出生の義なり。眼等の識のために威勢となるが故に。

《色法》　梵語 rūpa の訳。物質的存在。「変壊《ね》・質礙《ぜっけ》の義」といわれる。「変壊」は変化しやがて壊滅するものの意。「質礙」は質量をもって一定の空間を占有し、同じ空間に同時に他の存在を許さぬものの意。《眼（根）》　梵語 cakṣur-indriya の訳。眼球（扶塵根《ふじん》）と視覚作用を起す器官（勝義根）。《照了》　対象を明了に照らして認識すること。《導》　眼と視覚作用が他の諸器官に対してひときわすぐれた力を持ち、さまざまの働きを導きだすこと。《頼耶》　阿頼耶識。《五識倶意識》　前五識（感覚作用）とともに働く第六意識。《独頭》　独自に働く第六意識。《本質》　認識対象（相分）の依り所となるもの。《積集》　四大（地・水・火・風）がより集まったもの。《根》　梵語 indriya の訳。強い力を持ち、識作用をうみだす。

ここから、五位百法の第三色法に入る。今まで見てきたのは心王・心所で、いわば人間の心的一面であったが、「色法」は物質的一面である。「色法」は①五根、②五境、③法処所生色《ほっしょしょしょうしき》の三つに分けられるが、まずこの一段は「五根」である。「五根」とは身体をさして、眼根・耳根・鼻根・舌根・身根の五つをいう。

「眼根」は、対象を明了に認識（照了）し、その他の諸識の動きを引き出す力能が強いといわれている。視覚作用（眼識）の依り所であり、しかも視覚作用は他の感覚に対して主導的な位置にあるので、その所依たる眼根は諸識を導きだす「導」の義があるといわれる。しかし、唯識では、身体とか眼球とかいっても、認識対象として捉えられた面での身体をいうので、「頼耶の所変」といわれる。認識の対象にのぼらぬものを、われわれは知ることができない。われわれは人格性の深層において、自分の身体を、自分の身体として認識しているのである。内的に自分の身体を対象として捉えている。また第六意議も眼根を①所依としたり、②対象としたりするというかかわりを持っている。①第六意識が眼根を所依とするというのは、五倶の意識をいう。つまり見たものについて考えるというかかわり方である。眼根・眼識が見るのは、白い紙と黒い直線や曲線の組み合わせであるが、それを文字として判読しその意味を考えるのは第六意識である。②眼根を対象とするというのは、独頭の意識の領分である。「眼を大切にしなければならぬ」と考えている時の「眼」は独頭の第六意識の所縁である。しかし、その時の「眼」も、深層の阿頼耶識で捉えられた「眼」の自覚を抜きにしてはうまれてこない。それを、頼耶所変の本質というのである。

「耳根」は聞くという耳の器管。「鼻根」は、においをかぐという鼻の器管。「舌根」は、ものをあじわう舌の器官である。「身根」は①「積集」の義とあるので、諸器官を統一しているという一面と、②依止、つまり、諸器官の依り所という面において捉え、ものに触れて知るという触覚（身識）の所依としている。他の四根との大きな違いは、四根が身体の部分であるのに対して身体の全体をもさすという点である。

なお、勝義根と扶塵根については『覚夢鈔』は触れていない。

②　五境（五塵）

六に色《しき》（境）。所謂一には顕色《けんじき》なり。謂く、青《しょう》・黄《おう》等なり。分位の法に非ず、各別の種より生ず。その本質は頼耶の所変なり。影像《ようぞう》は即ち是れ眼識の所変なり。第六意識も或る時は亦縁ず。二には形色《ぎょうしき》なり。謂く長・短等なり。三には表色なり。謂く、行《ぎょう》・住等なり。今、此の形と表とは別の種子《しゅうじ》なし。第六識の境なり。

七に声《しょう》（境）。所謂因執受《いんしゅうじゅ》と因不執受《いんふしゅうじゅ》と及び因倶生《いんくしょう》と可意と不可意と倶相違《くそうい》となり。今、此の六種は、皆、別種有りて分位の法に非ず。其の本質は第八（識）の所変なり。影像《ようぞう》は即ち是れ耳識の所変なり。第六意識も或る時は亦縁ず。

八に香（境）。所謂好・悪・平等の三なり。皆、別の種子あり。その影像は鼻識の所変なり。余は上の法に同じ。

九に味（境）。所謂苦・酢・辛・甘・鹹・淡等の味なり。皆、別種あり。その影像は舌識の所変なり。余は亦上に同じ。

十に触《そく》（境）。所謂地・水・火・風を四大種と名づく。各各別の能生《のうしょう》の種子あり。今、此四大は余の諸色《しょしき》を造る。四塵《しじん》・五根《ごこん》は並びに此の所造なり。故に能造と名づく。影像は是れ身識の所変なり。滑・渋・軽・重等は四大種の分位にして別の種子無し。第六（識）之を縁ず。余は亦上に同じ。

已上の五法を名づけて五境と為す。亦五塵と名づく。此れに内・外《げ》有り。内とは即ち是れ有情の依身《えしん》なり。外とは即ち是れ器界の体なり。

《色（境）》 梵語 rūpa-artha の訳。色彩と形態と運動。《顕色》 色彩。《影像》 認識対象としての相分。《形色》 形態。《表色》 動作・運動。《声（境）》 梵語 sabda-artha の訳。音声、耳識の対象。《執受》 梵語 upātta の訳。有情（生物）の身体のこと。《不執受》 生物以外のもの。《可意》 聞く主体に快いもの。《香（境）》 梵語 gandha-artha の訳。におい、鼻識の対象。《味（境）》 梵語 rasa-artha の訳。あじ、舌識の対象。《触（境）》 梵語 spraṣṭavya-artha の訳。さわって知る領域、身識の対象。《四塵》 色・香・味・触。《器界》 有情の住んでいる物質的世界。

色法の第二群は、われわれを囲む物質的世界であり、これに五種ある。

第一は「色境」である。これは、顕色（青・黄等の色彩）、形色（長・短等の形態）、表色（行く、住む等の動作や運動）の三つに分けられる。そのうち顕色は①眼識と、②眼識とともに働く第六意識の対象であり、形色と表色は、色彩によって認識されたものに附随する性質や状態であるので、これは第六意識が捉えるのであって、眼識が捉えるのではない。眼識が捉えるのは色彩のみである。色彩や形態を持つ物的な存在は、自分の外にあるものと考えられるが、これもやはり唯識の立場では、第八阿頼耶識が対象として捉えた上で、それが眼識や意識の対象となるとするのであって、その点が「本質は頼耶の所変なり」といわれるのである。

「声境」は耳識（聴覚作用）の対象である音声をいう。音声は音源によって①因執受《しゅうじゅ》（生物の発生する音声）、②因不執受（生物以外のものによっておこされる音声）、③因倶生（生物と非生物とによっておこされる音声）との三つに分けられ、またその音声が快いものであるかどうかによって、ⓐ可意（快い音声）、ⓑ不可意（不快な音声）、ⓒ倶相違（いずれでもないもの）の三つに分けられる。したがって①②③とⓐⓑⓒとが組み合わさって九種類の音声が捉えられている。佛陀の説法は弟子たちにとって因執受の可意声であり、台風の荒れ狂う音は因不執受の不可意声、のどかに聞く松籟は同じ因不執受でも可意声である。

「香境」はにおいであって、鼻識の対象である。これは、好・悪・平等の三つに分けられる。好・

悪・平等については二説がある。一つは好香（よい香り）、悪香（悪臭）、平等香（いずれでもないにおい）とするものであり、一つは好香（感覚機能を長養するもの）、悪香（感覚機能を損害するもの）、平等香（いずれでもないもの）である。

「味境」は、舌識の対象で、苦（にがみ）、酢（すっぱさ）、辛（からみ）、甘（あまみ）、鹹（しおからさ）、淡（あっさりした味）に分けられる。

「触境」は、地・水・火・風の四大種、つまり物質の根源と、それより作られた四塵（色境・香境・味境・触境）や五根（眼根・耳根・鼻根・舌根・身根）をいう。四大を能造の色、四塵・五根を所造の色という。したがって、物的存在は触境の中に包まれることになるが、触境という場合は、触れたりさわったりして知るという面をいうのである。眼識の対象も、四大所造の物的存在であるが、その場合は、色彩のみが認識されるのであり、それがなめらかであるか（滑）、ざらざらしているか（渋）等の面は触境として身識によって認識されるのである。

これを五境・五塵というのであるが、さらに二つに分けて、内塵（五根）、外《げ》塵（五境・器界）とも呼ぶ。

③　法処所摂色

十一に法処所生色《ほっしょしょしょうしき》。此れに五種有り。極略《ごくりゃく》と極迥《ごっきょう》と及び受所引と遍計《へんげ》所起と定所引と是れなり。此の中、四色は定めて是れ仮法にして別の種子無し。定所引色は仮《け》有り実有り。実は別種より生じ、仮は別種無し。此の五種色は皆是れ第六（識）所縁の境なり。其の定果の実色《じっしき》は亦眼等の所縁なり。

極略色とは即ち是れ極微《ごくみ》なり。
極逈色とは即ち空界の色なり。
受所引とは即ち是れ無表なり。
遍計《へんげ》所起《しょき》とは即ち是れ水月《すいがつ》、境像等なり。
定所引とは定力所変の五塵等なり。

《法処》　第六意識の所縁。

物理的存在である色法の第三は法処所生色である。法処所生色とは、第六意識（独頭の意識）のみの対象となる色法でこれが五つある。このうち、極略・極逈・受所引・遍計所起の四色は仮法であって実体があるわけではない。定所引色は仮法の場合と実法の場合とある。すべて第六意識の対象である。ということは、感覚（五識）をとおして知るものではなく、観念（第六意識）の中に存在すると考えられる物的存在を意味する。

「極略色」とは「極微」である。「極微」とは物質の分析の極点に見出された最小単位をいう。現代でいえば原子とか素粒子等に当たる。佛教には、それを実体とする学派（『倶舎論』）もあるが、法相教義では実体とはしない。物質の最小単位として観念的に想定されたものと考える（『成唯識論』巻一、佛教大系本一―三一四頁）。したがって、それは目に見えたり手に触ったりすることのできぬ、観念上の存在と考えるのである。

「極迥色」とは、空中に浮ぶ存在で、明・暗・火光等を観念上の物的存在と考えたものである。

「受所引色」は、無表色《むひょうじき》である。無表色とは、われわれが戒を受けた時、そこに生ずる一つの色法である。受戒して、佛の前でそれを守ることを誓うと、身体の中に何かの形でそれが残るのである。『倶舎論』では無表色は実法とするが、法相教義では仮法とする。実法とするにせよ仮法とするにせよ、視覚や触覚で知ることのできるものではないので、法処所生色の一つとするのである。しかし、受戒を色法の一つとして捉えることには、大切な意味があるように思う。それは佛教というと精神的な面のみが重視されるように、なんとなく思われる傾向がないわけではないが、受戒という宗教的体験を色法、つまり身体の領域のものとして捉えているからである。佛教を学ぶとか修行するとかいうことは、決して精神や意識上のことのみではないのである。

「遍計所起色」とは、錯視現象とか幻影・幻想等をいう。水に映った月とか、鏡に映った像等は、意識の上ではそこに物が存在するようにみるが、虚像（仮法）であることはいうまでもない。

「定所引色」とは、禅定力によって顕現した色法である。法相教義によると、八地以上の大力の菩薩は、威徳定の禅定力によって自由にものを変えることができるといわれる。飢餓の衆生を救うために、魚・米を変作し、あるいは土石を金銀となすことができる。その得られたものは、定力によるものであるから、定所引色といわれる。八地以上の深位の菩薩の変ずる色法は実法であるが、七地以前の菩薩の場合は、たとえ定力所変であっても仮法といわれる。「定所引色は仮あり実あり」といわれるとおりである。しかも定所引の実色は、つまり八地以上の菩薩の変作した実法は決して観念上の架空の存在ではなく、眼にありありと見え、手にしっかりととることができるのである（眼等の所縁なり）。

法処所生色については、『大乗法苑義林章』「法処色義林」に、定所引色については、同じく「勝定果色章」に詳しく述べられている。また『同学鈔』巻二十にはかなりの論義がみられる。

(4)　心不相応行法

第四に心不相応行法《しんふそうおうぎょうぼう》。略して二十四種有り。

一に得。所謂獲《ぎゃく》・成就の義なり。色・心の分位にして別の種子無し。第六識の境なり。

二に命根《みょうこん》。謂く、即ち是れ住持・決定の義なり。阿頼耶識能生の種子の分位なり。余は上の法に同じ。

三に衆同分《しゅどうぶん》。謂く、相似の義なり。諸の有情類の身心の分位なり。

四に異生性《いしょうしょう》。謂く、即ち聖道非得《しょうどうひとく》の義なり。三界の見惑《けんわく》の種子の分位なり。

五に無想定。謂く、即ち身をして安和ならしむる義なり。是れ能厭の心の種子の分位なり。但し、外道所修の無心定なり。唯、六識を滅す。

六に滅尽定。謂く、亦心・身をして安和せしむる義なり。亦能厭の心の種子の分位なり。是れ聖者《しょうじゃ》所修の無心定なり。通じて六識と染汚《ぜんま》の末那とを滅す。

七に無想事。謂く、即ち酬因の義なり。かの天の第六報心の種子の分位なり。

八に名身《みょうしん》。謂く、即ち自性《じしょう》を詮するの義なり。声塵《しょうじん》の分位なり。此れに一名と二名と多名と有り。

九に句身。謂く、即ち能く差別《しゃべつ》を詮するの義なり。亦声の分位なり。此れに一句と二句と多句と有り。

十に文身《もんしん》。謂く、名・句の二の所依の義なり。亦声の分位なり。此れに一字と二字と多字と有り。

十一に生《しょう》。謂く、本無・今有《こんう》是れ生の義なり。色・心の分位なり。

十二に老。謂く、凝然《ぎょうねん》に非ざる義なり。亦色・心の分位なり。
十三に住。謂く、暫く用有るの義なり。亦色・心の分（位）なり。
十四に無常。謂く後無の義なり。亦色・心の分（位）なり。
十五に流転《るてん》。所謂因果不断の義なり。亦色・心の分なり。
十六に定異。謂く、善悪因果互《ご》相差別《そうしゃべつ》の義なり。亦色・心の分（位）なり。
十七に相応。所謂因果感赴の義なり。亦色・心の分（位）なり。
十八に勢速。所謂諸行迅疾の義なり。亦色・心の分（位）なり。
十九に次第。所謂編列、序有るの義なり。亦色・心の分（位）なり。
二十に方《ほう》。謂く、即ち是れ処所分斉の義なり。色法の分位なり。
二十一に時。所謂尅限《こくげん》・称可の義なり。色・心の分位なり。
二十二に数《しゅ》。所謂諸法度量の義なり。亦色・心の分（位）なり。
二十三に和合性《わごうしょう》。所謂即ち是れ相乖違《けい》せざるの義なり。
二十四に不和合性。謂く上の和合性に翻ずるの義なり。
此の二十四は、皆、別の種子無し。第六識の境なり。

《得》　梵語 prāpti の訳。得たものを自分にひきつけておく力。　《命根》　梵語 jīvitendriya の訳。生命。　《衆同分》　梵語 nikāyasabhāga の訳。同一性。　《異生性》　梵語 pṛthagjanatva の訳。凡夫性。　《三界》　欲界・色界・無色界。凡夫の世界。　《見惑》　見道で断じられる煩悩。分別起の煩悩障・所知障をいう。　《無想定》　梵語 asaṁjñā-samāpatti の訳。六識の心・心所を滅した外道の修する無心の禅定。法相教義の立場からすると、「想」は第八阿頼耶識にも相応するから「無想」という状態はないことになるが、ここでは小乗の説に依順している。　《滅尽定》　梵語 nirodhasamāpatti の訳。六識と染汚の第七識の心・心所を滅した聖者の修する無心の禅定。《無想事》　梵語 asaṃjñika の訳。無想定によって得る果報のこと。無想天ともいう。《名身》　梵語 nāma-kāya の訳。ものの名称。単語のこと。「身」は集合を表わす。《句身》　梵語 pada-kāya の訳。文章のこと。《文身》　梵語 vyañjana-kāya の訳。音節・シラブルのこと。《生》　梵語 jāti の訳。それまでなかったものが因縁によって生起すること。《老》　梵語 jarā の訳。衰変の意味。《住》　梵語 sthiti の訳。ものの存続。《無常》　梵語 anityatā の訳。ものが滅してなくなること。ふつうはもっと広義にものが移り変わることをいうが、ここでは滅無のみをさしている。《流転》　梵語 pravṛtti の訳。因果が断えずつながりつづけること。《定異》　梵語 pratiniyama の訳。因果が整然として乱れぬこと。《相応》　梵語 saṃprayukta の訳。法と法とが和合して離れ得ぬ関係を持つこと。《勢速》　梵語 jara の訳。存在するものが、はやく移り変わること。《次第》　梵語 anukrama の訳。有為法が前後の順序を有すること。《方》　梵語 diś の訳。方角。《時》　梵語 kāla の訳。時間のこと。《数》　梵語 saṃkhyā の訳。数量のこと。《和合性》　梵語 sāmagrī の訳。有為法成立のための因縁が結合すること。《不和合性》　梵語 asāmagrī の訳。和合性の反対。

五位（心・心所・色・不相応行・無為）の第四は心不相応行法である。心不相応行、心不相応、不相応行、不相応等と略して呼ばれることが多い。

心不相応行法とは、心・心所法とも色法とも、またのちの無為法とも相応しない法といわれるので、「心」という字にはこだわらぬ方がよい。その意味では、不相応行法と呼ぶ方がすっきりする。心法でも色法でも無為法でもないもので、それかといって佛道修行の上から無視できぬものと考えればよい。「行」というのは、五蘊（色・受・想・行・識）に配当すると、行蘊になるのでそう呼ばれる。

基本的な性質に多少あいまいな点があるので、本によって不相応法の数はずいぶん違う。たとえば『倶舎論』十四、『五蘊論』十五、『成実論』十五、『品類足論』十六、『集論』二十三、『瑜伽論』『顕揚論』

『百法明門論』二十四等をみることができる。パーリ上座部では不相応行法は認めない。内容的にかなり問題があるということであろう。

倶舎教学ではこれを実法とするので、色法・心法以外の実体として非常に難解な一段とされるが、法相教義では皆仮法と解するので説明も簡単であるし、理解もしやすい。

「得」は何かを獲得しそれを保持しつづける関係である。なぜこんなものが、わざわざ不相応行法として定立される必要があったのかと一見思われぬでもないが、これは修行上での新境地の獲得の体験が根底にあるのではないであろうか。『倶舎論』に退法阿羅漢（小縁に遇いて所得の境地より退いていく）、思法阿羅漢（所得の境地より退失するのを懼れて常に自害を思う）等というのが説かれているのと思いあわせると、「得」という概念にはそういう真剣な体験がひそんでいるように思う。法相教義では、新しく自分のものとなるところを「獲《ぎゃく》」といい、それが相続するのを「成就」という。『成唯識論』では、「成就」をさらに分けて、(1)種子成就（有情がさまざまの種子を相続維持）、(2)自在成就（修行で得した善法や無記の種子を相続維持）、(3)現行成就（種子が現行し、その現行を相続維持）の三成就を説いている（佛教大系本一―四〇九頁）。

「命根《みょうこん》」は生命そのもの。煖《なん》（体温）と識（心の働き）とを維持し相続させるので「住持」と説明され、その生命によってその人格の誕生を決定するので、「決定《けつじょう》」の義といわれる。種子（名言種子）が前世の業因に引かれて一つの人格（色・心）となり、その人格をきめ、その寿命の長短等をきめていくのを仮に「命根」というのである。うまれるのも阿頼耶識によるのであり、今、ここに生きているのも阿頼耶識の力によるのであって、すべては識によるとするのが唯識であるから、「命根」は阿頼耶識の種子の分位といわれるのである。

「衆同分」は、人間は人間同志の同一性を持ち、犬は犬同志の同一性を持っているが、その同一性をいう。

「異生性」は、「聖道非得」といわれているように、凡夫性のことである。凡夫は知的に解決されるべき煩悩所・所知障をまだ断じていない。つまり見惑の中に存在しているのである（見惑の種子の分位）。

「無想定」は、次の滅尽定とともに二無心定といわれる。ともに深い禅定であるが、無想定は身を、滅尽定は心・身を安和ならしめる。無想定は前六識を滅する外道所修の禅定であるのに対して、滅尽定は六識と染汚の末那識とを滅した聖者所修の禅定である。

「無想事」は、無想天・無想果等ともいわれ、無想定を修して得る果報である。色界第四禅広果天の中にあるといわれ、無想定を修した有情は五百大劫のあいだ無想天に生ずるといわれ、その後再び想を起して欲界にうまれるのである。外道は無想事を真の涅槃と思うといわれており、インドに広く流布していた禅定に対して、佛陀の真の禅定を明確に位置づけるために、こうして不相応行法の中に列挙したのであろうか。

「名身」「句身」「文身」は、いずれも言語にかかわるもの。「名身」は個々のものを表わす単語、「句身」は単語によって構成される文章・文節、「文身」はア・イ・ウ・エ・オ等の音節である。単語（名身）はそれによって表わされるもの自体を直接さすので、名詮自性といわれ、文章（句身）は、単語を修飾したり限定したりして、他との違いを明らかにしていくので句《く》詮《せん》差別《しゃべつ》という。皆声塵の分位である。言語・文章は、聞法や説法にとって重要な意味を持つのである。

「生」「老」「住」「無常」は合わせて四有為《うい》相といわれる。この呼び方は『百法論』によっているが、『成唯識論』では、『倶舎論』にならって生・住・異・滅を四有為相としている。「生」は新しくうまれること、「老」はそれが変化して衰えること、「住」はしばらく同じような状態がつづくこと、「無常」はこの場合、滅することをいう。すなわち四有為相とは、有為法は因縁によって生じて、しばらくその状態がつづき、やがて衰変して消滅していくものということである。諸行無常を根幹とする佛陀の教説にとって、無常とは何かということはきわめて重要な意味を持つし、また、のちの無為法に対して、有為法の性格を明確にしておくことが大切なのである。

「流転」は因果の連鎖が断えずして相続し遷流転変するのをいう。「定異」は、善悪の因果が歴然として狂いなきことをいう。善因が悪果に変わったり、悪因が善果をうんだりすることはない。「相応」は、因果相応をいう。善因は善果、悪因は悪果を感ずるのである。

「勢速」は、有為法の流転の迅速なのをいう。無常迅速への深い自覚が、こういう項目を立てさせたのであろう。「次第」は、上下左右前後の編列に秩序のあるのをいう。論理や生活の秩序をいうのであろう。

「方」は上下左右前後の空間的配置をいう。「時」は過去・現在・未来の時をいう。「尅」は「刻」と同意味。「称可」は時間の道理にかなうこと。ここで注意すべきことは、「時」が色・心の分位だといわれていることである。普通われわれは、「時」はものの存在を離れて別にあるもの、あるいはまず時間の流れが根底にあって、その流れの上に諸法が存在しているように考えやすいが、そうではないということである。諸法（色・心）の移り変わりそのもの自体に「時」が仮立されている。つまり「時」があって「法」があるのではなく、「法」が「時」である。

「数」は存在の数量である。「和合性」は、因縁が和合して相離れぬこと、「不和合性」はその逆となる。

以上は、そろって第六識の対象である。

不相応行法の項目は色法や心・心所法の抽象的な関係とか、深い禅定の境域、言語の問題、時間・空間等の認識の範疇とか、変化の把握等の広範囲にわたっている。人間観察の過程の中で、無視できぬこれらの領域にぶつかり、独立した分類を迫られたものであろう。考えてみば、たとえば名・句・文身等は、言語学の基礎的分野に属するものであり、人間の実存を求める佛教にとって、直接どれだけの意味を持つのか疑問に思われぬこともないが、法相教義における迷謬の原因となる名言習気を想起する時、不相応行法の名・句・文身が、それと無関係にとりあげられているとは決していえず、衆生性の根源にかかわるものとして重要な意味を持つものであることがわかってくる。また唯識学が、認識論の分野に深く切りこむ領域を持っていることを考えてみれば、時・方等の問題が、きわめて核心的な位置にとりあげられなければならぬことも容易に想像されるのである。

しかし、この二十四の項目が、諸法のあらゆる状態を網羅し尽くしているかどうかは疑問である。二十四の項目の別立の基礎たるべき論理はどこにも示されていない。前にみたように、倶舎教義においては、十四項目にすぎず、『雑集論』では二十三種類ある。そういう点からすれば、さらに検討さるべきものがあるといわざるを得ないかもしれない。だが、五蘊・十二処・十八界等の人間把握の体系の上にあっては、明確でなかった抽象的分野を別立設定した功績は大きい。

(5) 無為法

第五に無為法。(略して六種あり、前の九十四法の性なり。)

一に虚空《こくう》。謂く、諸の障礙を離るるが故に虚空と名づく。此れに二種有り。

一に識変に依る。即ち是れ心所変の虚空無為の相なり。相似の故に名づく。実は有為なり。

二に法性に依る。即ち是れ真理にして心変の相に非ず。実の無為なり。

二に択滅《ちゃくめつ》。謂く、簡択力《けんちゃくりき》に由って、諸の雑染《ぞうぜん》を滅して究竟証会《くきょうしょうえ》す。故に択滅と名づく。此れに二種有り。一に識変に依る。即ち是れ心所変の択滅無為の相なり。余は上の法に同じ。

三に非択滅。択力に由らずして本性《ほんしょう》清浄《しょうじょう》、或は縁闕所顕《えんけつしょけん》の故に非択滅と名づく。此れに二種有り。一に識変に依る。即ち是れ心所変の非択滅無為なり。余は亦上に同じ。

四に不動。謂く、苦・楽受《らくじゅ》滅す。故に不動と名づく。第四禅の中の所顕の法なり。二種は上に准ず。

五に想受滅。謂く、想・受、行ぜざるを想受滅と名づく。滅尽定の中の所顕の法なり。二種は上に准ず。

此の五は皆、真如に依って仮立す。

六に真如。謂く、理妄倒に非るが故に真如と名づく。真とは謂く真実にして虚妄《こもう》に非ざることを顕わす。如《にょ》とは謂く如常にして変易《へんにゃく》無きことを顕わす。二種は上に准ず。真如も亦是れ仮施設の名なり。

《虚空》 梵語 ākāśa の訳。真如無為の上に、諸々の障礙を離れたのをいう。《識変》 識作用の相分の上に映った無為法。《法性》 真如そのもの。《択滅》 梵語 pratisaṁkhyā-nirodha の訳。智慧力をもって得られた悟りの世界。

択力所得の滅といわれる。《簡択力》　慧の力によって、正しく判断する力。《雑染》　有漏法。《非択滅》　梵語 a-pratisaṃkhyā-nirodha の訳。慧の択力によらないで本来清浄なること。また妄縁起の因縁に欠たけところに顕われる真如の清浄なのをいう。《不動》　苦楽によって動かされぬ色界第四禅の位。《想受滅》　滅尽定の中の想・受の心所の滅した位。《真如》　梵語 tathāta の訳。常住不変の真如そのもの。

五位（心・心所・色・不相応・無為）の最後は無為法である。五位は細分すると百法になるわけであるが、ここまでみた不相応行法までの九十四法は、有為法である。無為法は有為法（生・住・異・滅し流転する造作の法）に対して、その本性としての常住不変の真理そのものである。

これもまた諸論相互に異説があり、倶舎教義では、虚空・択滅・非択滅の三無為のみをあげ、『大乗広五蘊論』では四無為（虚空・択滅・非択滅・真如）、『雑集論』では八無為（善法・不善法・無記法・虚空・非択滅・択滅・不動・想受滅）等さまざまである。『覚夢鈔』は『百法明門論』にしたがって六無為を説く。六無為を説きはするが基底にあるのは真如無為の一つであり、他の五無為はその上の仮立であるとしている。

まず「虚空無為」は、虚空がすべてのものを受けいれて障礙しないことをいう。「択滅無為」は、慧の力をもって、煩悩障・所知障を滅して得た境地である。雑染法とは有漏法のことで煩悩（煩悩障・所知障）があるのをいう。「非択滅無為」は、本来清浄なること、あるいは染汚の法を起す因縁に欠けて清浄であることをいい、択滅無為のように慧力をもって獲得したのではない。それを縁闕所顕の無為という。雑染法を生ずる縁を欠いたがために、清浄が汚されなかったというものである。法相義では、真如は凝然《ぎょうねん》不作のものとされる。それを「本性清浄」といい、有為雑染法が生起の因縁を欠けば有為法は無となるので、そこに顕われる真如を縁闕所顕というのである。たまたま出張中であったために、職場での争いにまきこまれないですんだというのは縁欠不生である。「不動無為」とは、苦・楽受によって動かされぬ不動の境地をいう。教相上の説明によると、苦受（苦しいとうけとること）は、三界の中では欲界にのみあるといわれ、楽受は色界第三禅にまであるという。第三禅は離喜妙楽地といわれるように深い楽受があるのである。そこで苦楽に動かされぬということは、捨念清浄地である第四禅中所顕の法となる。しかし有為の人間の修める禅定は、それがそのまま不動無為ではない。第四禅の中に顕われる真如、それが不動無為である。「想受滅無為」は、遍行の心所の想・受を滅したところに顕われる無為である。無色界の非想非非想処地の滅尽定中に顕われる。

さて、以上の五無為は一実真如のさまざまな顕われの仮立である。そしてその基底にあるのが一実真如そのものの真如無為である。「真」とは真実、「如」とは如常無変易の義である。永遠不変の真実である。しかし、永遠不変の真実は心言路絶のものであって、言語をもって完全に表現することはできない。言語（名・句・文）の表現は、一種の限定であるから限定を超えたものを表わすことはできないのである。「真如」という言語を使って表現することも、所詮その限界を逃れることはできない。その意味で、「真如」という呼び方も、仮施設にすぎぬのである。禅宗で恁麼《いんも》（それ）、那箇《なこ》（あれ）等の語によって究極のものを表わそうとするのもその苦衷の顕われである。

ところで、無為法についてはすべてに識変無為と法性無為が説かれる。「識変無為」とは、意識の上に映った相分としての無為法であり、「法性無為」は無為法・真如そのものをいう。われわれは佛陀の教説に触れ、経論を学ぶことによって無為真如を知るようになる。しかし知の領域で理解した真如は、所詮、われわれの意識の上の相分として捉えられた真如にすぎず、真如そのものではない。真如から離れたところに立っていて、真如を対象的に捉えているにすぎない。しかし、それがたとえ心所変の真如にすぎぬとしても、真如の影像であることにはまちがいないのである。それに対して「法性無為」は、実の無為そのものをいう。それがここでは一応六無為として説かれているのであるが、究極的には無為とか真如等の言語をさえ超えたものであることはいうまでもない。法性無為は、法性無為ということば自体をさえ否定するものであるが、それではまったく手がかりが得られないので仮に六無為として言語によって捉えるのである。

以上で五位百法が終った。人間の実存の百の分析である。佛教の根本は空であり、真実にはこれら百の分析も究極的には一切無と空ぜられる。空あるいは無が会得されぬ限り、佛教はわからぬといってよい。空の会得には、いろいろな道が広く開かれているが、法相教義は、最も手近な自分の存在の分析という方法をとって空の智慧を会得しようとする。その意味で百の分析が行われたのであるし、したがってこれ以降の教学の体系も、五位百法を骨格とするものである。百法を駆使しながら、空・無の真相が縦横に説かれるのである。

しかも空・無に達したからといって、百法より成る因縁所生の自分がなくなるのではない。空の有として存在する。百法の自己がそのまま空の自己として映し出される。空への方向に向かっていえば、百法は空証得への道程であろう。しかし、空の真実に立って見返えると、百法は空としての自己の綾にほかならぬのである。

(6) 煩悩障・所知障を明かす

問う。煩悩・所知の二障云何《いかん》。

答う。煩悩障とは、即ち上に明かす所の諸の煩悩なり。所知障とは、諸の煩悩の中、一一皆有り。所謂用に迷うを名づけて煩悩と為し、其の法体《ほったい》に迷うを所知障と名づく。是の故に二障別体無きなり。其の用に迷う分は、即ち発業《ほつごう》・潤生《にんじょう》の用有り。有情を擾悩して生死に輪廻せしむるが故に煩悩と名づく。其の体に迷う分は、発業・潤生の用有ること無し。但し、是れは所知の境界を隠覆して菩提を得ざらしむれば所知障と名づく。亦、智障とも名づく。

是の故に、煩悩障は真涅槃を障え、其の所知障は、大菩提を障う。彼は是れ生空智の所断。此れは是れ法空智の所断なり。聖道の功力《くりき》に分限あるが故に分ちて二障と為す。而も実には同体なり。

六煩悩に約して正しく其の相を明かさば、且く貪の中に就いて、一有情に対して貪愛を起す時、其の仮者《けしゃ》の愛するを名づけて煩悩と為し、其の法体に情するを名づけて所知と為す。五蘊は是れ体、仮者は是れ用なり。五蘊の法体、聚集和合《じゅじゅわごう》して常一主宰の用に相似するを有情と名づく。故に若し五蘊如幻虚仮《にょげんこけ》なりと解《げ》すれば、豈に此の法の和合する仮者に於て貪愛を起さんや。法体に迷うが故に遂に仮者に迷うて此の愛著を生ず。当に知るべし、煩悩は必ず所知に依って起ることを得るなり。故に此の貪の中、必ず智障あり。自余の諸の煩悩、一一皆此《かく》の如し。

《煩悩障》　身心をかき乱し、涅槃に至るのを障礙する煩悩。根本煩悩・随煩悩のすべて。《所知障》　所知の対象の境を覆うて正智の生ずるのを障礙する煩悩。《発業・潤生》「発業」は有漏の三業をおこすこと。直接の原因は煩悩障である。「潤生」は、次の生へ影響を与えること。来生を助潤するといわれる。《擾悩》擾乱憂悩。かき乱し悩ませる。《真涅槃》梵語 nirvāṇa の音写。滅・寂滅・滅度・寂等と訳する。迷いの火の消えた寂静の境地。「真」は、有余涅槃・無余涅槃等の小乗の涅槃に対して真実の涅槃を表わそうとしたもの。《大菩提》梵語 bodhi の音写。覚・智・道等と訳し、一切法に通達する智慧を表わす。「大」はこれも小乗の智慧と異なることを表わす。《生空智》我執・煩悩障を空ずる智慧。《法空智》法執・所知障を空ずる智慧。《聖道》無漏智。

百法を説き終ったところで、すぐに二空に入らないで、いきなり煩悩障・所知障の二障が説かれる。ちょっと唐突な感じがしないでもないが、二空は、我・法執の二空、つまり煩悩障・所知障とのかかわりの上に展開するのであり、百法を二空として捉えうるかどうかが、実は佛法がわかるかどうかの境目になる。百法と二空とをつなぐ要になるのが煩悩障・所知障にほかならぬのであるから、筋としては、ここに説かれる充分な理由があるのである。

まず、煩悩障・所知障とは何かという問いが出される。「煩悩障」とは、具体的には百法の中の心所で説かれた根本煩悩と随煩悩の全体である。心をかき乱し聖道をさまたげてしまう。われわれの煩悩を持った行為（有漏の三業）の根源に動いている。そしてその有漏業は来生の自己をきめていく力を持っている。つまり発業潤生の力がある。煩悩によって自ら自分の心をかき乱しながら苦悩しているのが、われわれ凡夫の実相であろう。「有情を擾悩《にょうのう》し生死に輪廻せしむ」という文章は、凡夫の実態をみごとに捉えているといえよう。心が擾悩しているから寂静の境地は得られない。「涅槃を障」うるゆえんである。

これに対して「所知障」は、煩悩障のように有漏の業を起し来生を変えていくほど強く直接的な力を持つものではない。しかし煩悩障の働く時には必ずその奥に働いている。対象の真実を正しく捉えぬという働きである。対象の真実が正しく捉えられぬから、心の擾悩が起きてくると考えるのである。たとえば、一人の異性に貪愛を起すという状態を分析してみると、その人は五蘊仮和合の存在であって、決して常恒不変の人ではない。それが真実である。身体も変わり心も変わる。ところがその人間の真実を、そのまま認識しない。それが所知障である。真実を認識しない所知障が根底にあるから、それを依り所として、その仮和合の姿を真実と思って貪愛(煩悩障)が起きるのである。五蘊如幻虚仮を真に会得すれば、貪愛も自ら消える。したがって、煩悩障といい所知障といって一応は区別するが、本来は別体のものではなく一つのものである。あえてそれを分けて、体に迷う(対象を正しく知らぬ)のを所知障とし、用に迷う(誤まれる対象認識を基底として生じた迷い)のを煩悩障とするのである。対象を正しく知らない所知障は、したがって大菩提(智慧・道)をさまたげることになる。

ただここで、ことわっておかなければならぬことは、『覚夢鈔』が例としてあげている「一有情に対しての貪愛」である。それは異性に対しての貪愛であるが、これは優れた異性の美しさも優れた点もわからぬ、枯木寒巌の思いしか持たぬということではない。美しいものは美しく、優れたものは優れたものとしてみえるのが本当である。ただ問題は、常・一の思い込みを持つかどうかということにある。不変の実体を錯覚するところに煩悩障・所知障があるのである。

(7) 見・修所断の二障を明かす

問う。煩悩の中に於て見・修の惑有り。何者か見惑《けんわく》にして、何者か修惑《しゅわく》なるや。

答う。分別起の者は見道所断なり。倶生起のものは修道所断なり。麁《そ》は断じ易きが故に見道に彼を断じ、細は断じ難きが故に修道《しゅどう》に此れを断ず。

十煩悩の中、疑と後の三見とは、唯分別起なり。故に唯、見惑なり。

所余の煩悩は、一一、二に通ず。所謂
　貪の中の分別の貪は、即ち見所断なり。倶生の貪は是れ修所断なり。

　余の瞋・慢等も皆、准知すべし。

問う。所知障の中にも亦、是《か》くの如き見・修の差別《しゃべつ》有りや。

答う。亦此の別有り。謂く、見所断の煩悩の中の所知障は、即ち見所断の所知障なり。修道所断の煩悩障の中の所知障は即ち修所断の所知障なり。

此れは菩薩に約して論ずる所なり。二乗は所知障を断ぜざるが故に。

但し定障に於て稍《やや》相濫有り。然るに実には断ぜず。但し是れ折伏《しゃくぶく》なり。


《見修惑》　「見」は見道、「修」は修道。「見惑」は、見道で断じられる惑。「修惑」は、修道で断じられる惑。**《分別起》**　後天的。**《倶生起》**　先天的に身に備えたもの。**《後三見》**　五見の後の三見（邪見・見取見・戒禁取見）。

《約》　……について。**《定障》**　無想定・滅尽定等をさまたげる煩悩。


煩悩を断ずるという面から整理して説明するのがこの一段である。

	分別起	倶生起
戒禁取見	○	
見取見	○	
邪見	○	
辺見	○	○
薩迦耶見	○	○
疑	○	
慢	○	○
癡	○	○
瞋	○	○
貪	○	○

その面から煩悩は見惑・修惑の二つに分けられるが、その違いは何かという問いである。

まず煩悩障についてみると、見惑とは、見道所断の惑の略であり、菩薩が見道において断ずる煩悩のことである。見道は分証ともいわれるように、佛教がわかるかわからないかを決める一点である。佛教がわかるとは空がわかることといってもよい。「わかる」ということばの意味が実は深いのであるが、とにかくここで佛教がわかるのであるから、分別起の煩悩（邪師邪教によって後天的に身につけた誤まれる見解）は、一挙に断じられ空ぜられるのである。それに対して倶生起《くしょうき》の煩悩は、邪師邪教等の環境とは無関係に深く身に持つ細なる煩悩であるから、佛教がわかったといってすぐ消えてしまうようなしろものではない。いつまでもいつまでも人の心を乱しなやましつづけるのである。そこでそれを修道所断の惑と呼ぶのである。見道で佛教がわかったということは空がわかったことであるから利己的考え方であるとか、慢心等はもう起きないはずであるのに、なかなかそうはいかない。宗教的な修行がかえって慢心を呼ぶようなやっかいなわずらわしさがわれわれの内にひそんでいる。それは修所断の倶生起の惑によるのである。見惑・修惑によって十根本煩悩を分けると上のようになる。

つまり、疑・邪見・見取見・戒禁取見は、唯分別起、すなわち見惑、であるが、他の六つは両方の性質を持つ。したがって、たとえば貪煩悩についてみると、分別起の貪煩悩は見道で断じられるが、倶生起の貪は、修道の中で断じられるまで働きつづけることになる。

所知障はどうであろうか。これが第二問である。所知障にも、見道所断のものと、修道所断のものとがある。見道所断の煩悩障の基底となる所知障は同じく見道所断、修道所断の煩悩障の中の所知障は修道所断となる。ただし、所知障は、菩薩についてのみいう。なぜならば、声聞・独覚は、微細な所知障についての自覚がないから所知障は成立しない。深い審細な心にのみ、深い煩悩が捉えられるのである。そして深く微細な煩悩を把捉し得たもののみが、根底的な清浄への転換が可能といわなければならぬであろう。

定障については多少矛盾する部分がある。定障とは、無想定・滅尽定等の深い禅定をさまたげる煩悩であるが、これは非常に微妙な煩悩であるから、発業潤生の力等はなく、所知障の一種とされる。ところが、無想定・滅尽定には、二乗（声聞・独覚）も入ることがあるので、そのさいは定障は断じられているといわねばならない。しかも定障は所知障とするのであるから、二乗も所知障を断じたということになる。そうすると「二乗は所知障を断ぜず」というのと矛盾することになる。「定障に於ては、稍相濫あり」というのはそのことをいう。では、その矛盾をどのように解釈するのかというと、二乗は、定障を断じているのではなく、「折伏」しているにすぎぬと会通するのである。

(8)　二障について三性を明かす

問う。其の煩悩に於て、何者か不善、何者か有覆なる。

答う。

上界の煩悩は皆是れ有覆なり。
欲界の中に分別起の者は、唯是れ不善なり。倶生起の中、悪行を発す者は亦唯不善なり。所余は有覆なり。
其の所知障は一切有覆なり。不善に通ぜず。
但し二乗に望むれば復た無覆と名づく。彼の障に非ざるが故なり。

この一段は、善・悪・無記の三性と、煩悩障・所知障との関係が問われるところである。

上界（色界・無色界）の煩悩障は、有覆無記といわれる。つまり、禅定にある時は、煩悩障はその力を失ってはいないとしても、決して不善としての強い力を持つのではなく、心を覆い聖道を蔽う程度の無記法に変質しているという。煩悩は煩悩でありながら煩悩ではなくなっている。禅定力の不可思議である。

欲界では、分別起のものは唯不善である。倶生起のものは、悪行を起すものはむろん不善であるが、そうでないものは有覆無記だといわれる。有覆無記ということは、倶生起の煩悩障は、悪行を起すような積極的な力を持たぬ場合にも、心を汚し聖道を隠蔽していることを意味している。

所知障の方は、すべて有覆無記である。不善のものはない。それほど強い発業の力はないのである。ただしこれは菩薩についてのことであって、声聞・独覚にとっては、無覆無記となる。今みたように二乗には、所知障は障としての意味をまったく持たないからである。二乗の省察はそれほど深くないのである。自分の中に汚れたものを自覚するかどうかは、汚れたものの有無が、もちろん根本になるが、それよりも自覚の深さの方が重要な意味を持ってくる。

第三節　二空

(1) 総説

次に二空とは、（百法の上の一切の妄執を遮す。即ち是れ真理に入るの門なり。）

一には生空。即ち是れ補特伽羅《ふどがら》無我《むが》なり。補特伽羅を数取趣《そくしゅしゅ》と名づく。是れ人我の名なり。人我というは即ち是れ主宰《しゅざい》・自在の義なり。然るに堅実の主宰・自在なきが故に無我という。我は即ち是れ生なり。無我は即ち空なれば亦生空と名づく。

二には法空。即ち法無我なり。

法とは軌持なり。軌は謂く軌範、物の解《げ》を生ずべし。持は謂く任持、自性を捨てず。

然るに堅実の自性・勝用なければ法無我と名づく。無我は即ち空なれば亦法空《ほっくう》と名づく。

《補特伽羅》　梵語 pudgala の音写。異生・数取趣等と訳す。生死流転の主体のことで人間のみをさすのではない。しかし、自覚された主体は人間のみであるので「人我」という場合が多い。　**《主宰・自在》**　主体的にものを判断し、思うままに動かす自在の力。法相教義では、「我」の定義としてあげるものである。　**《軌持》**　「軌」は軌範、「持」は任持自性の意。「法」の持つ二つの意味。軌範は認識の基準となる面。任持自性は、ものが独自の性格を持ちつづける面。

ここから、百法二空の中の「二空」に入る。

「二空」とは、「生空」と「法空」の二つであるが、これは従来、「百法」をかなりの分量を費して説明してきたのを、うっかりすると実有とするのを遮するために説かれる。佛陀の教えの根幹にあるのは空であるから、「二空」は真理への門である。

ところで唯識佛教は、中観佛教が空の佛教とされるのに対して、有の佛教とされる。その中でも法相唯識は、特に有の性格が強い。現に根本聖典である『成唯識論』には、空が正面から詳しく論じられるところは少ない。ところが、良遍はこの『覚夢鈔』で二空について、かなり詳細にいろいろな角度から論述している。これは良遍の唯識観の一つの特徴といえよう。

さてこの一節は、二空の略釈である。「生空」は、我空・人空である。われわれは、自分に対して、実体的な不変の自我というものを深い意識の底に想定している。頭では、人間は無常の存在だと考える。それはそう難しい考え方ではない。しかし意識の深層では、自分は明日も明後日も生きている、しっかりとした判断力や思考力を持って生きつづけていくと信じているのが本当であろう。「堅実の主宰・自在の義」というのはそのことをいう。だが、存在の真実性からいえば、そんな自我はない。それが「生空」である。

「法空」は、法無我である。「法」とは、佛教の場合大変広い意味をもって使われるので（中村元編『佛教語大辞典』には、大きくは三類、細分して三十一の意味があげられている）難しい概念であるが、最も代表的な定義の一つが「軌持」である。「軌」とは軌範の意味、「持」は任持自性の意味であって、合わせて「任持自性・軌生物《しょうもつ》解」ともいわれる。軌範とは、われわれが事物を認識する時、その理解の根拠となるという意味である。たとえば、われわれがこれを「本である」と認識する時には、「本」

という軌範がまず頭の中にあって、それに照らして、アルバムでもノートでもなく、「本である」という認識が成立する。その軌範を「法」というのである。「任持自性」とは、その法は独自の性格を持ちつづけているということで、「本」を例にとれば、軌範としての「本」という法は、他とは違った独自の性質を持ったものとして存在していることである。この二面を備えた「法」を根拠として、われわれの認識は成立している。ところが、その軌持の「法」は、われわれの内にあるものであって、外に実在しているわけではない。それが「法空」「法無我」である。

(2)　生空の細釈

①　無我の相状を示す

問う。現に世間を見るに諸の有情あって、人・畜等の状、宛然《えんねん》として眼に当たる。今、無我と言う、誰人か信ぜんや。

答う。言う所の我人とは、何を以て体と為すや。

若《も》し色（法）法を以て体と為すと言わば、色、何んが是れ無常なるや。亦何んが病苦あるや。若し是れ我ならば応に自在たるべきが故に。余の耳・鼻等、皆応に准知すべし。

若し長・短等をもって体と為さば、長・短は即ち是れ色塵の分位にして別の体性無し。余の滑・渋等の触塵《そくじん》等の分も亦応に准知すべし。

若し心を以て体と為すと言わば、心、何んが是れ無常なるや。亦何んが其の苦あるや。八識の心王・五十一の心所、一一是の如し。

若し爾らば、我の言の目《なづ》くる所の体は、是れ何物ぞや。頭より趺に至り、皮より髄に至り、六腑・五臓・骨・肉・脈等一切の諸物、ないし所有《あら》ゆる種種の心識、念念等の中に、一一推求《すいぐ》するに、我人の名言《みようごん》の目くる所の実体は、終に不可得なり。畢竟都無にして但是れ無常・苦・不自在の色・声・香等なり。故に無我と云う。

《宛然》そのまま。　《名言》言語。　《都無》すべて無である。

ここから「生空」の細釈に入る。

前の段で、生空・人空・我空が説かれた。常住不変の我はないといわれたわけである。しかし、われわれの周囲を見れば、人も動物も、それぞれの統一した性質をもって存在しているではないか。なぜそれが無我なのか、と問われる。

それに対して、我とは何を体とするのか。もし物的要素（色法）を体とするというならば、なぜ色法は無常なのか、病苦等があるのか。我は自在力を持つはずであるから、無常や病苦などはありえない。それでは主体は長短等の表色であろうか。しかし表色は色塵の分位であって、実際に存在するものではないから、我の体となることはない。その他の声境・香境・味境・触境等も、物的存在であるという点では共通である。

それでは我の主体は「心」であろうか。しかしこれも同じく無常であり、病苦等がある限りは我の主体とはいえない。

そこで、頭のさきから足のさきに至るまで、一つ一つどれが我の主体であるかを考えてみると、どれとて実体的存在であって我の体となり得るものを見出すことはできない。一切が都無であり、苦であり、不自在のものばかりである。すなわち我はないのである。

②　仮立の我名について

問う、若し爾らば何が故に世間と聖教とに我人有りと説くや。世間の我は謂く有情・命者《みょうじゃ》等なり。聖教の我は謂く預《よ》流《る》・一来《いちらい》等なり。若し都《す》べて其の体無くば是の如く施設《しせつ》する所、何によりて起るや。世間の所設は設《たと》い迷謬《めいみょう》なりと雖も、其の聖教の呼ぶ所豈に都無《とむ》ならんや。何《いか》に況や其の世間の迷情に於ても、若し所由無くんば起るべからざるをや。

答う。世間と聖教との施設する所は、但、仮に由って立つ。実に性あるに非ず。其の仮立《けりゅう》とは即ち識所変の五蘊の諸法、聚集和合して作す所の功能《くのう》、仮に常一・主宰の物有るに似たり。此の相似の分を説いて仮我《けが》と名づく。若し此の分を撥無せば、還《かえ》って是れ損・減の執なり。若し此の分を増せば、即ち是れ増・益《やく》の執なり。当に知るべし。我人は仮有《けう》・実無なり。仮有を観ずるが故に大悲之を救いて覚岸に到らしむ。実無を悟るが故に大智之を泯《みん》じて能く真理を顕わす。然るに諸の愚夫《ぐぶ》は無始の時より以来《このかた》此の相似に迷いて、定めて真実と謂《おも》う。此の情解《じょうげ》を呼んで即ち有情・命者等の言を説く。是れ即ち世間所執の我なり。而るに諸の聖者は此の相似を悟りて堅実と謂わず。此の仮我を呼んで即ち預流・一来等の言を説く。是れを聖教所説の我と為すなり。

《命者》　梵語 jiva の訳。生命あるもの。　《預流》　梵語 srota-āpanna の訳。見道に入って、はじめて真理に開眼した聖者。《一来》梵語 sakrdāgāmin の訳。一度天界に上り再び人界に来って悟りを開く聖者。《功能》はたらきかける力。《損減執》一切の否定を真と執すること。《増益執》存在するものを有と執すること。《覚岸》悟りの岸。《情解》知的省察を介しない思い込み。

「生空」についての第二問。

もし有情が無我であるとするならば、なぜ世間に、有情・命者（生命あるもの）等という言い方があり、経典の中に預流・一来・不還《ふげん》・阿羅漢等という聖者の呼び名があるのか。それは統一体としての一箇の我があるからではないのか。

答え。それらは皆、仮に定立したものにすぎない。有情といい、預流の聖者といってもそういう実体があるのではない。われわれの認識の対象として捉えられた五蘊が集合して、何かの働きをなすのが常一主宰の我に似ているので仮に説くのであり、それを仮我という。それは仮我であって実我ではないが、少なくも仮我として存在はしているので、それを全面的に否定すると損減の執となる。逆に、存在している点のみを有と執著すると、仮性の面が脱落するので増益《ぞうやく》の執となる。そのいずれにも片寄ることなく、「仮我としての存在」（仮有）として総体的に捉えなければならぬのである。仮有ではあっても、とにかく生命を持つ者が存在するから、迷いの世界から覚岸へ到らしめようとする大悲行があるのであり、その有は、根源的には無であるから、実無の大悟によって真理を顕わすのである。

ところが愚夫は、この存在の真実を知らぬから、有的の面のみに心を奪われて、有情・命者等の語を無自覚に使っているのである。それに対して、聖者は仮有実無の自覚に立って、仮我の相《すがた》を、仮に預流・一来等と呼ぶのであるから、愚夫の無自覚な有情・命者等の語と次元を異にしている。

③　仮有・実無について

問う。若し爾らば何が故に前に都べて人我の体無しと言うや。

答う。前は堅実を遮して仮似を遮せず。何に況や此の仮は猶お是れ法の用なれば実は法に属す。法の外に都無なり。故に無我と云う。

「生空」についての第三問。

仮としての有を認めるならば、なぜ前には人我は一切都無と言ったのか。

答え。実体的我の存在を否定したのであって、仮我をまで否定したのではない。ましてその仮の相は、法の作用である。その作用のほかに実我があるというのを遮したのである。

④　仮我相の細釈

問う。五蘊和合して常一に似たりという其の義。猶お闇し。乞う、也《ま》た詳かに明かせ。

答う。五根・五塵・心・心所等、若し和合せずんば寧ぞ人等の相状・功能《くのう》有らんや。和合を以ての故に此の相用有り。然るに此の相用は法の外に体無し。但し、是れ色・心、一一の功能の和合に由るが故に、是の如き常一・主宰・自在の相有るに似たり。所以《ゆえ》に、聖教には此の似分《じぶん》を呼んで即ち仮と名づくるなり。

重たる意の云く、有人、斧を以て其の樹等を伐るに、形貌《ぎょうみょう》・身体・威勢・動作は、泛爾《ほんに》の色・香等の分に越えるに似たり。而るに実は越えず。所以は如何。斧を振う動作は是れ四大の用なり。即ち触塵《そくじん》に在り。動かんと欲する加行《けぎょう》は即ち欲・思等なり。是れ心・心所なり。手・足等の形は、即ち是れ形色《ぎょうしき》にして色塵の分位なり。総体は即ち是れ五蘊の諸法なり。其の外に物無し。方《まさ》に知る、但、是れ五蘊和合して仮に是の如く一物有るに似たるのみ。若し合せざれば此の分有り難し。合するが故に是の如し。(言わんとす。)深く之を思惟して増・損すべからず。若し中を得れば還って有・無を泯じ、四句斯に絶し、百非悉く亡ず。今、此の真理是れを生空廃詮勝義と名づく。其の能顕門は即ち是れ補特伽羅無我なり。

《似分》類似の一部分。《泛爾》広いという意味。《加行》行わせようとする力。《泯》滅する。《四句》四句分別のこと。一句Aにして非Aに非ず。二句非Aにして A に非ず。三句Aにして亦非Aなり。四句Aにも非ず非Aにも非ず。四句を単・単・倶・非といい、存在の真実をありのままに論理的に捉えようとしたもの。《百非》あらゆる概念的把握をことごとく否定すること。《生空廃詮勝義》人間存在の真理を、否定的な形で表現したもの。《能顕門》本来は空無なるものを、それではとりつく島がなくなるので有的に表現する方法。

「生空」についての第四問。

五蘊が和合して我に似るということを、さらに詳細に説明して欲しい。

答え。五根・五塵・心・心所等が和合しなかったならば、人の形も働きもあるまい。しかしてその姿形や様子は、五根・五塵等の集まりであってそれ以外のものによるのではない。「法の外に体は無い」。それらが和合して一人の統一的人格となる時に、主宰・自在の働きを持つ我の相を帯びてくるのである。だから聖教の中では、似分と呼んでそれを「仮」とするのである。ある人が、斧で樹を伐るというのを例にあげてみよう。力強く斧をふりあげて樹を伐り倒しているさまは、決して仮和合等とはいえぬ迫力がある。しかし、斧を振う動作は、手にしっかりと斧をにぎり、きりつけていくのだから、触境としての四大の働きにほかならない。手を振りあげようとする力は、心所の「欲」や「思」である。手・足の形は「形色」で、色法の一部である。総体的には「五蘊」である。そこに確固とした統一体が実体的な人格としてあるようであるが、あるのは仮和合の人の相状にほかならない。

その人間存在の実相をよく思惟して、増益の執著を起して有と断定したり、損減の執著を起して無ときめつけてはならない。有・無の一方的な執著を離れ、全体的に見る（中）ことができると、有・無の対立や、四句百非等による論理的な把握も消えさって、真理がそこに顕われてこよう。それを「生空廃詮勝義」と名づける。そしてそれを積極的に有的に表現すれば（「能顕門」）、補特伽羅《ふどがら》無我《むが》という。

この一段は、仮和合を説明しようとするために、まず五根・五塵・心・心所等があって、それが組み合わされ和合されて一人の人間ができあがっているという説明の順序がとられている。しかしこれは説明の必要上からとられた順序にすぎぬのであって、実際の人間存在はそんな機械的な存在でないことはことわるまでもない。有機体としての人間にとって、全体と部分とは、そういうロボットの組み立てのような関係にあるのではない。この説明は空の理解への一つの方便として示された論述の形式にすぎない。このように、存在の全体を解析的に分析的に捉えて、空の認識に到る方法を析空観という。

しかし良遍は、この分析的な説明で満足してはいない。「有無を泯じ、四句斯に絶し、百非悉く亡ず」というのは、そうした分析的論理主義的方法を超えた存在そのものの真理の顕現を示そうとするものということができよう。

(3) 法空の細釈

① 法無我の名義を釈す

問う。若し爾らば無我なりと雖も、而も法体は実有なり。更に何の道理有りてか亦法無我を立てるや。又、法無に於て猶お無我と云う、其の意如何。

答う。法体を有と称するは且く人我に対す。我空に入らしめんが為に六二の法を説くことは是の義歟《か》。即ち是れ法中の世俗施設なり。若し真門に入れば、五根・五塵・心王・心所、一切夢の如し。非有似有なり。都べて堅実の自性・勝用なし。但是れ依他《えた》の衆縁所成にして虚仮の事相なり。是の如き色・心縁生の道理の真実・如常・不生・不滅を即ち無為と名づく。更に堅実別体の無為なし。既に堅実の有為・無為無し。故に法空と名づく。但し無我とは自然《じねん》を遮するなり。自然は即ち是れ我の義の故なり。

《六二法》 六根・六境のこと。**《依他》** 相依相関して因縁和合してできているもの。**《如常》** 不変にしてありのまま。**《自然》** ここでは、因縁を否定して、本来もともとそうあるとする無因論のこと。つまり因縁所生の依他に対立するあり方。

ここから「法空」の細釈に入り、これはその第一問。

五根・五塵・心・心所等の仮和合によるから、人我は無であるというのを一応了解するとして、それではその五根とか五塵の法体は「有」ではないのか。(1)どのような理由で法無我をいうのか。(2)また法がないならば、法無というべきであって、それをなぜ「無我」というのか。

答え。(1)法体を有とするのは人我に対してである。人我は無であることを知らしめるために六根・六境を定立し、その和合によって人我が成立しているという真実を認識させるのである。法を有体と説くのは、そのような常識にそって説明をすすめるための手段である（世俗施設）。もし真実の立場（真門）に立てば、一切の法も空である。非有似有である。因縁和合（依他）による虚仮の相《すがた》である。しかもその色・心の諸法が、依他であるという永遠不変の道理を無為というのであって、無為法といっても、依他の有為法を離れて、別にどこかに存在するのではない。換言すれば、依他の有為法が実体的に無為法と別のところに存在するのでもなく、真実如常の無為法がどこかに依他法を離れて実在するのでもない。それを法空というのである。

(2)無我という言い方をなぜするのかといえば、実体的存在を是認する無因論（自然外道等）を排除するためである。「自然」つまり因縁所生でないということが、とりもなおさず「我」のことであるから、法無についても無我という表現をとるのである。

②　法体無自性について

問う。人我の体性は求むるに不可得なる其の理、然るべし。五蘊の法体は其の事顕然《けんねん》たり。可見・可聞《かもん》乃至識知の体性・作用、一一皆存す。今、説いて空と為す豈に信ずることを得んや。

答う。法体無量なりと雖も、皆是れ四縁の作なり。心法は四を具して生じ、色法は二に由って起る。縁起の道理も亦是れ事が家の理なり。既に自然の性無し。誰か自性有りと言わん。

《可見》 見ることができる。《可聞》 聞くことができる。《識知》 知ることができる。《四縁》 (1)因縁 (直接的な原因・結果)、(2)等無間縁 (前の刹那の心・心所)、(3)所縁縁 (心の外境)、(4)増上縁 (前の三縁以外の積極的・消極的すべての関係)。

有情に不変常住の実体がないというのはわかるが、「法」は顕然として存在していると考えざるを得ない。眼が見るもの (法)、耳が聞くもの (法)、意識が思惟の対象とするもの (法)は、それぞれ皆存在しているのではないのか。それをも空とするのはなぜか。信じ難い説である。

答え。「法」と呼ぶべきものは無量にあるけれども、一切皆、因縁によって縁起したものである。心法は、因縁・等無間縁・所縁縁・増上縁の四縁によって働いている (四縁生識) し、色法は因縁・増上縁の二縁によって存在する。無因自然にあるものは一つもない。そこに、実体的な自性がありと誰がいうことができようか。

③ 縁生無体について

問う。若し爾らば今、見聞《けんもん》・覚知する所の諸の色・声等は、其の体是れ何ぞや。

答う。是れ他の所作《しょさ》にして自の体性無し。他とは即ち是れ因縁等なり。此の諸縁の為に生起せらる。事の四縁具足すれば即ち縁慮の事成ず。二縁和合すれば即ち質礙《ぜつげ》の事成ず。其の縁慮の中、八識差別す。其の質礙の中、五塵等不同なり。各各、一一、皆分に応じて縁具足するの時、彼の事相差別して生ず。故に見聞等の境不同なり。今、空と言うは無自性なることを指す。寧《なん》ぞ信ぜざらん耶。

それでは、われわれが見聞・覚知しているものは一体何なのか。

答え。それは因縁によって生じている働きであって、実体のあるものではない。四縁（因縁・等無間縁・所縁縁・増上縁）が結び合えば心となり、二因（因縁・増上縁）が和合すれば色法（物）になる。その結合のさまざまの条件によって、心は八識に分かれ、物は五根・五塵等のいろいろな相となるのである。空と言っても、因縁所生の仮有そのものを全面的に否定するのではない。実体のない無自性のありさまをいうのであるから、見聞・覚知も、その無自性の上にあり得るのである。

④　薩婆多との違い

問う。薩婆多《さつばた》等、皆、四縁・六因等の法を立つ。然りと雖も、三世の諸法は恒有《ごうう》にして全く如幻・空不可得に非ず。今、四縁所成の故に空なりと言う、其の義未だ明らかならず。

答う。余乗の所執は唯識を知らず。四分を立てず、頼耶を信ぜず。頼耶なきが故に親因縁なし。親因縁なきが故に疎縁も亦成ぜず。縁、既に成ぜざるが故に縁生に実義なし。既に実義無きが故に四縁生と云うと雖も還って自然生《じねんしょう》に堕す。故に法体恒有《ほったいごうう》という。当に知るべし。法空は唯識に由って成ず。法空に入らしめんが為に復た唯識を説くことは此の意なり。

《薩婆多》　梵語 Sarvāsti-vāda の音写。説一切有部のこと。三世実有・法体恒有の立場をとる。《六因》 有部で説く因の分析。能作図・倶有因・同類因・相応因・遍行因・異熟因のこと。《余乗》 自宗以外の教え。《四分》 認識構造の分析で、相分・見分・自証分・証自証分のこと。のちに詳述。《親因縁》 種子のこと。

「法空」についての第四問。

説一切有部でも、同じように四縁・六因等を説いて因縁所生をいうが、因縁和合のもとになる法は有と説明するのでわかりやすい。唯識のように、法そのものを空とするのは理解しにくい。法空とは一体何なのか。

答え。他の学派では、一切唯識・四分・阿頼耶識等を知らない。説一切有部もいうまでもない。阿頼耶識を知らないから、一切法が阿頼耶識の種子を直接の理由として顕われていることもわからない。そこがわかっていないから、縁生を説いてみても、結局法体それ自体は有と考えざるを得ぬことになってしまっているのである。一切法が空であるということは、唯識の教説に立って、すべてが種子の顕われたものとすることによってはじめて成立する。一切は唯識所現である――すべてのものは自分の心の現われであるという唯識の教説は、法空を自証するための方法として説かれるのである。

⑤　衆縁生起について

問う。法は縁より生ずるが故に無自性と名づけば、其の能生《のうしょう》の縁は是れ自然《じねん》有と為んや。若し爾らば其の法は無我に非ざるや。

答う。縁も亦縁より生ず。其の縁も亦是の如し。此の故に一切法は一切皆無我なり。展転《ちんでん》して皆因縁より生ずるが故に。「因縁所生法、我説即是空」とは其の理、誠なる哉。

《展転》　梵語 paraṁparā - anupūrva の訳。ものごとが切れ目なく連続していること。法相教義では、「ちんでん」と読み、時間的連続を次第展転、共時的な相依の連続を互相展転という。《因縁所生法、我説即是空》『中論』「四諦品」を根拠として作られた偈頌。吉蔵『中論疏』（大正四二・一五二・上）、智顗『摩訶止観』（大正四六・一・中）にはこの形で出ている。

「法空」について第五問。

法は縁より生ずるから無自性というならば、その縁となるものはもともとから有ったものではないのか（自然有）。もしもとから自然にあるものならば、それは無我でないのではないか。

答え。縁はまた縁より生ずる。そのもととなる縁もまた縁より生ずるのだ。どこかに実体があるのではない。一切法は一切皆無我である。時間的にも空間的にも、縁は縁より生じてはてしなくつながっているのである。「因縁より生じた法は、我即ち是れ空と説く」という偈頌の真理は正しい。

この「因縁所生法、我説即是空」の偈頌は、『中論』の思想に基づいて作られ、三論宗・天台宗で特に大切にする。日本の法相教義が終始論争の相手として持ちつづけたのは、またこの二宗であった。良遍はここにも、伝統的に敵対した二宗の最も尊重する偈頌をあげることによって、法相教義がそれらと矛盾するものでないことをいおうとするのであろうか。

⑥ 仮実について

問う。若し爾らば、諸法は一切虚仮にて仮・実種種の差別《しゃべつ》無かる可し。何が故に前に色・心等の中に仮・実有りと言うや。

答う。此の問いは非なり。今、虚仮・如幻・如夢と言うは、真門・空理に推入する談なり。若し世《せ》諦道理《たいどうり》門に依らば、自ら種子《しゅうじ》有って生ずる所の諸法を多分名づけて有為の実法と為す。今、此の位には、等しく皆仮法と名づく。全く相違せず。

《真門》 勝義諦・第一義諦。 **《世諦道理門》** 道理世俗諦。五蘊・十二処等の分析的教説によって空を説く立場。

「生空」についての第六問。

もし一切が無我であるとしたならば、すべては同じく虚仮であって、仮法・実法等の区別はなくなるのではないか。なぜ百法の時に、仮実分別等を説いたのか。

答え。その質問は当たらない。虚仮・如幻・如夢というのは、真実の空理に立っての説明であって分析的な方法をとる道理世俗諦の立場に立つと、自らの種子より生ずる諸法を有為の実法とし、他の法の一つの状態や作用にすぎぬものを仮法とするのである。

⑦ 仮有・実無について

問う。真門に推入するとき皆無我ならば、何が故に世間と及び聖教の中に法体有りと説くや。世間の法とは実・徳・業等なり。聖教の法とは蘊・処・界なり。若し都べて自性なくんば此の如く説かんや。

答う。世間と聖教所説の法とは、但、仮に由って立つ。実有の性に非ず。

其の仮立《けりゅう》とは、即ち識所変の五蘊の諸法、色に非ざれども色に似、心に非ざれども心に似る。其の相似は即ち是れ仮法なり。然るに諸の愚夫は、無始の時より以来《このかた》此の似に迷いて執して堅実の色・声・香等となす。已れが情解《じょうげ》を呼んで色・声・香・味等の言を説く。即ちそれ世間所説の法なり。

大聖《だいしょう》之を愍《あわれ》み、此の虚仮を悟り義を以て体に依せて便ち色・声等の種種の法を説きたもう。是れを聖教所説の法と名づくるなり。是の故に諸法は仮有・実無なり。

仮有を悟らざれば損減の執を起し、実無を悟らざれば損益の執を起す。深く之を思惟して増損すべからず。

若し中を得已れば、空・有皆遣《や》る。四句・百非、一切悉く亡ず。此の無相を指して名づけて法空と為す。此の空を門として顕わす所の真理は其の体、空に非ず。名言《みょうごん》道断す。是れを真如と名づく。此の如く微妙にして分別及ばず。是れ即ち法空の廃詮勝義なり。

前の生空門は即ち此の空の中の方便の一門なり。其の真如は即ち此の真如の一分の義なり。

今、此の二空所顕の真如は即ち前の百法の中の無為なり。此の能顕の空は即ち是れ今言う二空是れなり。

空とは、単空に非ず。空も有も皆空無なり。是れ今のいわゆる空なり。即ち中道の故に一・異、倶・不倶等有ること無し。空花《くうげ》等の如く性相都無なり。

此の都無は即ち此の空なり。深く之を思うべし。

《実・徳・業》　勝論派 Vaiśeṣika が存在の実体とした十句義のうちの三つ。「実」実体。「徳」性質・状態。「業」運動。

《蘊・処・界》　五蘊・十二処・十八界のこと。　**《大聖》**　佛陀、世尊。　**《廃詮勝義》**　廃詮談旨諦・勝義勝義諦。

言語思慮による把握を超えた絶対の世界。

「生空」についての第七問。

第一義諦真実の立場に立てば、皆無我というならば、なぜ世間の教え、たとえば勝論派が実・徳・業の法が実有だといったり、聖教の中にも五蘊・十二処・十八界等を説いたりするのか。一切が無自性ならば、そういう言い方はできぬのではないのか。

答え。世間や聖教に法を有として説くのは、仮にそういうものを立てるのであって、実有というのではない。

仮に立てる（仮立）とは、心の現われである色・受・想・行・識が、物そのものでもないのに物に似て現われ、心そのものでもないのに心に似てみえてくるのであって、その相似の物や心は仮法である。ところが、その唯識の真実のわからぬ愚夫は、その相似仮法の物や心を実体視し、それに名前を与えて自分の心の現われにすぎぬものを実有と思うのである。

佛陀は愚夫のその迷謬を愍みたもうて、仮有・実無と説かれるのである。

仮有を悟らないと、無に執著して虚無主義になり、実無を悟らないと有の面のみに執著して、増益の執を起して現象実在論に陥ってしまう。仮に有にして、実には無であること、すなわち「中」を悟れば、空・有、四句、百非等、ことごとく消えさってしまう。その無相を法空というのである。しかしその空無相のところに顕われる、空の真理は無なのではない。言語的な把握や表現を超えた（名言道断）その真如は実在する。実在するが、ではその中味は何かといえば、無我であり、法空である。

言語思慮を絶するということは、廃詮勝義である。

前の「生空」は、この一切皆空の一面であり、生空のところに顕われる真如は、また廃詮勝義の真如の一分である。

「生空」「法空」の顕わす真如は、前の百法でいえば真如無為であり、その真如に顕われる空とは、他ならぬ生空・法空の二空である。所顕が二空、能顕が真如であって、二空と真如とは別のものでない。

このように「空」というのは、ただ単に、「有」を否定するのみの単空ではない。単空は「有」を否定するのみの相対的なものでしかない。「空」は、有・空の相対を超えるのである。有・空の相対を超えた「中」が、真の空である。それは言語思慮による一・異・倶・不等を絶した領域であるから、空花の如く性相都無である。

そしてその都無とは、具体的には二空である。

有と執してもならず、無と執してもならず、また中道空をも有とも空ともしてはならぬのである。

⑧　無自性の非単空について

問う。若し爾らば前に無自性を以て法空と名づくと言うは、豈に相違せざらんや。無自性とは単空なるべきが故に。

答う。誰か言う、無自性は是れ単無の無なりと。自然性を遮すと雖も、全く他作《たさ》を妨げず。他作を妨げざるが故に縁生を離れざるの無なり。其の縁生法は即ち是れ仮有《けう》なり。既に仮有を離れざるの無自性の故に無自性と云うと雖も偏無の無に非ず。有相・無相、倶に不可得の無性なり。般若皆空とは即ち此の義なり。

《他作》　他とのかかわり。因縁。　《偏無》　ただ有を否定するのみの無。

「法空」についての第八問。

もしそうならば、前に無自性を法空だと言ったのと矛盾しないか。無自性は、有の否定の単空と考えられるからである。

答え。無自性は単空ではない。自然有を否定はするが、因縁所生を否定したわけではない。縁生は仮有であり、仮有を無自性というのであるから、それは偏無ではない。有・無の相対を超えた無性であり、それを般若皆空というのである。

第四節　仮・我の同異

(1)　仮我・仮法の同異

問う。仮我・仮法の二種の仮は、その義等しきや。

答う。仮法は仮なりと雖も其の体は即ち法なり。仮我は我と雖も其の実は我に非ず。実は是れ法の用の相似分の故に。此の義に由るが故に理実をもって言わば、但、仮法有りて都べて我相無し。故に仮我の仮は、此の義更に増す。増すと雖も亦、全く相似なきに非ず。若し之を撥無せば亦大邪見なり。偏執の人恐らくは解《げ》し難からん歟。

《義》 意味。

ここからは、「仮」と「我」の同異が確認される。まずこの一段は、「仮」の同異である。すなわち、仮我・仮法という語がくりかえし使われてきたが、その「仮」は同じ意味かどうかという問いである。

答え。相違するところと相似するところとある。(1)相違点は、仮法の場合は、仮であっても体に法がある。それに対して仮我の場合は、我という体があるわけではない。仮我の我は法の用《はたらき》の仮相にすぎない。したがって、仮我の「仮」は、仮法の「仮」より「仮」の性質が一層強い。

(2)相似点は、しかし仮としてあるという面である。有・無のいずれかに偏執する人には理解しにくいであろう。

(2)　法我・人我の同異

問う。其の法無我と人無我と二種の我は、其の義、斉《ひと》しきや。

答う。夫れ我と言うは即ち是れ主宰・自在の義なり。設《たと》い法我と雖も豈に都べて之を廃せんや。但し、人我は此の義更に増して其の相甚だ顕なり。法我の義分は此の義微細にして其の相甚だ隠る。然る所以は、色・声・香等の一一の法体、幻の如く縁生にして本《もと》、主宰に非ず。然るに其の虚仮の軌持の体用、念念生起し、相続流来《るらい》して微細《みさい》に自然の物《もつ》あるに相似す。所謂色に非ずして仮《かり》に色に似る等なり。此の分に迷いて執して実有の色・声等の法と為すを法我見と名づく。この分は直ちに常一・主宰の我と云い難し。五根・五塵・心・心所等、各各別別なれば虚仮・相似・自在の勢力甚だ微隠《みおん》なるが故に。而も、此れ等の法、和合成《ごうじょう》すれば彼の一一の用、互いに資助して、極めて一体の者有りて衆縁を待たずして長時常住して自力《じりき》をもって独存し、割断自在の威力強勝《いりきごうしょう》なるに相似す。此の分に迷いて執して実に人畜等の物有りと為すを人我見と名づく。此の分は即ち是れ常一主宰増勝の我なり。故に二種の我は斉等に非ざるなり。

《主宰》 主体。 **《自在》** 自由に支配すること。

ここは、法無我、人無我の「我」の同異が問われるところである。

この二つの我にも共通点と相違点とがある。(1)共通点は、主宰・自在の義があることである。法無我といっても、「我」という以上、この二つの性質は持っている。(2)相違点は、人無我の「我」の方が、法無我の「我」よりも、主宰・自在の義がより一層強いことである。色・声・香等の法は縁生のものであって、主宰・自在の働きはない。その意味では我とはいい難い。しかし、その法が和合して強い用を起すと、自在の性質を持つもののようになってくる。人や動物も、もともとは五色根という主宰・自在の用のないものよりできているが、それが主宰増勝の用を起すところに人我見がうまれるのである。その意味で、法無我の「我」と人無我の「我」とは、主宰・自在の義の強弱によって違うといわねばならない。

つまり、「仮」の面からいうと、「法」が強く「人」が弱い。「我」の面からいえば、逆に「人」が強く「法」が弱いのである。仮＝人＜法、我＝人＞法となる。

第五節　二空と唯識観との寛狭について

問う。諸の唯識観は皆法空観なりや。諸の法空観は皆唯識観なりや。
答う。諸の法空観は皆唯識観なり。
唯識観は皆法空観なるに非ず。何を以ての故に。生空唯識観あるを以ての故に。
問う。若し爾らば生空観は皆唯識観なりや。
答う。生空観にして唯識観に非ざるあり。所謂二乗の生空観なり。
問う。菩薩所修の単の生空観、若し唯識ならば其の義、如何。
答う。仮我・仮法・倶に識変に依るが故に皆唯識なり。上に述べ畢《おわ》るが如し。
識所変とは、相・見二分なり。四分の義は下に明かす所の如し。

《単生空観》人我の否定のみで、法我の空にまでは触れぬ生空観。　《唯識観》すべてのものは心の現われとする観法。

従来、いろいろな角度から述べられてきた二空と、唯識観との関係が問われる一段である。
唯識観は、一切のものを識所変とする観法で、法相教義の重要な修行の眼目である。一切唯識とする観法と二空の関係が問われるのは当然であった。

第一問。唯識観は皆法空観なのか、法空観は全部唯識観なのか。

答え。すべての法空観はそのまま唯識観であるが、しかし唯識観の中には、生空観も含まれるので、唯識観＝法空観ではない。唯識観の方が範囲が広いわけである。

第二問。では、生空観は皆唯識観なのか。

答え。生空観で唯識観でないものもある。二乗（声聞・独覚）の生空観は唯識観ではない。

第三問。菩薩の修する単の生空観が、もし唯識観の中に含まれるとするならば、二乗の生空観とどう違うのか。

答え。仮我・仮法を唯識所変とするのが唯識観である。菩薩にあっては、単の生空観であっても、仮我・仮法の観法が一体として双修せられるので、当然唯識観となる。二乗には仮法を観ずることがない。

識所変とは相分・見分のことであり、四分義については次の章に詳しく述べる。

唯識観は、唯識教義の実践実修であるが、良遍はこれを重視する。『覚夢鈔』も以下、観法を大切にした良遍の性格が強くみられる。また、『法相二巻抄』では、五重唯識観から説きおこしている。唯識教義は、かなり複雑な組織をもっており、ややもすると学問佛教の域に堕する危険性もはらんでいるが、それが本命ではない。それが生死を支える宗教としていきるかどうかは、日常生活の中で一切唯識の観法を深めていくかどうかにかかっている。日本唯識の伝統の中で、観法が重要視されていたことを見落としてはならないであろう。

第四章　四分安立

第一節　総　説

問う。八識心王と及び諸の心所との所縁の境は、若し能縁の外に別に体ありや。

若し爾りと言わば、唯識に違すべし。

若し爾らずといわば、其の体如何。

若し即ち是れ心ならば既に慮と体と用と各別なり。如何ぞ即ち心ならん。

若し各別なりと雖も猶お即ち心ならば其の理、最も難し。恐らくは不可得ならん。

答う。一切の境界は皆自心の用なり。有為《うい》の万法は心外に体無し。

凡そ、厥《そ》の心は慮知の法なり。若し所知無くんば何を知ってか心と為さん。今此の縁起の理、必然の故に心・心所生ずるとき自体転変して一の所慮・所託の用と為る。今此の所慮の用を親所縁縁《しんしょえんねん》と為す。是れを相分と名づく。

相分既に現ずれば定めて之を縁ずる能縁の作用あり。是れを見分と名づく。

見分既に起れば定めて之を知る内縁の作用あり。今此の作用を自証分と名づく。

此の用《はたらき》既に起れば亦定めて之を知る内縁の用有り。此の用を名づけて、証自証分と為す。此の用既に起れば亦定めて之を知る内縁の用あり。是れ即ち返って前の自証分なり。心分既に同なれば応に皆証すべきが故に是の如く証知するに其の用満足す。故に自証分は見分及び第四分を縁ず。是の故に第五分を立てざるなり。

是の如きの妙理、能く成立《じょうりゅう》し畢れば心と境と慮・非慮異なりと雖も皆一心の用にして如幻・虚仮なり。故に唯識の義能く成立するなり。其の重たる意に云く、心若し堅実ならば、心、転じて境と為り難し。境若し堅実ならば亦心内となり難し。諸法は心より起きて皆夢境の如くなるが故に虚仮の慮・非慮、実の能・所取なし。誰を執してか心外と為ん。故に一切唯識なり。

《慮・非慮》　「慮」は心、「非慮」は境。　**《親所縁縁》**　心の直接の対象。

ここから章が改まって四分義に入る。四分義は認識構造の分析であるが、前にも触れたように、日本の法相教義では非常に大切にされ、重要な位置の与えられた教義であった。

まず、ここに一つの問いが設けられている。一つの問いではあるが、具体的には、たたみこむように五問がつぎつぎと提出される。こうした問いの形が、『覚夢鈔』ではたびたび登場してくる。

問い。⑴心の対象としての所縁の境は、心（能縁）の外に存在するもの（体）なのか、⑵もしそうだとすると、唯識の教義に違背することになろう。⑶もしそうでないというならば、その体は何なのか。⑷もし外にあるものも心だというならば、心は思慮の用があり、対象の境は非慮であるという違いがあり、また心は体であり、境は心の用《はたらき》であるというように異なった性質を持つはずであるのに、なぜそれが一言で心だということになるのであろうか。(5)もし心と境とは違う性質だけれども、しかも心だというならば、その道理は理解し難い。おそらくは説明できぬであろう。

答え。一切の境界、有為の万法は、心の現われであって別体はない。

おおよそ、対象を慮知するという用が心である。もし対象がなかったならば、心もあり得ない。したがって、境があるということは心があることであり、心があるということは、知られる境があるということであって、知ることと、知られることとは不可分である。その縁起の道理にのっとってみると、心が生ずる時には、その心が転変して知られる用となるといわざるを得ないのである。その自心が転変して境（所慮用）となったのを「親所縁縁」とし、それを相分という。たとえば、私の心がこの本を読むという時、本という対象が、心の中に対象として捉えられているから、本を読むという動作が起きるのであって、対象が心に上ってこぬ限り読むという動作は起きてこない。本が対象として捉えられたということは、言い換えれば、心が転変して対象となっていることである。それを相分というわけであるが、相分があるということは、必然的にそれを相分として捉える能縁の用があることを意味する。その能縁の用が見分である。

見分が用くと、その見分の用を知る内面の作用がある。本を読んでいる自分の気持を、さらにその奥で自覚するもう一つの用があろう。それを自証分という。

自証分が用くと、またそれを知るもう一つ奥の作用が想定される。それが証自証分である。

だが、そうすると、証自証分を知るさらに奥の作用が考えられ、またその奥にそれを知る作用、ま

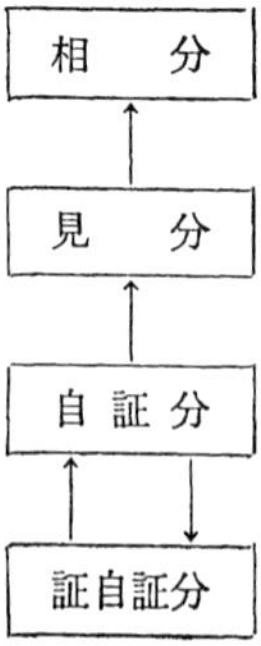

たその奥と無限に遡及していくことになる。しかしそうではない。証自証分を知るのは、同じ内縁の用である自証分なのである。内面的な自証分と証自証分とが、相互に証知しあって完結するのである。故に、証自証分の奥は不要となる。

この認識構造の道理によって、心と境とは用や性質を異にしていてもともに一心の作用といわれる。もし心が堅実な実体であったならば、心が転じて境となることはあるまい。境がもし、同じく堅実な実体であるならば、心の内に捉えられることもない。一切諸法が、心の転変して現われたものであるから、一切唯識である。心外に境があるのではない。

四分相互の認識の関係を図示すると上のようになる。

第二節　細　説

(1)　問い（八問）

問う。（第一問）若し心は能知の法なるが故に心転じて境と為らば、境も亦所知の法なるが故に境転じて心と為るや。

（第二問）次に設《たと》い境体心外に在りと雖も、心起きて之を縁ぜば知慮の法成ず。何んが要《かな》らず心体転じて境と為るや。

（第三問）次に設い相（分）現ずと雖も、自証直ちに縁ずべし。必ず見分の用を起すは何の深理有りや。

（第四問）次に設い見分を起さば心・境の二爰《ここ》に足んぬ。何ぞ見分の外に亦自証分を立つるを須《もちい》ん。

（第五問）設い自証分を立つるとも見分通じて内を縁ぜば三分を以て足る可し。何ぞ第四を立つることを須ん。例せば自証分、見と証自証とを縁ずるが故に第五を立てざるが如し。

（第六問）次に境は所知の故に心の定めて縁ずるは尤も其の理あり。其の後三分は皆能縁の中の差別なり。何ぞ強いて見（分）を知り乃至亦証自証を知るや。若し知らずんば何の失あるや。

（第七問）次に自証分も亦是れ心用ならば四分皆用たり。何を以て心体と為すや。

（第八問）抑唯識とは心外に別法有ること無き義なり。唯、一心を立てて以て宗と為す可し。心内の法と云うと雖も、猶お非心の法を許さば豈に是れ心外無別法の教ならんや。


《後三分》　見分・自証分・証自証分。


四分義についての細論で、まず八問が出される。

第一問。心は能知の法であるから、心が転じて境となるというならば、境は能知の法と相依的な所知の法であるから、逆に境が転じて心となることもあるのか。——つまり、心＝能知法、境＝所知法で、心があるということは、境があるということであり、心・境は相互に不可分であるから、転じて境となるという性格が心にあるならば、境にも同じように、転じて心となるという性質があってよいのではないのかというものである。

第二問。境が心の外に実在していても、それを対象とすれば、それを知るという心は成立することができる。心それ自体が転じて境となる必要があるのか。——これは外境実有論に立っての質問である。外境実有論は最も常識的な認識説であるから、唯識教義がこれにどのように答えるかは注目されるところである。

第三問。相分が現じてそれを見分が見るという説を是認するとしても、自証分つまり心体が直接見ればよいと思われる。見分の用がそこに分析されるのはなぜなのか。

第四問。知るという現象は、「知るもの（見分）」と「知られるもの（相分）」との二分があれば成立する。見分のほかになぜ自証分を立てるのか。

第五問。たとえ自証分を認めるとしても、その三分で認識構造は完結すると思われるのに、なぜ第四に証自証分を立てるのか。

第六問。境は所知の法——知られるものであるから、心が常に対象とするというのは道理である。しかし、見分・自証分・証自証分はいずれも心に属し、その三つの違いにすぎない。なぜ自証分が見分を知り、自証分と証自証分が相互に知りあうというような煩雑な関係が必要なのか。知りあう用がなかったら、どのような不都合があるのか。

第七問。三分がすべて心の用であるとするならば、心の体は何なのか。

第八問。唯識とは、心のほかに何ものも認めぬということである。唯一心を立てて根本とするのが立場であろう。心内の法とはいえ、心の体以外のものを許すのは、心外無別法の唯識の根本に違背するのではないのか。

(2) 答え

① 第一問に対して

答う。色・声等の法は質礙《ぜつげ》を体と為す。（定《じょう》果の色等は、無見無対と雖も、心に対すれば猶お、是れ有質礙なり。）仮令《たとえ》心の所縁たらずと雖も而も猶お色・声等の法為る可し。故に境体転じて心と為る義無し。諸の心・心所は縁慮を体と為す。仮令縁慮せらるる物無くば、何物を縁慮して縁慮の法と為らん。故に心体転じて必ず境と為るなり。是れ即ち縁慮分別の法は、法の中に勝るるが故に自在の力有りて能く諸法を造す。非縁慮の法は、体性鈍劣なれば豈に体転じて縁慮の用を起すに堪えんや。

《無見無対》　見ることもできず、他を排除することもない。

「心が境となるならば、境も心となるのではないか」という第一問への答えである。色・声等の色法（もの）は、質礙の法（質量を持って一つの空間を専有するもの）であり、体性鈍劣である。禅定中の定果色は無見無対で、通常の有見有対の色法とは異なるようにいわれるけれども、心に対するとやはり有質礙であり、色法と同一の性質となる。有質礙で体性鈍劣の色法は非縁慮であって、心に転変することはない。

それに対して心（心・心所）は、縁慮の法――境を対象として縁ずるのが本来の性質である。対象となるものがなかったならば、対象を縁ずるという本来の性質が成立せず、縁慮の法という性質の自己矛盾となる。対象を知る心作用があるということは、知られる対象があるということであって、それは心の転変したものである。心は自在の力に優れていて、諸法を対象として造り出すのである。

② 第二問に対して

但し心外の実境を許さざるは、多くの道理有り。『唯識』等に外道・小乗の実我・実法を破する種種の文理即ち是れなり。挙げ尽くすに遑《いとま》あらず。然るに今、且く『阿毘達磨経』中の所説の四智成就の菩薩の所観を挙げ略して其の相《すがた》を示さん。

一に相違識相智。謂く、一処に於て、鬼・人・天等は、業因の力に随いて所見各別なり。鬼は見て火と為し、人は見て水と為し、天は琉璃《るり》と見、傍生《ぼうしょう》は宅と見る。是の如き等の見、種種不同なり。境若し実有ならば豈に是の如く能見の者の業因の差別に随て種種転変す可けんや。

二に無所縁識智。謂く、過去・未来・夢等の非実の境を縁ずる時、境は実有に非ざれども心は現に可得なり。心若し必ず外境に託して起らば、是の如きの時、其の事云何。此れを以て一切の境界を例知すべし。

三に自応無倒智。謂く、若し境体、定めて実有ならば、一切凡夫皆応に是れ聖なるべし。本来心外の境を悟証するが故に。若し爾らば功用《くゆう》を仮《か》らずして自然《じねん》に解脱を得可し。何ぞ然らざるや。

四に随三智転智。謂く、三智とは、

一に随自在者智転智。謂く已に心自在を証得せる人、自らの所欲に随いて水等を転変する事、皆能く成ず。境若し実ならば寧《なん》ぞ是の如く心に転じて転変すべけん。

二に随観察者智転智。謂く、勝定を得て法観を修する者は、一境を観ずるに随いて青瘀《しょうお》等の相、種種顕現す。境若し実ならば豈に是の如く心に随いて顕現す可けん。三に随無分別智転智。謂く、実を証する無分別智を起せば一切の境相皆現前せず。境若し実ならば何ぞ是の如く実を証する智の前に皆現ぜざるや。菩薩此の四智を成就する時、唯識の理に於て決定して悟入す。是の故に心外の境を許さざるなり。

《鬼》　餓鬼。《傍生》　畜生。動物。《勝定》　すぐれた禅定。

第二問の、「境が実在していると考えても、心を縁慮の法といえる。なぜ心が転じて境となるというのか」というのに対する答えである。

外境実有を否定するのには、多くの証文や道理があるが、ここでは『阿毘達磨経』の四智成就の経文を引いて説明していく。

四智の第一は「相違識相智」である。いわゆる一処四見といわれる教説で、われわれが「水」と呼ぶもの（境）も、餓鬼には業火となり、天人には琉璃となり、魚にとっては住処となる。その違いは、積み重ねてきた業因の違いである。それは「水」という客観的物体が実在していないからである。「水」というのは、わずかに人間の心においてのみ「水」であるにすぎない。能知の法のいかんによって、境が変わるということは、対象として捉えられた境が実在しないことを意味している。その真実にめざめるのが「相違識相智」である。

第二は「無所縁識智」である。過去・未来・夢等を考えてみると、境は具体的に眼前に存在してはいないのに、しかしその境によって興奮したりうなされたりする。境が心の外に実在しなくとも（無所縁）、心の転変した境によって、心は実在するのとまったく同じ働きをする。これにめざめるのが「無所縁識智」である。

第三は「自応無倒智」である。もし境が実有ならば、凡夫も境を明了に知るであろうから、心外の境を証知している聖者と同じになってしまう。凡夫が自《おの》ずから無倒の聖者となってしまうのである。もしそうならば、修行も精進もいらない。境が実有でないから、凡夫の知る境は、凡夫の境域でしかなく、その故に修行が不可欠となるのである。

第四は「随三智転智」で、次の三智のように境が実有でないことにめざめる智慧である。三智の(1)は「随自在者智転智」心に自在を得た大力の菩薩は、心の欲するところに随って自在に境を転変できるといわれる。土石《どしゃく》を転じて金銀《こんごん》となすといわれる。それは境が実有でないからである。(2)「随観察者智転智」。勝れた禅定を修する者は、一境に対してさまざまの境を変現するといわれる。ここに例にあげられているのは不浄観の一つであるが、それは、美しい人を対象として、その美しい膚の上に、死後、膚が青黒く変色し、やがて腐敗していく相《すがた》をまざまざとみるものである。その観法はそれによって執著を断とうとするのであるが、もし境が実有であるならば、美しい膚の上に青瘀の相をみることはできない。(3)は「随無分別智転智」。根本無分別智が発得された時には、境相は現前しないといわれる。それは境が実有でないからである。

菩薩はこの四智を成就する時に、一切唯識の真実に悟入する。境は実有ではないのである。

ところで、この四智成就の教説は、『成唯識論』巻七の九種難義の一段に説かれているものであるが、これはうっかりすると物や有情の存在を否定する教説と誤解されやすいところである。しかし、唯識は物や有情の存在を否定するのではない。自分の認識構造の上に捉えられたものが、そのままの状態で実在するのではないというのである。そうでなかったならば、有情を利楽するというような菩薩道はどこからもうまれてこない。

③　第三問に対して

次に自証分とは、心還《かえ》って自を知る用なり。豈に直ちに相分の境を縁ず可けんや。この故に心、境を縁ずる作用を起すは是れ即ち見分なり。若し爾らば自証直ちに境を縁ずべしとは言うに足らざるなり。

第三問、「相分を縁ずるのは自証分でもよいのではないか、見分を立てる理由は何か」というのに対する答えである。

自証分というのは、心が心を知る用であるから、いわば内面の動きである。外の境を縁ずるのが見分、心を知るのが自証分であって自らそこには用の性格が違うのである。

④　第四問に対して

次に凡そ能量・所量の法は必ず量果有り。若し爾らずんば此の量知に於て果成する所無し。豈に道理に応ぜんや。是の故に是の如《かく》く第三分有りて見分を証知す。見分は能量にして相分を知るなり。譬えば人有りて丈尺を以て絹等を量るの時の如し。絹等は所量、丈尺は能量、人は量果なり。丈尺の能く絹等の物を量るは其の量り成ずる所の人、証知すればなり。若し其の人の証知を引かずんば丈尺の能量、絹等の所量何の用あらんや。丈尺能く絹等を量るの時、人能く丈尺の分斉を証知す。故に能・所量の義、能く成立す。若し丈尺無くんば人豈に絹等の分斉を知ることを得ん。若し絹無くば、人又何んぞ丈尺等を用いることを為ん。若し其の人無くんば、誰か丈尺の能く絹等を量ることを知らん。三分の妙理も亦また是の如し。相分は所量、見分は能量、見分能く相分を量るの時必ず内に見分の能量を証知す。量知の義、此れに由って成立す。若し見分無くんば心豈に色等の境界を知ることをえん。若し相分無くんば縁用を起すとも何の所用か有らん。若し自証無くんば誰か見分能く相分を縁ずと知らん。是の故に定めて第三分を立つるなり。

《能量》　対象を量《はか》り知る主体。　《所量》　量り知られる対象。　《量果》　量知の結果、あるいは結果を知る者。

第四問、「認識は見分と相分の二分で、完結するのではないのか。なぜ第三の自証分が必要なのか」というのに対する答えである。

認識には、知る者（能量）と知られる者（所量）があるのは当然であるが、その上にその結果、あるいは結果を知る者（量果）が必要である。それによって、認識がはじめて完結する。能量が見分、所量が相分、量果が自証分となる。たとえば、ものさしをもって絹を量る場合、量られる絹は所量＝相分であり、ものさしは能量＝見分であり、人は量果＝自証分となるのと同じである。そのいずれを欠いても認識は成立しない。

⑤ 第五問に対して

次に内証の用は深細なるが故に必ず現量なり。而るに其の見分は是れ外縁の用なれば理として三量に通ず。（五・八識等の見分は現量なり。然るに凡そ見分は三量に通ずる法なり。故に総じて之を論ず。）如何ぞ已れの内体を知ることを得んや。若し自分の現量の時に約せば爾る可し。見分の比・非《ひ》量の時は誰か自体を知らん。明らかに知る見分は本是れ相分を縁ずる用為り。故に現量の見なりと雖も自体を証知する義不可得なり。何に況や若し第四分無くんば第三の能量は応に量果無かるべし。豈に大過に非ずや。（佛果の三は四を縁ずる等の事は下に至って知る可し。）是の故に必ず証自証分を立つ。其の自証分は既に中間に居《こ》して内縁現量なり。故に見分を知り亦第四（分）を知る其の義成立す。何んぞ乃ち例と為ん。

《三量》　現量・比量・非量。　《佛果の三》　佛果位の見分・自証分・証自証分。　《中間》　見分と証自証分との中間。

第五問、「証自証分がなぜ必要なのか」というのに対する答えである。

心が心を知るという内証は、深細な用であるから、直観的に知る（現量）のである。ところが、もし自証分を知るのが見分だとすると、見分は外の相分を縁ずる働きであるから、三量に通じている、いわば浅粗な用である。心内の法である自証分を量知する量果たるものは、心内の深細なものでなければならない。それは第四分の証自証分であって、それ以外のものではない。

それならば、証自証分を知る第五分がいるのかというと、それは不要である。なぜならば、自証分は見分と証自証分の中間にある心内の用であり、またしたがって現量にのみ働くからである。証自証分と自証分とは同じ性質を持つものだからである。

なお、佛果位にあっては、見分・自証分・証自証分は、それぞれ四分を縁ず、つまり証自証分が相分・見分・自証分・証自証分を縁じたり、同じように見分が四分を対象としたりするといわれる。これについては、のちの「摂在刹那」の章で述べられる。

⑥　第六問に対して

次に此の四分は皆是れ心分なれば皆応《まさ》に証知すべし。若し爾らずんば一心の中に自ら知らざる所有るは道理に応ぜず。故に後三分、皆能縁なりと雖も其の中猶お是の如き微細《みさい》なる相縁の義有り。皆、所知を成ず、豈に深妙に非ずや。

第六問、「心が境を縁ずるというのはわかるが、後三分は心の内の三つの用である。それが相互に量知したりされたりするということにはどのような意味があるのか」というのに対する答えである。四分は皆心の作用である。心とは、知る用ということである。その心の中に、自ら知らない面があるというのは不合理であろう。後三分は心の中の微細な相縁の用で、心が心自体を知ることを意味する。

⑦　第七問に対して

次に心は微細にして体・相知り難し。只、作用を以て之を顕示するのみ。所以に四分は皆是れ心用なり。然り而して此の四分の中に於て、強いて体・用を判ぜば第三の自証独り其の体に当たる。独り中間に居して普く前後を証す心の根本の義、余に異なるが故なり。

第七問、「四分が皆、心の作用だとするならば、心の体は何か」というのに対する答えである。心は微細であるから、いずれが体、いずれが相ときめ難い。ただ作用をもって明らかにするのみである。だから皆心の作用というのである。強いて体・用を分けるとするならば、中間にあって前後を証する自証分が体といえるであろう。

四分を皆用とするか、自証分を体とするかということについては、日本唯識に三つの流れがある。すなわち、義用説・体用説・折衷説である。義用説は四分を皆心の作用とするもの、体用説は自証分を体とし他を作用とするもの、折衷説は基本的には四分皆作用であるが、あえて体用を分ければ、自証分を体とするというものである。主なものを挙げると次のようになる。

（義用説）
善珠『唯識分量決』・凝然『八宗綱要』
（体用説）
護命『大乗法相研神章』・真興『唯識義私記』・『成唯識論同学鈔』・良遍『法相二巻抄』

(折衷説)

仲算『四分義極略私記』・『百法問答抄』・良遍『観心覚夢鈔』・聞証『略述法相義』

⑧ 第八問に対して

次に唯識とは、諸法の源を尋ねて有為の起りを論ず。全く唯祇《ただただ》一個の心法にして都べて余法無きに非ず。是の故に万差の諸法を許すと雖も、皆心より起りて一法として心内に非ざるあること無し。心内に在りと雖も色・声・水・火・眼・耳等の法、種種の差別宛然《えんねん》として存せり。存すと雖も皆是れ自心より起りて夢境の如くなるが故に唯識と名づくるなり。此れに由って応に心内の諸法は、諸法皆存す。心外の諸法は、諸法皆無なりと言うべし。『経』中の「心外無別法」とは即ち此の義なり。此の理を知らざる人は、唯心の教文に迷い、返って因果撥無の悪見を発す。甚だ悲しむ可し。

《心外無別法》 「三界唯一心」の対句として、心外の諸法なきことを表わす有名な句であるが、経典の中にそのままあるのではなく、『華厳経』や『十地経』に基づいて作られた合成語。ただし法相教義で、この語によって万法唯識を説くことはほとんどない。しかし良遍は、『真心要決』でもこれを使っており、この語をよく使う禅と法相教義との共通点を強調することを意識していたのかもしれない。

第八問、「唯識というのは、心外に何ものも認めぬという立場のはずである。とすると、たとえ心内とはいっても、体である自証分以外のものを認めるのは乖理ではないか」というのに対する答えである。

唯識とは、有為の諸法の根源を尋ねて心となすのであって、ただ一箇の心法のみを認めて他はすべて無であるというのではない。万差の諸法を認めて、それが心の現われだというのである。心の現われであるからそれを心内の法とし、それ以外のものはないというのである。「心外無別法」とはその意味である。したがって唯識とは、心があり心の現われの万差の諸法があるということである。ここをまちがうと、因果撥無の悪見になってしまう。

この答えにも非常に重要なことが述べられている。さきほどもみたように唯識というと、物や有情の存在を否定するように誤解されやすい。一心というと、万差の諸法――つまりわれわれの住している現実のこの世界を無化して、自分の心のみを是認するもののように思われる。しかしそうではない。われわれの認識構造の中にくみ込まれた対象のみしか、われわれは知り得ぬという意味において、万法は心所変であり実有ではない。しかし把捉された対象は、万法として仮有実無の相用において存在している。読んでいる本は、自分の認識構造の範囲内にくみ込まれたのみの本であるが、その相分としての本は存在しているのである。

第三節　四分と諸識の関係

問う。今此の四分を八識に相配するの方如何。

答う。八識の一一に皆四分有り。相応の心所の一一も亦爾り。

且く、眼識に於て四分を明かさば、今此の識体生起の時、第八識所変の色塵を以て疎所縁《そしょえん》と為す。故に自体転じて色の影像《ようぞう》を現ず。此の影像を以て親所縁と為す。故に之を縁ずる能縁の作用を起す。其の色の影像を名づけて相分と為し、之を縁ずる作用を名づけて見分と為す。今、此の二分は心の自体の上の所現なり。此の二用を起す所依の自体を自証分と為す。自体を証する用を是れ即ち名づけて証自証分と為す。是の如く耳等の余識の四分も此れに准じて知る可し。五塵の境を以て是の如く眼等の五識に相配するに其の相顕然たり。第六意識は十八界の諸法を縁じて境と為す。応に随いて諸法の影像を変現し、応に随いて此の能縁の作用を起す。是れ即ち第六意識の自体分の転変する所なり。

第七末那《まな》（識）は、第八識の見分を縁じて境と為す。

第八頼耶《らや》（識）は、種子・五根・器界の三種の境界を変現す。余義は前に准ず。

然るに、諸の後二分は、皆是れ唯、現量なり。

見分の量は、識に随いて同じからず。謂く、五・八識の一一の見分は、一向に現量なり。第七（識）の見分は一向に非量《ひい》なり。第六（識）の見分は応に三量に通ずべし。

相分は非縁慮の故に三量の摂に非ず。

相応の四分は之に准じて知る可し。


《疎所縁》 本質《ほんぜつ》のこと。 《影像》 相分。 《親所縁》 相分。 《五塵》 五境（色・声・香・味・触）。 《十八界》 六根・六識・六境。 《後二分》 自証分・証自証分。


前節で四分義の細論が終ったので、ここは、四分と諸八識との関係が説かれる。

四分は、八識心王のすべてはいうまでもなく、心王と倶に働く相応の心所の一つ一つにあるといわれる。たとえば、眼識が色境を見るという視覚作用を例にとれば、まず第一段階に、第八阿頼耶識の変じた色法を疎所縁とするという段階がある。総体的人格性によって、認識構造の中に定置したものを疎所縁とするのである。その上に影像を現じて親所縁とし、眼識がそれを見て視覚作用が成立する。その親所縁を相分とし、縁ずる側を見分とする。見る用も見られる相も、一つの心の現われたものであるから、その心の体の面を自証分といい、自証分を証知するのを証自証分とする。五識の相分は五境である。

第六意識は、一切法を相分とする。

第七末那識の相分は、前にみたとおり阿頼耶識の見分である。

第八阿頼耶識の相分は、これも前述のとおり種子・五根・器界である。

自証分と証自証分とは、深細な心内の二作用であるから、直観的な現量であるが、見分については、識によって違いがある。これも百法の心王のところで述べられていたので、そこを見て頂くとよいのだが、文章に従っていくと、五・八識の見分は現量のみ。第七識は、無我の自己を我と妄執するのであるから非量、第六識は三量に通じる。

相分は、非縁慮の法であるから、三量には摂めない。

以上は、心王についてであるが、心所に関してもこれと同じ構造が分析される。

第四節　八識相分の本質について

問う。八識聚の相分は皆本質《ほんぜつ》有りや。

答う。五識と第七（識）とは必ず本質有り。

五識は唯、第八（識）の相分に託して、（三種の境の中、器界は五塵を体と為す。五識之を縁じて本質と為すなり。）本質と為すが故に。第七（識）は恒に第八（識）の見分を縁じて本質と為すが故に。

第六識の境は、本質の有・無、時に随いて不定なり。

　或る時は質有り。謂く、五塵を縁ずるの時等なり。

　或る時は質無し。謂く、過・未及び亀毛等を縁ずるの時是れなり。

第八識の境は、一向質無し。先業力《せんごうりき》に依って任運に境を変じて所杖の本質に随わざる故なり。然るに其の疎所縁縁に於ては、有・無不定なり。謂く、依身・器界は他の有情の変を以て疎所縁と為す。正根及び種子は但、親所縁縁のみにして疎所縁縁無し。本質の境と疎所縁縁とは大旨同なりと雖も而も少異有り。深く之を思う可し。


《本質》　物自体、ただしこれも第八阿頼耶識の相分である。**《三種境》**　種子・有根身・器界。第八阿頼耶識の境（相分）のこと。**《先業力》**　前世の善・悪業の力。**《所杖》**　所依。**《依身》**　所依の身体。有根身。**《正根》**　勝義根。感覚機能。

前の段で、疎所縁＝本質のことに触れたので、ここはつづいて八識と本質の関係が検討される。本質は、のちの「三類境」の章で詳説されるのであるが、「四分義」ともかかわってくるので、説明のないままに登場してしまう結果になり、読む方としては実に煩わしい思いがする。

本質は、今までにも出てきたように、物自体である。物自体があって、その上に相分が描かれる。「本」があって、その物自体の存在の上に、一人一人の個々の人間が、それぞれの相分を構画するのである。お経本がある。これが本質である。それに対してAの人は、「ありがたい本」という相分を描く。Bの人は、「縁起の悪いシロモノ」と思う。相分は違うが相分のあとには、本質があるわけである。しかし、では「本それ自体」は、われわれの存在と無関係に外界に実在しているのかというと、そうではない。「本それ自体」を「本」として受け取るという、もう一つ前の段階のところで心とのかかわりがあるはずである。猫にとっては、「本」も「本」としては存在しない。「本」が、私において「本」として受け取られ、本として認識構造の中にくみ込まれるためには、深い底での人格的かかわりがある。それを本質といい、それは深層の第八阿頼耶識の領域で無意識的に行なわれ、第八阿頼耶識の相分として変現したものであるとするのである。

そこで、八識の相分と本質との関係いかんというのがここの問いである。

答え。(1)前五識と第七識には必ず本質がある。(A)前五識（眼・耳・鼻・舌・身）――感覚作用は、器界（物）を対象とする。器界は、阿頼耶識が相分として変現したものであるから、それが本質となる。「本」がそのほかの何ものでもなく、「本」として存在しているのである。(B)第七末那識が対象とするのは、第八阿頼耶識の見分である。つまり、これは自己存在そのものであり、第七識にとっては、自分の母体でもある。したがってその存在は否定できない。第七識は、その自己に向かって愛著を生じ、無我なる自分を実体化して誤まれる実我の相分を描き出しているのである。このように、前五識と第七識には必ず本質があるといわれる。

(2)第六意識はどうか。これは有無不定である。(A)第六意識が、前五識とともに色法(物)を対象として働く時には、当然、前五識と同じように本質がある。「本」を読むという動作は、本質としての「本」を対象として、眼識が文字をひろっていく。眼識が弁別するのは色彩であるから、白い紙と黒い文字の違いである。これが眼識の相分である。しかし、それだけでは文章の意味はわからない。その上に、第六意識が判断や思惟を加えていって、はじめて「本」を読むという動作が完結する。その時の第六意識は、色法(本)を本質としていることになる。(B)ところが、過去の思い出にふけるとか、未来像を描くとか、観念上の操作等には本質はない。それは第六意識が勝手に構画したものにすぎぬからである。ただし、思惟の対象としての相分そのものは存在する。過去の思い出が老後を支えることもあるし、高く掲げた理想像が、人間の生涯を大きく変えることもある。第六意識の相分が、人間をつき動かすのである。

(3)第八阿頼耶識の境には本質はない。なぜならば、阿頼耶識が対象とする境は、先業の力によって変現したものであり、われわれが対象とするものを選びとる最奥の次元だからである。一つの身体を持ち一つの生命を持ち一つの人格性をもって存在している限り、われわれはその枠を超えて対象を知ることはできない。自分の願いや努力によっても変えることのできぬ世界がある。それが「先業力に依って任運に」変じられた境である。われわれは、水を住居とみることはできない。任運自然にそうなっているのである。赤外線や紫外線を見ることも、三万サイクルの音を聞くこともできない。四次元の世界も知ることはできない。すべてそれは先業力によるのであって、それ以上奥に存在する対象はないのである。したがって、第八阿頼耶識には本質はないといわざるを得ない。

ところでこの一節に、本質と疎所縁の厳密な意味での区別が指摘されている。厳密にいうと、「本質」は自己の相分を引き起すものをいい、「疎所縁」は自己と他の有情とが共通に共変する相分を引き起すものという寛狭の違いがあるといわれている。「本質」は狭く、「疎所縁」は寛《ひろ》い。第八阿頼耶識にとって相分の背後に本質はないことは今見たとおりである。しかし、共通の業力によって、共通の対象を持っている部分がある。たとえば、人間の身体（依身）や山や川や家や本等の器界がそうである。人の身体は、人種の違いを超えて人間には人間として見えるし、山や川は、やはり人間同志皆共通の認識を持っている。そういう意味では、そこに山自体、川自体という本質を想定してもよいし、その方が実はわかりやすい。だが、第八識を先業力という枠組みの中で根底的に捉える限り、それを超えた本質はあり得ない。しかも、かなり本質に近い共通の存在を主張するものは否定できないので、そこにそれを本質ではないが疎所縁とするという分析が要請されたのである。この「本質」と「疎所縁」の違い等は、法相教義の中でも、特に難解なところであるから、「深く之を思うべし」と結んだのである。このように身体や物に対して、認識機能（正根）や、経験の集積（種子）は、まったく共通性を持たず、自己ただ一人の内部のことであるから、「疎所縁」の問題はおきない。

右を整理すると次のようになる。

前　五　識　　本質あり（色法）。

第六意識　(A)本質はあることもあり（五倶意識＝色法）。
　　　　　(B)無いこともある（独頭意識）。
第七末那識　本質あり（第八阿頼耶識見分）。
第八阿頼耶識　本質無し。
　　　　　　　疎所縁あり（依身・器界）。

以上で四分義を終るわけであるが、最後に四分義について二つのことを述べておきたい。

第一は、良遍が百法・二空という法相教義の基礎的な組織の終ったところで、ただちに四分義に入っているということで、これは前にも触れたように、日本唯識の伝統をまっすぐに継承したものであるということである。

第二は、四分義それ自体の問題であるが、それは第四分の証自証分を定立したことの意義である。認識の構造自体からすれば、見・相分のみの二分義でも、あるいはそれに自体分を加えた三分説でも充分に間にあうはずであるのに、法相教義（『成唯識論』）があえて第四分を定立したのには、それ相応の理由がなければなるまい。『覚夢鈔』も縷々としてそれを論証してきたわけであるが、最も肝心なのは、微細な内証の問題として、自証分と証自証分とが相互に量知しあうという一点であろう。内証の微細な動きを説明するためには、どうしても第四証自証分が必要であり、そこにおいて、はじめて内面性の問題が把握されるのであって、第三自証分まではそれが欠落する。第四分をはじめて定立して、その必要を主張したのは『成唯識論』であるが、それを単に論理的要請とうけとったのでは充分ではない。そこに『成唯識論』の深い宗教的省察をみるべきであろう。

第五章　三類境義

第一節　性　境

問う。諸の心・心所、所変の境界に幾種有りや。

答う。総じて諸境を判ずるに三類不同なり。

一には性境《しょうきょう》。所謂一切実種より生じて実の体・用有り。能縁の心は彼の自相を得。其の境は性を守りて心に随わざるが故に性境と名づくるなり。即ち此の中に於て三不随あり。

　一には性不随。能縁の心と必ずしも同性ならず。或は異性の故に。（性とは善等の三性の性なり。）

二には種不随。能縁の心と別の種子《しゅうじ》の故に。

三には繫《け》不随。能縁の心と必ずしも同界・同地繫ならざるが故に。

是の如く三不随を具足する境を性境と名づくるなり。若し其の体を指さば即ち五・八識所縁の五塵等の境是れなり。


《性境》「性」とは体の義、不改の義。能縁の心によって動かされず、独自の存在性を持つ対象。《実種》実の種子。

《自相》　そのもの個有の独自な相。言語を介せず直覚的に現量によって認識される。《性を守る》「性」は自性。《性不随》　この「性」は善・悪・無記の三性のこと。能縁の心の善・悪等に動かされないこと。《種不随》　能縁の心の種子に動かされない。《繋不随》　三界の繋属・繋縛において、能縁の心に動かされない。

ここから三類境義に入る。前にも触れたように、三類境義は四分義と並ぶ法相教義の名所である。四分義が能縁の心の側の構造の分析であるのに対して、三類境義はそれに対応する所縁の境の側からの認識構造の分析である。認識において、心・境は不可分である。だから、四分義の中で境が問題になったように、三類境義でも能縁の心との関係が大きな意味を持つ。

なお、三類境義は、本論の『成唯識論』にはなく、慈恩大師の『枢要』にはじめて登場する。慧沼がそれをうけて、『了義灯』で論義を深め、日本で尊重されるようになった。その点、法相教義独特の教義といえるものである。『枢要』には次のように説かれている。

頌《じゅ》に曰く、

性境不随心　独影唯随見
帯質通情本　性種等随応

性境は心に随わず
独影《どくよう》は唯、見に随う
帯質《たいぜつ》は情と本とに通ず
性種等は応に随う

総じて諸境を摂するに其の三類あり。一には性境、……二には独影境、……三には帯質の境、……（佛教大系本一―一四一・一四二頁）

これを三類境頌といい、慈恩大師が玄奘三蔵より伝授されたものと伝えられる。これを根幹として思想が展開していったのである。

まず、心・心所の変現する所縁の境は幾種類あるかと問われる。

答え。諸境は三種に分けられ、各々性格を異にする。第一は性境である。性境とは、実の種子より生じたもので、実法である。体と用とを持っている。能縁の心は、その自相（そのもの個有の独自の相状）を直覚的に捉えるのであって、思惟的に認識するのではない。心によって動かされぬ性質をもっているので、自性を持つ境という意味で性境という。具体的には、五識と阿頼耶識の対象となる色法――物的存在のことである。物も阿頼耶識の相分として、われわれの識作用の中にくみ込まれたものには違いないが、決して能縁の心によって動かされるものではない。

「能縁の心に動かされない」という性質をさらに詳しく分析すると、性不随・種不随《しゅうふずい》・繫不随の三つになる。「性不随」とは、善・悪・無記の三性にあって、能縁の心がなんであれ、境はそれに随わないことである。善心で見ようと悪心で見ようと、「本」そのものの性質は変わらない。「種不随」は、能縁の心とは別の種子より生ずるので、それに左右されぬ。「繫不随」は、欲界の心で見られようと、色界の眼で見られようと、物はそのいかんにかかわらないことをいう。この三種の不随を備えているのが性境である。良遍は、五・八識の対象としての物の存在のみをあげているが、厳密にいえば、(1)第八識所変の相分（種子・有根身・器界）、(2)前五識の所縁の色法、(3)五倶の意識所縁の色法、

(4)定心所縁の相分、(5)自証分・証自証分が相互に対象として捉えた相分、(6)無分別智所縁の真如等がある。

なお、三不随について、日本では元興寺を中心とする南寺伝と、興福寺を中心とする北寺伝とで解釈の相違がある。南寺伝では、三不随の全部がそろうべきだとし、北寺伝では、必ずしも三つの条件がそろう必要はないという。『同学鈔』巻一（大正六六・八六・中）にその論義がみられる。

第二節　独影境

二には独影境。所謂其の境は、能縁の心と同一種より生じて実の体用無く、能縁の心、自相を得ず。既に本質無くして影像《ようぞう》独り起る。故に独影と名づく。即ち此の中に於て三の随心有り。

一には性随心。能縁の心と同一性の故に。

二には種随心。能縁の心と同一種の故に。

三には繋随心。能縁の心と同界繋の故に。

是の如く此の三随心を具足するを独影と名づく。若し其の体を指さば、第六識、亀毛兎角等を縁ずる相分なり。

《独影境》「独」は本質がないこと、「影」は影像。つまり、幻想・幻影・妄想・観念上に描かれた対象。《亀毛》亀の甲には元来毛はないが、観念的に構想された幻想としての毛。《兎角》亀毛と同じで、兎には角はないが、観念上に描かれたもの。亀毛・兎角はいずれも実際には存在しないが、心に造られた観念上の対象の意味に使われる。

三類境の第二は独影境である。性境のちょうど反対の性質で、観念の上に勝手に描かれた対象である。そのもの自体、別の種子より生じているというような独自の存在性はなく、どこまでも能縁の心が描き出した影像にすぎない。したがって、相分の背後に物自体を意味する本質はなく、唯影像のみであるから、独影境と呼ばれる。「独」は影像のみの意味。第六意識が観念的に描く、亀の甲の毛、兎の角《つの》、丸い三角等実際にはありえぬものである。性境にならって、三随心が説かれている。すなわち、性随心・種随心・繫随心である。「性随心」は、善・悪等の三性が、全面的に能縁の心に随うこと。「種随心」は、これもまた能縁の種子より生ずること。「繫随心」は、界繫が能縁の心と同じことを意味する。要するに、境といっても完全に能縁の心に依存したものにすぎない。眼病で見える空華や、耳病での耳なりや、前に説かれた遍計所起色あるいは被害妄想等は、皆これに入るが、しかもそれは、当人にとっては無視できぬ対境なのである。空華は幻影だからといって本人はほってはおけない。その意味で放置できぬ対境であり、独影境が説かれざるを得ないわけがある。

なお、非常に特殊な独影境として、「本質を帯する独影境」というのが、『百法問答抄』(曹大本二一九丁)に説かれている。それは何かというと、第六意識が無為法を縁ずる場合の相分だといわれる。つまり、無為法は永遠不変の真理であるから、本質として存在していることを否定できない。しかし、第六意識はその無為法を直接縁ずるのではない。教えの所説にしたがって、自分の力量によって主観的に無為法を描くにすぎないのである。つまり、識変の無為である。法の自相を得ないという意味において、独影境以外の何ものでもない。こうした内容のことが説かれている。このことは非常に大切なことを語っている。それは、凡夫の思量やはからいによって得られるのは、独影境としての佛界にすぎず、真の佛界ではないことをさしているからである。

第三節　帯質境

三には帯質境《たいぜつきょう》。所謂能縁の心は自相を得ずと雖も、而も其の境相は本質有るが故に帯質境と名づく。今、此の境は既に質有るが故に一向に能縁の情に随うべからず。亦、既に境の自相を得ざるが故に一向に本質の境に随うべからず。即ち此の中に於て亦三種の通情本の義有り。

一には性通情本。或は能縁に随い、或は所縁に随う。性を判ずるに不定の故に。

二には種通情本。その種子を以て或は之を相従して能縁の種と名づけ、或は之を相従して本質の種と名づくるが故に。

三には繋通情本。或は説いて能縁と同界繋と為し、或は説いて本質と同繋と為す。

是の如く三の通情本を具足するを帯質境と為す。若し其の体を指さば第七識、第八の見分を縁じて変ずる所の相分等の類是れなり。今、此の相分、若し能縁に随えば、有覆性《うふくしょう》と名づく。其の種子は或は能縁第七（識）の種子に摂し、或は本質の第八（識）の種子に摂す。其の界繫は七・八二識必ず同繫の故に情と本との界繫は別異ならずと雖も、彼・此を相従して義を以て之を説くに同繫に依らず。是の故に此の三種の義を具するなり。

性境の中、心・境同種等の種種の疑、此れに准じて知る可し。

《帯質境》　「質」は本質。本質はあるが、その自相を得ないような認識の種類。　《有覆性》　有覆無記性。

三類境の第三は帯質境である。所縁の境には本質があるが、能縁の心はその自相を得ていない。したがって、所縁の境は能縁の心に従属することはなく、また能縁の心は、境の自相を得たものではないので、境に従属するのでもない。そこで三種の通情本が説かれる。(1)性通情本（善・悪等の三性は、能縁の心に随うこともあり、所縁の境に随うこともある）、(2)種通情本（種子が、能変の心と所縁の境との両方に通じている）、(3)繫通情本（界繫も能縁の心と同界ともいわれ、あるいは本質と同界ともいわれる）、これが帯質境である。

帯質境の典型的な例は、第七末那識が第八阿頼耶識の見分を縁ずる場合である。第八阿頼耶識は、常一的な自我ではないのに、末那識はその実相をそのまま認識しないで、常一主宰の我相を勝手に描いて、それが阿頼耶識だと思っている。阿頼耶識が正確に認識されていないという点で、境の自相は得られていない。しかし、阿頼耶識は存在しているから、本質はあるといわざるを得ない。したがって帯質境となる。そこで「性通情本」という面で見れば、末那識の描く相分は、末那識に従属するから有覆無記性となり、本質は無覆無記性の阿頼耶識であるから、無覆無記性ともいえるわけである。「種通情本」「繫通情本」も同じようにいえる。

ところで、ここでは帯質境の例として、第七末那識が第八阿頼耶識を縁ずるというのがあげられていたが、実はわれわれの生活の中では、始終到るところで経験されている問題である。夜道で縄の切れ端を蛇と思ってとびあがるとか、杭を人と見て驚く等という経典の中に出てくる例も帯質境である。

錯覚・錯視現象は皆帯質境である。あるいは、一枚の写真を見る状態を考えてみても、写真は平面でしかないのに、遠くの山は遠くの山として立体的に見ている等もその一つであろう。焼き付けされた一枚の印画紙が本質であり、目にみえている立体的な画像は帯質境である。

第四節　三境は唯識

然るに此の三境は皆心所変なり。故に不随心をも皆唯識と名づく。其の源を論ずるが故に。夢境の如くなるが故に。

三類境は皆心所変を説く唯識教義である。三類境は外界にある対境の分析であり、しかも性境や帯質境の本質のように、能縁の心に随わぬ面も捉えるので、うっかりすると境実有論のような錯覚を持つが、皆識所変の境であることを確認している一節である。

以上で、三類境義が終った。三類境義は、詳細に検討するといろいろな問題がある。『同学鈔』では三類境は二巻にわたっている。しかるに良遍は、煩雑な細論は思い切って一切捨て去り、要点のみを簡潔に述べ、しかも最後は一切唯識の根本に摂めている。みごとというほかはない。

ところで、三類境のすべてにわたって、性・種・繫の三点について、それぞれ随・不随が論ぜられていたが、その中で最も重要なのは、種子の問題であろう。心と境との独立性や、かかわりが一番根底にあるといわざるを得ぬからである。種子が同じであれば、心・境も一つであり、心・境がそれぞれの独自性を持っているということは、心・境の種子が別々であることを意味する。だから、三性・界繋の随・不随は、種子の随・不随や有・無を基盤にして、その上に論じられるべき性質である。『覚夢鈔』はそうした展開にしたがって、次の種子論につないでいくのである。

なお、三類境においても、能縁の心に随わぬ対象としての万差の諸法が捉えられており、一切皆空とか万法唯識等という語から陥りやすい否定的な空執が排除されている。逆説的な言い方をすると、万法唯識とは、万法がそこに境としてあるということだといってもよいのである。

第六章　種子熏習

第一節　種子所生について

問う。百法の中に於て幾《いくば》くか是れ種子所生の法なるや。

答う。六無為を除いて所余の法の中、有らゆる実法は、設《も》しくは心にまれ、設しくは色にまれ皆是れ種子所生の法なり。

《種子》　梵語 bīja の訳。一切の現象を生起させる原因となる力のこと。《熏習》　梵語 vāsanā の訳。衣服に香のかおりが残るように、われわれの身・語・意の行為が阿頼耶識の中に熏じとどめられること。《実法》「百法」の章で、実種所生といわれていたもの。それ自体の種子より生じたもの。したがって、実法といっても実体的な存在をいうのではない。因縁所生法である。

ここから種子熏習論《しゅうじくんじゅう》になる。

唯識教義では、一切諸法は種子より生じたものといわれる。われわれが経験したことは、種子として阿頼耶識の中に熏習され、蓄積されていく。そして、それが縁に触れると現起して、次の諸法を変現する、とこのように捉える。

そこでこの節では、まず百法の中で、種子所生の法はどれどれかを問う。当然、答えは六無為を除いた九十四法である。無為法は、われわれの心の現われたものではない。永遠の法であるからである。

なお、種子は三類境の章で、その有・無、随・不随が問題になったように、一切の現象の根源であるが、それとともにまた生死流転の根源でもある。法相教義を貫く二つのテーマは、誤謬認識と生死流転だということができるが、その二つの共通の根源となるのが種子論である。四分・三類境義をうけながら生死流転の問題にも触れられることになる。

第二節　種子の体性と本有・新熏について

問う。今此の種子は何を以て体と為すや。

答う。夫れ種子は第八識中の生果《しょうが》の功能《くうのう》なり。此れに二種有り。

一に本有《ほんぬ》種子《しゅうじ》。謂く、無始《むし》法爾《ほうに》に第八識処に親しく彼彼の諸法を生ずべき功能差別《しゃべつ》有り。是れを即ち名づけて本有種子と為す。

二に新熏種子。謂く、七転識、応に随いて熏ずる所の色心《しきしん》万差の種種の習気《じつけ》、皆悉く阿頼耶の中に落在し、皆彼の識の生果の功能を成ず。是れを即ち名づけて新熏種子と為す。

今、此の新古二類の種子倶に具足する時、必定して自果の現行を生ぜしむ。謂く、一処の青色生ずる時の如き、其の能生の親因縁の法を尋ぬるに、定めて二種有り。一には無始法爾に今此の青色を生ず可き第八識中の生果の功能なり。二には、前心、青色を縁ずる時、其の自心分別の勢力に依って相分の中に、数数《しばしば》熏ずる所の青色の習気、本識の中に在りて復た彼の識の生果の功能を成ず。自余の諸法此れに准じて知る可し。

《生果の功能》 一切の現象を生起させる力。**《本有種子》** 先天的に保持している種子。**《無始法爾》**「無始」は、どこが初めかさだかでないこと。単に時間的な始源をのみさすのではなく、体験的な深さをも含めて考える。「法爾」は自ずから。**《第八識処》** 阿頼耶識を、種子を保持する場として捉えたもの。**《功能差別》** 万差の諸法を生ずる勝れた力。**《新熏種子》** 七転識によって新しく熏じられていった種子。**《習気》** 梵語 vāsanā の訳。種子の異名。ただし、ところによっては、種子と区別して使うことがある。たとえば、修道論では煩悩を断じていくのを現行＝「伏」、種子＝「断」というのに対して、習気＝「捨」といって区別する。その場合は、気分・残気等と考え、種子のさらに微細な一面をさす。**《新古二類種子》** 新熏種子と本有種子。**《親因縁》** 直接原因。

種子とは何かがまず問われる。

種子とは、第八阿頼耶識の中に保持された、一切の現象を現起させる力能（功能）である。種子というと、植物の種子のような粒子を想像するが、ここで説かれる種子は固体ではなく、功能——つまり力であることを注意しておかなければならない。

これに二類がある。第一は本有種子、第二は新熏種子である。本有種子は、先天的先験的に阿頼耶識にある一切法を生ずる力である。すべての現象を三次元に定位してみる力とか、永遠の真如に呼応する力等は本有のものである。新熏種子は、成長の過程あるいは日常の経験において新しく、七転識によって熏じつけられた種子である。この二種類の種子がくみあわさって現象（自果の現行）が生じる。たとえば、「青色を見る」という行動を種子の観点から説明すると、そこには青色を青色として認識する力能が、まずわれわれに備わっていなければならない。青色のものがあれば、誰にも同じように見えるわけではない。色弱の人には、違った認識があるはずである。青色を青色と認識するということの底には、認識主体の側にそれを把捉する力能があるといわなければならぬのである。まずその力能がある。それが本有種子である。そしてその素質の上に、「青色を見る」という経験を何度も何度も積み重ねていく。それによって、青色を捉える力についての新熏種子が蓄積されていき、「青色を見る」という行為が成立し、より完全になっていく。

種子は功能であること、本有・新熏の二種類があり、それによって認識が成立していることがこの一節に述べられている。

第三節　熏習の細釈

(1)　問い

問う。

(1)七転識の種子を熏ずるの相、委しく之を成ず可し。

(2)又、業種子《ごっしゅうじ》と無漏種子と其の体云何。
(3)又、唯、新熏種子のみ有りて本有種子無きの法有りや。
(4)又、唯、本有種子のみ有りて新熏種子無きの法有りや。

《業種子》 善悪業によって熏じられる種子。

熏習の細釈の第一は、能熏についてである。熏習には、当然熏習する側と、熏習を受けいれる側となければならぬわけであるが、これは熏習する側である。

ここでは、能熏について四問が出されている。問い(1)は、七転識が種子を熏習する様子を詳しく説明すると、どうなるのか。問い(2)は、業種子と無漏種子とは何か。問い(3)は、新熏種子のみで本有種子のない例もあるのか。問い(4)は、逆に本有種子のみで新熏種子のない例。この四問が問われる。

(2) 能熏相を釈す

答う。種子熏習の義、甚だ微細なり。其の大都を論ずるに七転識の中、勝用ある心、(謂く、善・不善・有覆無記・無覆の中に於て異熟心を除く余の三無記なり。) 応に随って境を縁じて、見分は能く能縁の習気《じっけ》を留む。即ち是れ後三分の種子なり。相分は、能く所縁の習気を留む。中に其の二種有り。一には影像相分の種子。二には此の本質の種子なり。(若し瓶等の仮法を縁ずるの時は、種子を雑熏す。) 或る時は、希れに唯、相分の自の種子を熏じてかの本質の種子を熏ずる能わざるあり。之を委《つまびら》かにするに遑《いとま》あらず。

今此の相・見二分の熏習を用の能熏と名づく。当に知るべし。一切諸法の種子、皆是れ自心の自体勢力の起す所なり。且く一事を指さば、或は人有りて怨家の声を聞き、悪心を起す時、此の一念の中、必ず両識有り。一には耳識、二には同縁の第六識なり。今此の両識は爾の時、其の性、倶に是れ不善にして強用有り。故に彼・此の見分倶に能縁不善の習気を留む。耳識見分の留むる所は、即ち是れ不善耳識の種子なり。意識見分の留むる所は即ち是れ不善意識の種子なり。是の時、彼・此両識の前に各一箇の声塵の相分を現ず。今此の彼・此両箇の相分、各相分声塵の習気を留め、及び本質第八所変の声塵の習気を留む。彼の相分の自の習気は即ち是れ耳識・意識の各各の相分の種子なり。此れ等の種子は併せて是れ悪心の熏習する所なり。所謂耳識の見・相所熏は皆是れ不善の耳識の自体の勢力之を熏ず。同時の意識の見・相の所熏は皆是れ不善の意識の自体の勢力之を熏ず。

此れは是れ且く心王に約して之を明かす。若し心所を併せば即ち衆多の見・相の所熏有り。是の如く一時一念の所熏に多の種子有り。何に況や念念をや。

《雑熏》　相分の種子が、見分の種子と本質の種子とをともなって熏ずること。

これは、問い(1)七転識が種子を熏ずる相状を問うたのに対して詳しく答える一節である。

七転識の熏習は、強い力のある七転識によって種子が熏じられる。強い力のある七転識とは、善・不善・有覆無記と無覆無記の中の三無記（工巧無記・威儀無記・通果無記）である。つまりすべての心の用のうち、強い力のあるものをいう。『成唯識論』では、「能熏四義」(1)有生滅、(2)有勝用、(3)有増減、(4)和合転）を説いているが、その二番目に有勝用があげられている。有勝用の七転識が善・不善・無記の種子を熏ずるのである。

種子を熏ずるについて、二種の種子が熏じられていく。第一は、能縁の心の種子である。つまり認識主観の側の種子であって、これを細分すれば、見分・自証分・証自証分である。細分すれば三つであるが、これは認識主観として一体のものであるから、一つの種子を熏じるのである。第二は、認識客観である相分の種子である。これが二つに分けられ、(1)は影像相分の種子であり、(2)は本質の種子である。この二つについては、影像・本質の種子が同時にそれぞれ熏習される時もあり、影像相分のみで本質の種子は熏習されないこともある。たとえば、花瓶を例にとってみると、「花瓶」という認識は影像相分である。しかし、「花瓶」という実体はそこにあるのではなく、地・水・火・風の四塵によって合成されたものであることを、われわれはちゃんと心得ている。それが花瓶の本質であって、「花瓶」を見る時には、「緑色の円い花瓶」という影像相分の種子とともに、土で出来た陶器という本質の相分も同時に熏習されると説く。つまり帯質境である。むろん、それを見ている見分の種子も熏習されることはいうまでもない。

ところで、これが帯質境であるということは、影像相分が種子を熏ずる時に、見分に随い、見分の種子をともなって熏習したり、あるいは本質に随って、本質の種子を熏習したりするからである。つまり帯質境というのは、相分は見分に随う面と本質に随う面とあるわけで、それを雑熏と呼ぶのである。そうはいっても、相分の種子と見分の種子とが混合されるということではない。相分が、一面では見分とかかわり、一面では本質とかかわりながら、それぞれ相分は相分、見分は見分、本質は本質の種子が熏じられる。

しかし、時には影像相分の種子のみで、本質の種子は熏じられぬことがある。その代表例は、前に出た本質を帯する独影境である。無為法を所縁とした場合、相分として捉えられた無為法の種子は熏じられるが、本質である無為法そのものは種子を熏じない。

以上、まとめれば、七転識の熏習は、見分種子の熏習と相分種子の熏習とに大別されるわけである。自己が自己の中に種子を熏習していくのである。それについて、良遍は一つの譬をあげる。怨恨を持つ人の声を聞いた時である。怨みを抱いている人の声を聞いたので、心中に悪心が起きる。その時動いたのは、第一は耳識であり、第二はそれとともに動いた第六意識である。その二識は、「瞋」や「恨」の心所と動く不善の識であり、勝用があるから二識がそれぞれ不善の見分の種子を熏じる。その二識の相分は、怨家のことばであるが、怨家の声自体が相分になるのではない。怨家の声は一つの増上縁――機縁であって、それを機縁として、第八阿頼耶識の種子が現起して相分として捉える。それが本質となる。怨恨を抱く人の声であるから、まず一番根底のところで、理屈も何もなく不快の声として捉えられる。それを本質として、耳識が「瞋」「恨」とともに働き、第六意識がこれまた「瞋」「恨」の思いによって聞くのである。したがって、耳識の見分・相分、意識の見分・相分、本質、すべての種子が不善の種子として熏習されるのである。心も境も不善である。わずか一念の心の動きによっても、これだけ多くの種子が熏習されるのであるから、われわれの日々の生活の中で、自己が自己の中に熏じつけている種子の数は、はかり知れぬものがあると言わざるを得ない。

(3) 所熏処について

此の諸の種子、皆、悉く自心の底に落在す。一《ひとたび》落在し已れば、聖道《しょうどう》を以て断捨するを除くの外、相続流来して猶お、暴流《ぼる》の如し。念念生滅して間断あること無し。其の心底とは即ち是れ第八阿頼耶識なり。此の識、独り諸法の種子を持して失壊《しつえ》せざら令む。余の一切法は皆此の力無し。所以《ゆえ》は何《いか》ん。或は間断《けんだん》の故に。或は転易《てんにゃく》の故に。或は堅密の故に。或は主に非ざるが故に。皆、諸の種子を受容する徳無し。種を持すること能わず。所以に第八心王、独り諸法の種子を持す。

且く一事を指し已ぬ。余は此れに准じて知る可し。


《暴流》 激しい水の流れ。 **《間断》** 断絶。 **《転易》** 善・悪・無記の三性が変わること。 **《堅密》** ものを受け容れぬ堅い性質。 **《主に非ず》** 主体でない。 **《一事》** 怨家の声を聞くという例。


ここには熏習を受け容れる側——所熏処が述べられる。

あらゆる種子はことごとく自心の底に落在する。その心底とは第八阿頼耶識であり、落在した種子は、聖道をもって断捨する以外消滅することなく激しい流れのごとく相続する。

種子を受熏するのが阿頼耶識であって、その他のものは、(1)間断があったり、(2)善悪の性質が変わる、つまり転易したり、(3)堅密であったり、(4)主に非ざるために熏習を受容する資格がない。

『成唯識論』では、熏習を受け容れるものの条件として、所熏の四義 (1)堅住性、(2)無記性、(3)可熏性、(4)和合性）が説かれている（佛教大系本二―八一～八五頁）。この四義を備えたものが所熏処であるといい、それは阿頼耶識だと言う。それに対して『覚夢鈔』は、裏面より阿頼耶識以外の識は(1)～(4)の理由によって、所熏処とはならぬと述べている。(1)阿頼耶識以外は有間断である。感覚（前五識）は、所縁の境のない時や条件の揃わぬ時には働かない。断絶がある。第六意識は、(A)無想天に生まれた時、(B)無想定に入定した時、(C)滅尽定に入定した時、(D)極睡眠、(E)極悶絶（気絶）の時には断絶する（五位無心）。第七末那識は、つねに働く識ではあるが、滅尽定の時には断絶する。断絶したあいだは熏習を受容することができぬから、有間断のものは所熏処の資格を欠くことになる。(2)そのように、善・悪等の性質が変わるものもその資格がない。前六識はきわめて変化しやすい。第七末那識は比較的変わらぬが、見道に入った時には善性に変わってしまう。(3)また変わらぬからといって無為法のような永遠の真理は、人間の心の転変等を一々受け容れたりはしない。(4)また心所は主体性のあるものではないから、阿頼耶識に五遍行の心所が相応はしていても、所熏処となることはないのである。

(4)　非能熏について

一切異熟の心・心所法は、其の性羸劣《るいれつ》にして種を熏ずること能わず。其の法の種子は他識、之を縁ずる相分の中に彼の種子を熏ず。即ち是れ本質の種子なり。其の勝用ある相応の心所も亦、一一彼彼の種子を熏ず。（心）王と異なること無し。其の異熟心、相応の心所も亦心王の如く種を熏ずること能わず。皆、心王に准じて其の相知る可し。

《異熟心》　前業の業果としての無覆無記なる心で、第八識を真異熟、前六識を異熟生という。《羸劣》　弱く劣っている。

心・心所の中でも、異熟生（前業の果として生じたもの）のものは、前業の果体であるから、自分の意志で動くのでなく任運転で性質が弱く、自らは種子を熏習しない。ではまったく熏習しないかというとそうではない。後念の第六識が、前滅の異熟生の心を相分として捉えその種子を熏習する。前滅の異熟生の心は、後念の第六識の相分ではあるが、影像ではなく本質であるから、本質の種子として熏習されるのである。

心所についても、勝用のものは、それぞれがそれぞれの種子を熏習するが、異熟心の場合は、異熟心王と同じで心所も種子を熏習せず、心王と同じように、第六識の相分として熏習されるのである。

第四節　種子の義別

(1)　業種子について

次に業種《ごっしゅう》とは、是の如き三性の諸の心・心所、種子を熏ずる中、善・悪二心の見分、各各《おのおの》善・悪二性の自の後三分の種を熏ず。其の中、思の心所、所熏の自の種子は殊に造作強勝《ごうしょう》の功力《くりき》有り。当来果報の種子を資助して、（即ち是れ一切異熟無記の諸法の種子なり。）当来総・別の果報を生ぜしむ。此の用、専ら思の種子の処に在り。今此の善・悪思種の上の異熟の果報を主ぜしむる功能を名づけて業種と為す。

《業種》 業種子のこと。善・悪によって熏習された種子。第六識相応の思の心所が熏習するものである。**《後三分》** 見分・自証分・証自証分。**《善悪思種》** 善・悪の行為の根源にある思の心所の種子。

ここからさきの問い(2)の答えに入る。

まず「業種子」とは何かが答えられる。善・悪二心の心王・心所の見分が種子を熏習する場合、特に思の心所（遍行）の種子は力が強く、のちの果報への影響力が大きいので、それを業種子という。「思」は造作の義といわれていたように、意志的な作用であり、人間にとって意志、あるいは自覚的行為の占める位置の重要性が示されたものである。この場合の「思」の心所は、第六識相応のものである。その時、見分の種子とともに、自証分・証自証分の種子が一体となって熏習される。業種子は、のちの果報への影響力を持つわけであって、それによってのちの総報・別報がきまる。総報は総体としての果報で、人間であるならば人間という果報をさし、別報は個人個人のうける果報をいう。つまり意志の力によって、自分の未来がきめられてゆくのである。

(2)　名言種子

彼の諸の三性の諸法の種子を総じて皆名づけて名言《みょうごん》種子《しゅうじ》と為す。
①或は名言を聞きて一一の相を変じて熏成する所の故に。
②或は心・心所、能く境相を顕わすこと名言の如くなるが故に。其の所熏種を名言種と名づく。

今此の名言種子は、各各皆自果を生ず。是の故に此れを説きて親因縁と名づく。謂く、色の種子は色の現行を生じ、心王の種子は心王の現行を生じ、心所の種子は心所の現行を生じ、善法の種子は善の現行を生じ、不善の種子は悪の現行を生じ、有覆《うふく》の種子は有覆の現行を生じ、無覆の種子は無覆の現行を生じ、乃至、色中の五根・五塵と心中の八識と、心所の中の作意・触・受・想・思、是の如き等の類、無量の差別一一各《おのおの》爾り。各各の必定《ひつじょう》して観しく自果を生じ、他性・他法の現行を生ぜず。是の故に之を親弁自果、自体弁生の親因縁と名づくるなり。

《三性》 善・悪・無記。 《名言種子》 言語によって熏習された種子。業種子の対。 《親弁自果・自体弁生》 直接的な原因・結果の関係にあること。

善・悪・無記三性の、すべての現象の直接の原因となる種子を名言種子という。これは、基本的には言語を媒介として熏習されるので、「名言」という。これに二種あって、第一は本文①に表わす表義名言種子で、言語を聞いて熏習する種子である。第二は、本文②に表わす顕境名言種子で、能縁の心・心所によって熏習される種子である。

この種子は、色法の種子は色法の現行、心王の種子は心王の現行、善の種子は善の現行というように、現象に対して直接的な原因となるので、親弁自果・自体弁生の親因縁と呼ばれる。

このように因果の関係が等しいので、等流《とうる》習気《じっけ》とも呼ばれ、業種子が善・悪業によって異熟無記の心に影響を及ぼすのと区別される。

一応区別されはするが、二つの種子があるのではない。名言種子の中で、善・悪の強い力を持った種子が、自分の種子を熏習するとともに、第八識や六識の異熟無記の種子を動かす場合、それを業種子と呼ぶのである。異熟無記の種子は、力が羸劣であるから、何かの刺戟を与えられないと現行しない。その刺戟が業種子である。

ところで、名言種子が一切諸法の親因縁であるとはどういうことかというと、われわれの認識は言語を媒介として成立するものが多いことをいうものである。われわれの認識は、鏡が前のものをそのまま映すような簡単なしくみのものでないことはくりかえしみてきたとおりである。われわれはものをみると、それを識別してそのものの名前をおぼえる。そしてその名前によって、次の認識の時には対象を区別し整理して、自分の中にあらかじめ準備している枠組の中に分類して認識してゆく。その場合名前をおぼえることと、名前によって対象を識別することとは、いずれが前、いずれが後とはきめ難いような関係にある。遍行心所のところで、触・作意・受・想の関係としてみたとおりである。その時、ちょっと触れたように、「想」の取像という性格と、名言種子とは深い関係を持つということができるであろう。われわれが、「これは本だ」という認識を持つ時、内側には、ノートでもアルバムでもない「本」という名言が働いていると考えるのである。「本」というような具体的なものにおいてもそうであるから、抽象的な思惟においては、なおさら内側の持つ要因が強くなるのはいうまでもない。言語思惟を超絶した無為法も、われわれは自分の内側に持つ名言によって思惟し推定するのである。そして自分の範囲の理解を持つのである。

(3) 異熟無記の種子

是れを以て異熟無記の種子は異熟無記の果報を生ず。即ち是れ名言種子の随一なり。(A)今此の異熟無記の種の中に①第八識の種子と②相応の五数《しゅ》の心所の種子と③眼等の五根の正根と扶根との二類の種子と④異熟無記の六識の種子と⑤各各相応の心所の種子と皆悉く之あり。(B)其の器界は、四塵を体と為す。若し声を起す時は五塵を体と為す。是の如き四塵・五塵の種子は、内の異熟果の種子に非ずと雖も、亦是れ既に有情所居《うじょうしょご》の外の依処と為るが故に同業所感なり。是の故に名づけて外の増上果と為す。所以に器界・五塵の種子も亦是れ業種の資助する所なり。

《五数心所》 五遍行の心所。**《正根》** 感覚機能。**《扶根》** 感覚器官。**《四塵》** 色・香・味・触境。**《増上果》** 力を与えて強くする因力によって生じた果。唯識では五果（『成唯識論』巻八、佛教大系本四―一六五～一六七頁）を数えるが、異熟果・等流果・離繋果・士用果《じゆうか》以外のすべての果をいう。**《同業所感》** 同業によって感得している共通の果報。『成唯識論述記』では、同業を共業《ぐうごう》と呼び、共中共――山河等、共中不共――自己田宅と説明している（佛教大系本二―一三一頁）。

この一節では、異熟無記の種子がとりあげられる。生命体の連続の面を捉えたものである。昨日の自分も今日の自分も、だいたい似たような存在として、同じような環境世界をもって生きている。それを異熟無記の種子の相続と考えるのである。

善悪業によって生じたのが異熟の自己であるが、業の果としてある自己は無記である。私の生命は善悪業を因として存在してはいるが、生命それ自体は善悪いずれでもない。その無記の種子が、無記の果報を生ずるのである。したがってこれも名言種子の一つである。

これを、(A)自分の生命的存在と、(B)自分をとり囲む環境世界に分けるのであるが、(A)については、①第八阿頼耶識の種子、②第八識相応の五遍行の心所の種子、③五根の正根と扶根の種子、④異熟無記の六識の種子、⑤異熟無記の六識と相応の心所が数えられ、(B)については、器界つまり環境的世界があげられる。(B)は生命的存在そのものの種子ではないが、生命的存在の住むところ——依処であるから、異熟無記の種子を助ける力となる。それを動かすものも業種子である。(A)を正報、(B)を依報といい、あわせて正依二報という。有情の存在している環境は、有情の存在の様態と不可分である。修羅の果報を持つ有情にとっては、住む世界が修羅場なのである。

(4)　能助相について

是の如き果報の諸の無記の種（子）は羸劣《るいれつ》にして独り自ら現行を生ずること能わず。故に必ず他の強勝《ごうしょう》の法の能資助の縁を待ちて方に現行を生ず。理、必然の故に善・悪二類の思業の種子応に随いて彼の総・別報の無記の種に随逐する時、其の善・悪種の強勝の勢力《せいりき》、異熟無記の種子に蒙らしめ、其の異熟無記の種子をして当果を生ぜしむるなり。善・悪二性は法の中に強勝の故に業（種子）は必ず善・悪の二中に局《かぎ》る。其の有覆等はこの勢力無きが故に業を成ぜず。今此の善・悪は、其の正業《しょうごう》を論ぜば思数《しゅ》に在りと雖も然も其の一聚の同時相応の心王・心所も皆此の生を感ずる勢力無きに非ず。業の眷属《けんぞく》をも亦業と名づくるが故に。是れを以て且く其の悪業を造る時、一念の中に多の悪種有り。所謂若し瞋恚《しんい》を起す時、三業の中に於て第六意識の不善の心王と不善五数と及び瞋煩悩と不善の無明《むみょう》と八大随惑と中随の二惑と決定《けつじょう》相応す。所余の心所は時に随いて或は起る。是の如き多法、一一不善なり。一念の中、一時に種を熏ず。この諸の種子は、即時に我が蔵識の中に落在して、当来果報の種子を資助す。念念相続して間断《けんだん》有ること無し。然るに其の中に於て、思の心所を以て業種と為すが故に其の種の功能を殊に業種と名づく。是の如く是の如く、数数《しばしば》資《たす》くるが故に今生《こんじょう》の果報終尽の時、最後の一念命終心の後に次の刹那の中其の資助する所の果報の種子既に悪業の資助を被るが故に其の生じ現ずる所の依・正二報は、皆悉く非愛・醜穢《しゅうえ》・麁卑《そひ》なり。或は是れ地獄、或は是れ畜生、或は是れ鬼道、皆、是れ彼の能資助業の差別《しゃべつ》に任ずるなり。善業は之に翻じて其の業を知る可し。発業《ほつごう》・潤生《にんじょう》は是れ第六識の不共業《ふぐうごう》なるが故に第六識に就いて之を論ずるなり。五識を名づけて随転発業と為す。故に相従して亦之を知る可し。第七は一向に有覆無記なり。第八は一向に無覆無記なり。是の故に皆、発業の心に非ざるなり。故に要を取りて言わば、業種子とは第六相応の善・悪の思の種の異熟無記の種子を助けて果報を生ぜしむるの功能なり。

今此の思の種も亦能く自の思数の現行を生ず。其の辺を名づけて名言種子と為し業種とは名づけず。二辺の功能、混濫す可からず。

《現行》 種子が現実の有為法として現われ出ること。 **《思数》** 遍行の思の心所。意志。 **《眷属》** 一族。親属。 **《悪種》** 悪の種子。 **《瞋恚》** いかり。 **《三業》** 身・語・意業。 **《五数》** 五遍行の心所（触・作意・受・想・思）。 **《最後の一念命終心》** 息を引きとる最後の一念。 **《不共業》** そのもの独自の業。共業の対。 **《随転発業》** 他に随って業を発す。 **《二辺の功能》** 業種子としての作用と名言種子としての作用。思（意志）の種子が他の種子を現起させるという一面は業種子であるが、自分自身の種子を熏じるという面は名言種子である。

過去の業の果報である異熟無記の種子は、力が弱いので自身のみでは単独に現行を生ずることではきない。その種子を助けて現行させるのは、第六意識の思の心所——つまり意志の善悪の強いはたらきかけである。そのはたらきかけるのが業種子である。中心になるのは第六意識の心王とともにはたらく思の心所であるが、それが動く時には、他に第六意識の心王、触・作意・受・想の遍行心所、それに善ならば善の心所、悪ならば煩悩・随煩悩のいずれか等、多くの心所がしたがって動く。それらも皆業種子と呼ぶ。つまり、善・悪のはっきりした意志の動く時には、総体的に善・悪となるのである。もし、いかりを起すという悪業を例として考えてみると、その時には①第六意識の不善の心王、②不善の触・作意・受・想・思、③煩悩の瞋、④不善の無明、⑤八大随惑、⑥中随惑（無慚・無愧）等が少なくとも必ず同時にはたらいている。その上に、時に応じて別境、小随惑のいずれか等も加わるわけである。そしてその一つ一つの種子が、第八阿頼耶識の中に落在して、異熟無記の弱い力の種子を助けて現行させる。すなわち、いかりの行為によって、いかりの自己がそこに現われるのである。果報が尽きて最後の息をひきとる時に、次生の果報となる異熟無記の種子が熏習されるが、その時、愚人はいかりとかうらみ等の思いを抱くので、それが悪の業種子となって無記の種子にはたらき、地獄・餓鬼・畜生道に堕ちることになる。

むろん、善業の場合は善き果報へつながることはいうまでもない。

善・悪業を起し次の生へまで響くのは、第六意識の思の心所である。前五識（眼・耳・鼻・舌・身識）は、自分ではそれだけの力は持たないが、第六意識に随って業を起すので、随転発業という。第七末那識は有覆無記、第八阿頼耶識は無覆無記であるから、善・悪業を起す力はない。

このように第六意識の思の心所は、業を起して異熟無記の種子を現行させる——発業潤生の力があるので、その面を業種子と呼ぶのであるが、同時に善の思ならば善の思の種子、悪の思ならば悪の思の種子を熏習し、その種子は次の善の思や悪の思を生むという一面を持っており、その一面を名言種子というのである。したがって、業種子といっても名言種子といっても、第六意識の思の心所及びその一類の心所に関しては、別のものがあるわけではない。しかし、その作用の違いは混乱させてはならぬのである。

(5) 無漏種子

① 有　姓

菩薩種姓

次に、無漏種子の相に於ては、有情界に於て五乗の種姓法爾に各別なり。其の中に三乗道を得可き者は、其の身体本識の中に於て無始法爾に本と無漏法を生ず可き種あり。此の種姓に於て四類、不同なり。

《無漏種子》 悟りの原因となる種子。 **《五乗の種姓》** 菩薩種姓・独覚種姓・声聞種姓・不定種姓・無性種姓。 **《三乗道》** 菩薩・独覚・声聞の智慧。「道」はここでは菩提＝智慧と解してもよく、そこに到る修行をも含むものとしてもよい。

ここからは無漏《むろ》種子が説かれる。名言種子・業種子は、衆生凡夫の現実相の根拠であったが、無漏種子は汚れのない清らかな佛心である。これを法相教義では種子という有為法の上に捉えていく。一切衆生悉有佛性という理心の上の佛の性質、あるいは悟りへの可能性を求める一乗佛教と性格の違うところである。そして、清浄な心、佛への可能性の根拠を、生滅する有為の種子に求めるため、素質・機根の違いを是認することになる。すなわち、五姓各別の独特の学風がそこに樹立される。

無漏種子のあり方の違いによって、五姓の違いが捉えられる。五姓は、菩薩種姓・独覚種姓・声聞種姓・不定姓・無姓有情である。そのうち、前の四姓はそれぞれ修行をして道果を得る資質をもっている。つまり、本来的に本有の無漏種子を持っている。この無漏種子を持つ四類の種姓は、修行をすれば道果を得ることができる。

一には決定大乗種姓。所謂法爾に唯佛乗三品の種子有り。三品というは、一には下品《げぼん》種、謂く見道の種なり。即ち是れ妙観《みょうがん》・平等二智の種子なり。此の両智に於て亦、各根本・後得二智の種子相分り、生空・法空の単・重の三智の種子不同なり。又智というは、是れ相応の中の一数の名なり。無漏位に於ては、智強勝なるが故に勝に従って名と為す。

実に拠って論ぜば、且く一の妙観察智の中に就いて総じて論ずるに具に二十二法有り。所謂、無漏の第六心王と遍行と別境の各五と、及び善の十一と是れなり。因位には亦無漏の尋・伺有り。若し之を併せば二十四なり。此の二十四法各皆四分を具す。其の相分の中、応に随いて亦五塵等の法有り。是の如き諸法一一の種子、各各皆一妙観察智《みょうがんざっち》の種子の中に在り。委細に論ずれば是の如く多くの種子の数有るなり。其の平等智は、因位の中に在りては有為の諸法を縁じ、或は縁ぜずという解釈往往にして学者の意、別なり。

若し諸法を遍縁する義に依れば、一智品の中所有の種子は観察智の如し。若し唯八と如とを縁ずるの義に依れば、此の智品の中亦本と後と有り。其の相応法も亦、二十二なり。此れ等は上の如し。但し其の尋・伺は定めて倶ならざる応し。故に彼の二を除く。此れ等の種子も亦一一在り。(下品の種子大旨是の如し。)

《決定大乗種姓》 必ずきまって大乗の素質を持ち、大乗の果を得る機根のもの。菩薩種姓。**《佛乗三品の種子》** 佛果を成じ得る三種の種子。「三品」は上品・中品・下品。以下に述べられる。**《妙観》** 妙観察智。一切の対境をくまなく明瞭に観察する智。第六意識の転換したもの。**《平等》** 平等性智。平等の理性を証し我他彼此の差別を超えて一切法を平等に観る智。第七識を転じて得るもの。**《根本》** 根本無分別智。**《単・重》** 生空・法空をそれぞれ別々に観察するのが単。重は両方を兼ねたもの。**《相応の中の一数》** 「相応」は心所。心所の中の一つ。つまり慧の心所。**《唯八と如》** 「八」は第八識、「如」は真如。

決定大乗種姓、つまり菩薩種姓には、佛果を成ずる無漏種子が備わっているが、その無漏種子を、下品・中品・上品の三品に分ける。

まず下品の無漏種子とは、見道の無漏智を起す種子である。すなわち、見道では妙観察智と平等性智の二智が起きるのであるが、第六識に妙観察智を、第七識に平等性智を発す種子をいう。さらに、それぞれに根本智を起す無漏種子と、後得智を起す無漏種子とがあり、また生空を観ずる内遣有情仮縁智、法空を観ずる内遣諸法仮縁智、二空を観ずる遍遣一切有情諸法仮縁智の三智の種子等がある。それらを全体的に下品の無漏種子という。「……智」というのは、基本的には別境の慧の心所ではあるが、無漏位にあっては、決断する智の性格が強いので「智」と呼ぶのである。

厳密に言えば、一つの妙観察智の中に二十二法がある。すなわち、⑴無漏の第六の心王、⑵相応の遍行の五、⑶相応の別境の五、⑷善の心所十一、合計二十二法である。佛果を成ずる以前の菩薩の段階にあっては、尋・伺の心所も働くので二十四法となる。佛にあっては、説法のための尋・伺も無功用になるので、尋・伺の働きは消えてなくなるが、因位にあっては説法の時に働くのである。しかも二十四法の一つ一つに、見分・相分等の四分があり、所縁の五塵等も当然ある。それぞれがそれぞれの種子を持つわけであって、その全体を妙観察智というのであるから、一言に妙観察智といっても、実に多くの種子を内に摂していることになる。

平等性智についてはどうであろうか。平等性智は、第七識を転換して得る無漏智であるが、一切諸法を平等に見る智慧で慈悲の根本となる。因位にある時、何を縁ずるかについて二説がある。一説は有為法をも縁ずるとするものであり、一説は第八識と真如のみを縁じて、有為法は縁じないとするものである。前説に立てば、妙観察智と同じ構造となる。後説によれば尋・伺がなくなるから、二十二法のみということになる。第八識と真如とのみを縁ずるとする限り、説法は不要であるから、尋・伺も働くことはないのである。この二説について、良遍は本文の中で取捨選択をしていないが、『成唯識論』の正義は前説にある。巻四に「(第七識は)転依し已れば亦真如及び余の諸法をも縁ず」(佛教大系本三―一二頁)とあるとおりである。

このように、ひとくちに妙観察智とか平等性智とかいっても、種子論の立場に立ってみると、このような複雑な構造のものとして捉えられるのである。

次に中品の種は即ち修道の種なり。亦是れ妙観・平等の二智品の種子なり。委しき旨は前の如し。但し其の勝劣を二品の別と為す。

次に上品種は、所謂即ち是れ佛果の種子なり。此れ即ち四智品の種子なり。四智と言うは、其の実義を論ぜば即ち無漏の八識聚なり。相応の智に従いて総じて智の名を立つ。是の故に之を開けば即ち八智なり。

一には無漏の眼識相応なり。此の中具に二十二法有り。乃至無漏の身識相応なり。此の中にも亦二十二法を具す。今此の二十二法の中、慧の心所を標し総じて名づけて成所作智と為すなり。所以に此の智に五箇の智有り。

六には無漏の第六相応。此の中にも亦二十二法を具す。

七には無漏の第七相応の二十二法なり。

八には無漏の第八相応の二十二法なり。

各《おのおの》其の中の慧の心所の名を標して、次の如く名づけて、妙観察智・平等性智・大円鏡智と為す。今此の八識の二十二法、各各一一、四分を具足す。其の相分の中、即ち無辺の相好《そうごう》・光明・浄土等の体・根・塵等の法有り。即ち是れ一一の後得智の境なり。其の根本智は、相分有ること無し。真如の理を以て境界と為すが故なり。

其の浄土は、即ち無漏の四塵を以て体と為す。宮殿・楼閣・華池・宝樹・長・短・方・円・滑・渋・麁・細等の種種の形は此の四塵の上の仮相なるが故に別に之を論ぜず。或る時は声を加え五塵を体と為す。所謂、波声・風響等の起るも亦其の体なるが故に。

其の相好は、無漏の五根・五塵を体と為す。五根に於ては正根と扶根と有り。扶根は亦四塵を以て体と為す。浄土の体の如し。正根は即ち是れ大種の所造にして無漏清浄微妙の色法なり。其の光明等は偏えに色塵の所摂なり。是の如き種種衆多の法体、一一の種子皆此の上品種子の中に在り。（上品の種子、大旨是の如し。）今此の三品の浄妙の種子は無始より法爾に皆悉く具足して本識の中に在り。（巳上菩薩種姓の人、所具の種子委細の相なり。）

《四智》　成所作智・妙観察智・平等性智・大円鏡智。　《四塵》　色・香・味・触境。

菩薩の中品の無漏種子は修道の種子である。内容的には、見道に発現した下品の種子と同じく、妙観・平等の二智の種子であるが、修道に働くものを中品とするのである。

さて、最後の上品の無漏種子というのは、佛果の種子である。具体的には佛果に完全に具備される四智（成所作智・妙観察智・平等性智・大円鏡智）の種子をいう。しかし四智というのは、無漏の八識以外の何ものでもないから、八智ということもできる。すなわち、第一は前五識の転換した成所作智である。これは体は五識であるから、厳密にいえば成所作智は五箇の智があることになる。第六番目の智は、無漏第六識の上に働く妙観察智であり、第七番は無漏第七識の上に働く平等性智、第八番の智は、無漏第八識の上に働く大円鏡智である。それぞれの識体の上の慧の心所を智と呼ぶのである。その一つ一つに、前にみたような二十二法があり、それに四分があり、また無辺の相好を備えた身体や、光明に充ちた浄土の境がある。もっとも、境は後得智の境であって、根本智には境はない。根本智というのは真如と冥合するのみであるからである。

さて、無漏智の前に現前する宮殿・楼閣・華池・宝樹等は、無漏の境である。無漏の四塵（色・香

・味・触境）の時もあり、声が加わわって五塵のこともある。
佛の相好は、無漏の五根・五塵を体とする。
いずれにしても菩薩の本有無漏種子の発現したものである。

独覚種姓

二には決定独覚種。此の人も亦三品の種子有り。所謂見・修・無学道の種なり。此れ即ち第六識相応の中の生空無漏の本・後二智の一分の種子なり。此れも亦二十二法等と倶なり。其の体上の如し。若し佛智に対せば即ち妙観察智の中の生空無漏の一分の功能に当たる。其の後得智は極めて狭劣たり。広縁の用無きが故に一切種智と名づくることを得ず。

《**独覚種**》　梵語 Pratyeka-Buddha の訳。自分自身は無師独悟して道を究め清浄な人格を完成しているが、利他の心を持たず寂静な孤独に住する。《**無学道**》　究極的な悟りの境地で、もう学ぶべき何ものも残っていない位。ここは小乗の無学道で阿羅漢果をさす。《**広縁の用無し**》　独覚には利他心がないため広縁の用がない。独覚は横には三千世界、縦には八万劫を縁ずるのみで、それを超えることはないといわれる。

無漏種子を持つものの第二は独覚種姓である。これにも下品―見道、中品―修道、上品―無学道の三品がある。第六識相応生空無漏の根本智と後得智の一分の種子である。法空智はない。二乗は法空を観ずることはないからである。その他は前の決定大乗種姓と同じい。ただし妙観察智の後得智は、佛智の広大に比べれば狭劣である。

声聞種姓

三には決定声聞種姓。無漏の分斉大旨は、独覚種姓に異ならず。但し差異は七異有り。其の相、常の如し。

《声聞種姓》 梵語 śrāvaka の訳。佛の説法を聞いて悟るもの。独覚と同じく利他心を欠く。独覚とあわせて、一向趣寂という。 **《七異》** 声聞と独覚の七つの差異。

無漏種子を持つ者の第三は、決定声聞《しょうもん》種姓である。独覚が無師独悟するのに対して、声聞は佛陀の説法によって証悟する。内容的には独覚とほぼ同一であるが、七つの相違点が数えられている。「七異」は『法華玄賛』に上図のように(1)根本不同、(2)依佛・自出不同、(3)藉教・観佛不同、(4)観諦・縁起不同、(5)四果・一果不同、(6)練根時節不同、(7)説法・神通不同があげられている（大正三四・七四九・中）。

	声聞	独覚
1	鈍根	利根
2	佛の声教を聞いて証悟	無師独悟
3	教による	観佛による
4	四諦を観ずる	十二因縁を観ずる
5	預流等の四果を経る	ただちに無学果に至る
6	三生・六十劫	四生・百劫
7	説法	神通

不定種姓

四には不定種姓。この人は、三乗種姓各々の三品の無漏種子を具足す、上に準じて知る可し。

無漏種子を持つものの第四は不定種姓である。この種姓の人は菩薩・独覚・声聞の種子を持ち、小乗から大乗へ、あるいは声聞より独覚へ等の転向をみせる。一つの種姓に決っていないので不定と呼ぶ。

四姓について

今此の四類の種姓の中、第一の種姓を名づけて頓悟と為す。直ちに大乗に入りて迂廻《うえ》せざるが故に。第四の種姓を名づけて漸悟《ぜんご》と為す。先に余乗を経て漸に大に入るが故に。中の二の種姓を名づけて定姓二乗の人と為す。一向に寂に趣いて無余に入るが故に。此の外にも亦、菩薩・独覚の二姓を具足し、菩薩・声聞の二姓を具足し、声聞・独覚の二姓を具足する種種の人有り。初めの二は即ち是れ不定種姓なり。決定廻心して大覚を求むるが故に。後の一も亦定姓二乗なり。二乗の中には不定姓なりと雖も大乗に望むれば定姓二乗なるが故に。此れ等無漏法爾の種子は、無始以来有漏第八識の中に在りと雖も本姓は殊勝・至明・妙善にして煩悩の勢力の汚す所と為らず。苦果の異熟性の摂と為らず。但是れ第八本識に依附し前滅後生して展転《ちんでん》伝来す。

《第一の種姓》 決定大乗種姓のこと。この種姓の人は、小乗の修行を修することなく、最初からただちに大乗菩薩の自利利他の修行に入るので頓悟の菩薩といい、また直往《じきおう》の菩薩ともいう。《余乗》 大乗以外の教え。《無余》 無余依涅槃のこと。「余依」は残余の依身。心中の煩悩もその依身も滅無した状態。身心ともに輪廻から解脱した涅槃。

無漏種子を有する四種の種姓のうち、第一の決定大乗種姓を、「頓悟」の菩薩と呼び、第四不定姓の中で、小乗より大乗へ廻心転向するものを「漸悟」の菩薩という。第二独覚、第三声聞を定姓《じょうしょう》二乗とする。この二類はひたすら自分ひとりの証悟を目標とし、無余依涅槃に入るので、一向趣寂という。

不定姓は、詳細にみると菩薩・独覚の二姓、菩薩・声聞の二姓を持つ者に分けられ、いずれも小乗より大乗に廻心するので不定姓と呼ぶが、声聞・独覚の二姓を具する者は、たとえ声聞より独覚へ転向しても、小乗の中でのことにすぎぬので、大乗の眼からみれば廻心転向とはみられず、定姓二乗の中に含めてしまう。

これらの無漏種子は、有漏第八識の中に存在しているけれども、殊勝・至明・妙善で、有漏の識とは根本的に性格が違うので、第八識と一体となって摂在されているのではない。第八識に依附《えふ》して存在し保持されているのである。

この無漏種子の第八識依附論は、法相教義独特のものである。無漏への根拠を佛性とか如来蔵等に求めず、種子の一種とする限り、その熏習される場所が必要となる。しかし第八識は、現実的には清浄でもなく、不生不滅の無為法でもない。そうすると、まったく次元を異にした無漏種子をどこに位置させるか。法相教義は第八識に依附していると解するのである。つまり、有情は生・住・異・滅する有為法である。したがって、たとえ永遠不変の真如につながる無漏清浄の佛への可能性があったとしても、有情の中にあるものは有為法の枠を起えることはない。有限な有情の中には生滅を超えたものは一片もないのである。これが他の如来蔵佛教や一乗佛教と違うところである。有漏雑染の有限なる自己が、いかにして常住不変の清浄なる佛につながるかという究極の問題が、「依附」という形で捉えられているのである。

② 無　姓

其の無姓の人は欠けて此れ等の無漏の種子無し。然も人・天の勝妙の果報を以て至極と為すなり。

《人・天》　六道の人間・天上をいう。

第五は無姓である。無姓とは、無漏種子のない有情のことである。したがって、人・天の果報を得るのが限界であって、佛界にふれることはできない。

この無姓を立てるのは、大乗佛教の中で法相教義唯一であり、これが悉有佛性・一切皆成佛の立場に立つ他の大乗佛教との間に多くの論義をよぶことになった。

③ 五姓についての問答

教証についての問答

問う。五姓各別は余家に許さず。今自宗の意、何の至極決定の文・理を以て之を成立《じょうりゅう》するや。

答う。有為の人・法は法爾に差別す。法の中所有の蘊・処・界等は既に法爾に別なり。人中の三乗・五姓等の別、何ぞ爾らざらんや。若し法の中に衆多の差別を許して人の中に種種姓を許さずんば、彼・此の異因得べからざるが故に。是れを以て『深密』『楞伽《りょうが》』『勝鬘《しょうまん》』『涅槃《ねはん》』等の大乗経、『瑜伽《ゆが》』『顕揚』『荘厳《しょうごん》』『佛地』等の諸大乗論に明らかに法爾五姓の不同を立つ。有姓・無姓・三乗定姓は諸教の所説実に以て煥然たり。中に就いて『深密』には明らかに一乗を会して五姓を立つ。『涅槃』には詳かに皆成を以て不解我意と為す。一生補処《いっしょうふしょ》の大聖慈尊、佛意を弘宣して更に八義を立つ。無著菩薩・世親菩薩、慈尊に稟承して十因を開く。皆一乗を会して五姓を弘むるなり。一宗の伝灯の人皆知る所なり。若し爾らば有・無の二姓は倶に聖の所説なり。更に何の故有りてか有姓を許しながら無姓を許さざるや。三乗の衆生は皆乗の所被なり。更に何の由有りてか大乗の定姓を許しながら二乗の定姓を許さざるや。此れ等の教理皆盤石の如し。誰人か動ずることを得ん。

若し『法華』等の皆成説を以てその証と為さば、我は『深密』等の五姓説を以てその誠証と為《せ》ん。若し『法華』の開三顕一を以て其の由と為さば、我は『深密』の会《え》一立五《いちりゅうご》を以てその所由と為ん。若し『法華』の説相厳重を以て余教の徳に超過すと為さば、『深密』は華蔵《けぞう》世界の所説、教主は即ち是れ盧舎那《るしゃな》佛、正機は即ち是れ観音・弥勒等の諸八地已上の大士、一部五巻正宗七品、文文悉く性・相の奥底を尽くし、品品自ら究竟了義と称す。十八円満の報土に在りて不了教を説きたもうは是れ何の為ぞや。至極深位の大士に対して浅近門を演べたもうは亦何の用ぞや。何に況や『法華』には三乗を会《え》すと雖も、未だ五姓を会せず。『深密』には分明に一乗を和会《わえ》す。『法華』には未だ大乗の性・相を説かず。『深密』には詳かに回向菩提の声聞の成佛を説く。両教の隠顕思いて之を知る可し。文理繁しと雖も大都是の如し。

《文・理》 証文と道理。教証と理証。**《彼・此》**「彼」は法、「此」は人。**《異因》** 人・法を分ける理由。**《煥然》** はっきりしている。あきらかである。**《不解我意》** 佛の真意を理解していない。『大般涅槃経』「迦葉菩薩品」中の語（大正十二・五六九・上）。**《一生補処》** 一生だけ一処に繋縛されていること。弥勒菩薩は五十七億六千万年後（異説もあるが）に下生するため、現在兜率天に住しそこに繋縛されているとする。**《慈尊》** 弥勒菩薩のこと。**《八義》**『大乗荘厳経論』に大乗佛教が正説である八つの理由をあげている。(1)不記、(2)同行、(3)不行、(4)成就、(5)体、(6)非体、

⑺能治、⑻文異（大正三一・五九一・上）。⑴大乗経典が偽りであるならば、佛陀はどこかにそれを記しておられるはずであるのにどこにも記されていない。⑵小乗が是認されるならば、併行して大乗経典があるべきである。⑶外道がこれを修しないのは、これが深広の佛説である故である。⑷大乗は釈尊以外の佛の説とするならば、それも佛の説ということになる。⑸他の佛には大乗の体があり、この佛には体がないということはありえぬ。佛である限り同じである。⑹は前の⑸の反対。⑺は大乗の修行は諸煩悩を対治する。真説の故である。⑻大乗の説は意趣甚深であるから、文章の表面のみで理解して批判しても当たらぬ。**《十因》**『摂大乗論』の説（大正三一・三七七・下～三七八・上）。ただし十因の項目ははっきりしていない。『顕揚聖教論』には、「一先に記別せざるが故に。二今知るべからざるが故に。三多く所作あるが故に。四極めて重障の故に。五非尋伺の境界の故に。六大覚を証するが故に。七第三乗の過失無きが故に。八此れ若し無くば一切智無き者の成ずべき過失あるが故に。九これを縁じて境となし理の如く思惟すれば一切の煩悩を対治するが故に。十言の如く彼の意を取るべからざるが故に」（大正三一・五八一・中）とあり、『大乗法苑義林章』にも引用されている（大正四五・二六五・下）。**《開三顕一》**一乗が真実で三乗は方便であることをうちあけること。天台教学の語。**《会一立五》**一乗は方便で、五姓各別こそが真実であるとする。**《十八円満》**受用身の浄土の徳を称えていう語。「十八」とは、『佛地経論』に「顕色円満・形色円満・分量円満・方所円満・因円満・果円満・主円満・輔翼円満・眷属円満・住持円満・事業円満・摂益円満・無畏円満・住処円満・路円満・乗円満・門円満・依持円満」とある（大正二六・二九二・中～下）。**《不了教》**方便の教え。**《性・相》**「性」は不変平等絶対の本性、真理。「相」は変化差別相対の相状。**《回向菩提の声聞の成佛》**漸悟の菩薩の成佛のこと。

五姓各別説が正義であることを、根拠となる経論と道理とによって論証する。

根拠となる経論は、『解深密経』『楞伽経』『勝鬘経』『涅槃経』『瑜伽論』『顕揚聖教論』『大乗荘厳経論』『佛地経論』である。現実の有為の世界は、五蘊・十二処・十八界・三乗・五姓等千差万別ではないかというのである。

『解深密経』「無自性相品」には「一切の声聞・独覚・菩薩、皆ともにこの一妙清浄道なり。皆同じくこの一究竟清浄にして更に第二無し。我これに依っての故に密意をもって説きて唯有一乗と言う。一切有情界中に種種の有情種姓あること無きにあらず。或は鈍根性或は中根性或は利根性の有情差別す」（大正一六・六九五・上）とあり、唯有一乗を説きながら、しかもその上に五姓の差別相をみるべきことを説いている。『涅槃経』には、「我意を解せずして種種の説をなす。……悉有佛性といい或は無という」（大正一二・五六九・上）とあるように、悉有佛性は我意を解したものではないと言われている。弥勒菩薩は『大乗荘厳経論』に八義をあげて大乗の正義を証明し、世親菩薩は十因を説いているが、その中にあるように、有性の種姓があるならば、当然併行して無姓も許さるべきである。大乗の定姓があるならば、二乗の定姓も許されなければなるまいというのがその理由である。

もし、『法華』は一切皆成佛を説き、開三顕一を主張しているというならば、『深密』は五姓説を説き会一立五を立場とする。もし『法華』が説相にすぐれて他の教えに超過するというならば、『深密』も華蔵世界で盧舎那佛が観音・弥勒等の大力の菩薩のために説いたものであって、少しも劣るものではない。いわんや『法華』は三乗を一乗に融会してはいても、五姓には触れていない。『深密』は五姓を説きながら一乗を和会している。『法華』は諸法の性・相を説かない。『深密』は声聞の成佛を説いている。これら幾つかの要素を比較してみるとわかるように、いずれが完全に佛意を顕わし、いずれがそうでないか明瞭であろう。

この一節にも、法相教義の抱く『法華』への主張がよくみられる。

凡情の疑惑についての問答

問う。凡心は自ら種姓を知ること能わず。那んぞ、我は定姓・無姓に非ずと知らん。若し佛性無くんば佛道を修するも無用なり。若し爾らば五姓教を習学する人は常に此の疑有り。豈に大難に非ずや。只、皆成佛宗を学んで決定の想を成ぜんに如かず。是れも亦佛説にして大聖の所伝なれば尤も依学するに足る。

答う。今の所論は是れ宗の権・実なり。今の所問は是れ愚人の想なり。豈に愚者の疑に依って法門の権・実を決せんや。其の迷を愍《あわれ》んで其の実を隠すは即ち是れ方便引誘門なり。其の実を顕わして其の理を尽くすは即ち是れ真実顕了教なり。宜《うべ》なる哉。五姓の妙理、華蔵の秘説たることを。但し自身の種姓に於ては、若し真実の覚知を論ぜば但、是れ諸佛の境界なり。若し随分の信解《しんげ》を謂わば、教相の施設に任す可きなり。所謂本論・瑜伽等の中に広く本性住種姓《ほんしょうじゅうしゅうじょう》の相と説く。之を披て静かに思え。我が身の心行、其の相有りや否や。又同じく広く無種姓の相を説く。之に臨んで己れを計れ。亦前に説くが如し。「阿陀那の教は我凡愚に於ては開演せず」とは本経の所説なり。唯識説の中に凡愚を釈して云く、「凡は即ち無姓。愚は即ち趣寂」と。今此の教を学んで、此れに依って深く大菩提を求むる人豈に是れ趣寂・無姓の類ならんや。信ずると雖も、其の心深固に非ざれば是れ具縛の習いなり。此の為に、懈怠《けだい》ある者は他宗の学者も亦爾なり。誰人か最初始学の位に広大堅固の信を起さんや。

凡そ宗の権・実は凡智計り難し、皆是れ法界等流《ほっかいとうる》の教なり。何んが定めて浅近、何んが定めて深遠ならんや。其の高祖は皆大聖の権化なり。其の所依は如来の金言なり。何に況や補処の慈尊に於ておや。何に況や舎那の極説に於ておや。大聖慈尊、権門の教を弘むとは会通《えづう》の路を失するの戯言なり。華蔵世界、不了教を演ずとは自ら言非を顕わすの妄談なり。

夫れ大聖の教は必ず機を待って応ず。正法千年の内、学慧識盛《しじょう》の時、補処《ふしょ》、故《ことさ》らに人間に降りて、有・空の両見を破せんが為に無著等の深位の大士に対して中道甚深の極理を演説す。何の所以あってか是れ権教ならんや。若し之を権教と為さば、補処の慈尊豈に遂に実義を説かずして止めんや。若し根機未熟と云わばその機何れの時にか熟すことを得べけんや。若し皆成佛道の学人は是れ其の純熟の根機と云わば、慈尊、爾の時に於て降下して彼に対して真実教法を説く可し。何ぞ然らざるや。加之《しかのみならず》、『法華』に四車を説くは我が宗許さず。『解深密経』に五姓を説くは、他宗之を許す。何れか極成の教、何れか不成の宗、彼・此校量して優劣を知るべし。

是の如く対望《たいもう》重重委曲なり。設い他家なりと雖も執無く信ある清浄正見の人は定めて思量に及ばん歟。之に依って清弁《しょうべん》菩薩、猶お、以て決智を逸多《いった》の暁に期す。況や已下の輩をや。是の故に種姓有無の疑、甚だ無用なり。只、無益の労疑を止めて、了義究竟《くきょう》の教を信学せんには如かず。

《随分の信解》　それぞれの分限に随った信解。**《本論》**　『成唯識論』。**《本性住種姓》**　本来的に具備する佛への素質。『成唯識論』には「無始よりこのかた本識に依附し法爾に得るところの無漏法の因なり」(佛教大系本四―三六八頁)とある。**《本経》**　『解深密経』のこと(大正一六・六九二・下)。**《唯識論》**　『成唯識論』巻三(佛教大系本二―三〇三頁)。**《具縛の習い》**　煩悩に繋縛されたことの余習。**《法界等流》**　佛の清浄法界よりまっすぐ流れ出た教え。「法界」は梵語 dharma-dhātu の訳で真実界、真如をいう。「等流」は同等流出の義で、因と果とが同じ性質でまっすぐつながっていること。**《高祖》**　宗祖のこと。ここでは特定の人をさしてはいない。**《大聖》**　佛。**《舎那》**　盧舎那佛。『解深密経』の教主。**《大聖慈尊》**　弥勒菩薩。**《会通》**　相違しているものの間に共通点を見出して融和させること。**《機》**　佛の教えをうけるものの素質。**《補処》**　弥勒菩薩。**《四車》**　羊車(声聞)、鹿車(独覚)、牛車(菩薩)、大白牛車(佛)の四車のこと。『法華経』「譬喩品」に出る。天台教学では方便で説いた牛車の他に、大白牛車＝一佛乗があると説く。それを四車家という。それに対して法相教義では、牛車がそのまま大白牛車であるといい、それを三車家という。**《校量》**　比較検討する。**《清弁菩薩》**　Bhāraviveka 四九〇―五七〇年頃の人。インド中観派の学僧。『大乗掌珍論』『般若灯論』等の著作がある。護法と教義上の論争を持ったといわれ、護法清弁空有の諍《あらがい》と呼ばれる。法相の側からは「大乗遣相空理為究竟者（『成唯識論』、佛教大系本二—三四八頁）、偏空執者として批判の対象にとりあげられる人である。

《逸多の暁に期す》　「逸多」は梵語 Ajita の音写。弥勒菩薩のこと。打ち負かされぬものという意。清弁は弥勒菩薩下生の日を待って、そこで教義の真偽を決めようと、阿素洛《あそら》宮に住して待機しているといわれる。『大慈恩寺三蔵法師伝』巻四に「（清弁）論師、阿素洛宮に住す。慈氏菩薩の成佛を待って疑を決するを擬する処なり」（大正五〇・二四一・中）とある。

五姓各別を是認した場合、こんな疑問が起きる。それは、凡夫は自分自身の種姓を知ることができぬから、自分が有姓か無姓かわからない。自分がもし無姓であるならば、結局佛果を成ずることができぬから、修行がまったく無意味となる。そうだとするならば、一切皆成佛を説く教えにしたがった方が安心である。一切皆成佛の教えも佛説であるから、学ぶべき教えと思われるがどうかという質問である。

答え。前に述べたのは宗旨の権・実であって、その質問は真意を得ぬところから出たものにすぎぬ。愚者の疑問によって、権・実が決められるのではない。その迷いに対して方便引誘門が説かれるのであり、真実をそのまま顕わすのが真実顕了門である。そして真実は五姓各別にほかならない。自分が何姓であるかということは、教相にしたがって考えるべきである。『成唯識論』や『瑜伽論』には、先天的に本来具備している本性住種姓が説かれ、また無種姓の相も説かれている。それに照らして自分を深く思いみるべきである。『解深密経』には、阿陀那（第八識の異名）の教えは凡愚には説かないと言われている。唯識の教えを聞き、大菩提を求める心を持つ限り趣寂二乗や無姓であるはずはない。

大菩提の堅固ではないのは、煩悩に縛られての余習であって、無姓だからではない。懈怠のあるのも誰もが初めはそうなのである。

教えの権・実も、凡夫が勝手に計量すべきものではない。それぞれの宗の開祖たちは、皆佛世尊の権化であり、皆そろって如来の金言を所依とするのであるが、わが宗の開祖弥勒は、一生補処の菩薩であるからましてのことである。大聖慈尊が、権門・不了教を演ずる等というのは戯言妄談にすぎない。大聖慈尊は、機を待って無著等に中道教を説かれたのであるから、権教であるはずはない。

しかも、『法華』は羊・鹿・牛・大白牛の四車を説くのに対して、『解深密経』は五姓を説く。いずれが完全であるかは比較して知るべきである。清弁菩薩は、教えの真偽を決するために阿素洛宮に入定して、弥勒の下生を待っているといわれるが、それは唯識中道教が真実であるからである。だから、自分が何種姓なのかというような無駄な疑問は捨てて、ただひたすら了義究意の教えを信学すべきである。

五姓各別説を是認すると、では一体この自分は何姓に属するのかという疑問は、真面目に佛教を学ぶ人にとっては切実な問題となる。玄奘自身それに悩み、インド留学中佛に念じてそれを知ろうとしたことがのちに出てくる。しかし、その問いに対する答えは、良遍のいうように、了義究竟の教えを信学するということになろう。教えの浅深や己れの機根についてのとかくの疑問や論義は、所詮凡夫の校量にすぎないのであって、およそ正法を信学する態度とは隔絶するものであるといわなければならぬのである。

五姓の道理についての問答

問う。⑴五姓の道理猶お未だ分明ならず。重ねて詳かに成立《じょうりゅう》せよ。

⑵次に真如の理は万法の所依、法の之に従うて起らざる無し。若し爾らば是れ即ち諸法の種子なり。何ぞ煩しく別に有為の種子を立つるや。

⑶中に就いて(A)有漏の第八は其の性、異熟無記なり。無漏の種子は本来善性なり。豈に有漏無記性の法、横《ほしいまま》に無漏清浄の種子を以て生果の功能と為すべけんや。(B)何に況や一切の種子は皆是れ第八所縁なり。未だ知らず、無漏の種も亦彼の所縁なる歟。(C)若し爾らば云何ぞ有漏心、無漏清浄の相分を変ずるや。(D)若し爾らずんば無漏の種子は識の自相等の五種の唯識にはこれ何の所摂ぞや。(E)若し五種の外ならば無漏の種子は唯識成じ難し。

⑷次に無姓の有無猶お以て疑惑有り。凡夫の学者何の方便を以て審決することを得んや。本論所説の本種姓の相は性と為して六度の心相を具足すという。若し我が身に於て其の一相を闕かば即ち是れ無姓の人為る応き歟。若し爾らば信じ難し。慳・貪・嫉妬は凡界の常の習い、懈怠・散乱は愚者の定相なり。教の如きの人甚だ以て有り難し。豈に一切人、佛性無からんや。

《五種の唯識》 法相教義では、一切法が識を離れぬので一切唯識というが、それを五種に分けて、⑴心王は識の自相であるから、⑵心所は識に付随して働くものであるから、⑶色法は識の所変のものであるから、⑷不相応行法は識と色法との上に分立されたものであるから、⑸無為法は識の自性であるからというように、五位の一つ一つについて不離識であることを確認する。それを別門唯識あるいは五種唯識という。『成唯識論』巻七（佛教大系本四―三二六頁）。 **《本論所説》** 『成唯識論』巻九の唯識位、資糧位において、すでに菩薩行を修することが説かれている。 **《六度》** 六波羅蜜行。

五姓の道理について四問が設けられる。

第一問。五姓の道理について充分理解できたとはいえない。さらに詳しく論証するとどういうことになるのか。

第二問。真如は万法の所依である。一つとして真如より起きぬものはない。とすると真如は諸法の種子といってよい。有為の種子を別に立てる理由はどこにあるのであろうか。

第三問。有漏の第八阿耶識は、異熟無記性のものである。それに対して、無漏の種子は善性である。とすると、(A)有漏・無記性の第八識の中に無漏種子があるのは道理にあわないのではないか。(B)一切の種子は第八識の所縁であるといわれるが、無漏種子もそうなのか。(C)もしそうならば、有漏の第八識がどうして無漏の相分を変縁できるのか。(D)もしそうでないというならば、無漏種子は自相等の五種の唯識のどこに入れられるのか。(E)もし五種の中に入らないとすると、無漏種子は唯識の教義の中にくみいれられなくなるのではないか。

第四問。有種姓・無種姓の教説について疑問がある。本来的に佛への素質を持つ本性住種姓のものは、自ら六波羅蜜行を修するといわれるが、もしその一相を欠くならば、無種姓ということになるのか。もしそうならば、凡夫は誰しも慳・貪・嫉を持ち、愚者は懈怠・散乱が常態であるから、教えの如く行ずるものは一人もないことになる。一切の人間に佛性がないというようなことがどうしてあり得ようか。

第一問に対する答え

答う。有・無二姓の随一の摂の故に、乗所被の故にという是れ至極の理なり。深く之を思う可し。豈に己が楽《ねが》いに順ずるを以て之を判じて実教と為し、己が楽いに順ぜざるを以て之を判じて権教と為んや。謂く法の実理は本、迷情に違す。只、須く分明の理を依信すべし。全く欣・厭に任すべからざるが故なり。

五姓、特にこの場合、有姓と無姓の問題が最も重要なこととなるが、有姓を許す以上、無姓はそれに対応する存在として許すべきである。有と無とは相対する概念であるからである。真理は凡夫の迷情を超えたものであって、凡情をもって自分の願望に添うものを実教とし、添わぬものを権教とするのではない。法の真理は、凡夫の迷情をはるかに超越したものである。欣・厭の迷情等によって判定さるべきものではない。

第二問に対する答え

然るに今其の源を尋ぬるに因縁所生の法は体事必ず衆多なり。体事衆多の法は必ず是れ因縁生なり。体性一味の法は定めて因縁生に非ず。因縁性に非ざる法は体性定めて一味なり。是れ即ち各各差別《しゃべつ》の相なり。其の差別の相は親因縁に依るは法爾として一味に非ず。若し一味の法は体性常住にして前後転変の義あること無きが故に是れ諸法の親因縁に非ざるなり。是れを以て法の種種差別無始法爾なるが如く人の中の所有《あらゆる》種種の差別も亦応に是の如く無始法爾なるべし。彼・此倶に同じく有為の事相にして皆因縁生の相用なるが故に。而るに其の差別の親因縁とは即ち是れ有為の本・新の種子なり。若し有為の種子に非ずんば親因縁の義得べからざるが故に。真理は既に是れ無相・常住一味の法性なり。豈に有相・転変・衆多事相の法に望めて親弁自果、自体弁生の親因縁ならんや。所以に有為の種子を立てずして真如の理を以て種子と名づくるは恐らくは諸法の親因縁を失せん。無為は是れ因縁生に非ざるが故に即ち此の親因縁の種有ること無し。有為は既に是れ因縁生の故に必定して此の親因縁有るなり。但し其の事・理互いに相依るは是れ増上縁にして親因縁に非ず。故に有相と無相と生滅と常住と彼・此、同にあらざれども全く過失無し。真如を以て種子と名づくと言うは恐らくは増上縁を親因縁と為すならん。若し一向相即の義の故に此れ等の不同の難あること無しと云わば、此れ即ち相即の辺路に滞りて不即不離の中道に迷うなり。若し我も亦即にも離にも非ずと云わば、其の不即の門は我が不即と異なるや異ならざるや。若し異ならずんば還って前難あり。若し異ならば又偏即に堕す。明らかに知んぬ、事相と真理との差別門を許さざるが故に事相の中委曲を弁ぜず、返って事相を撥して真如の理を以て種子と名づくることを。

《差別の相》　因縁所生の有為法。　**《一味の法》**　常住無相の真如。　**《本新種子》**　本有種子と新熏種子。　**《増上縁》**　間接的助縁。四縁の一つ。

第二問、真如を諸法の種子としてもよいのではないかというのに対する答えである。因縁所生の衆多の諸法は、それぞれの衆多の種子を因として因縁生したものである。それに対して体性一味の真如は因縁所生のものではない。体性常住の真如が転変する有為法の親因縁（直接原因）であることはない。

万差の有為法の親因縁は有為法である本有・新熏の種子である。

それでは生滅有相の有為法と、常住無相の真如との相互の関係は何かというと、それは親因縁ではなく増上縁（間接的助縁）である。真如を有為法の種子と考えるのは、増上縁（間接的助縁）と因縁（直接的原因）とを混同するものである。

もし真如と有為の諸法とは、相即の関係にあるからその反論は当たらぬというならば、それは相即の面にのみ執われた考え方であって、不即不離の中道を正解せぬものである。

事相と真理とをはっきり区別しないから、事相をはっきり正しく捉えることをせず、そのため、かえって事相を簡単に否定して、常住無相の真理をもって、有為法の種子と名づけようとするような過誤を犯すのである。

この一節は、法相教義の真如凝然不作諸法という真如観に立って、『起信論』に代表される真如縁起の真如観を批判したと考えられるところである。この真如観の違いは、両者の体系の違いの根本をなすものであり、したがって、証果のおさえの違いとなって表われるところで、きわめて重要な一節ということができる。

第三問に対する答え

無漏種子の唯識に於ては、『唯識論』に云く、「無漏種子は此の識に依附すと雖も而も此の性の摂に非ず。故に所縁に非ず。所縁に非ずと雖も而も相離れず。真如性の如く唯識に違せず」と。同じく『本疏』に云く、「無漏の種子は但し一義を具す。謂く識を離れざるが故に説いて唯と名づく」と。故に総門不離の義を以て唯識と名づくるなり。心は既に法の主として一切に最勝なり。設い何の義なりと雖も此れを離れず。皆唯識と名づく。故に全く違せざるなり。若し此の上に強いて五種門に摂せば、即ち是れ識所変の唯識の摂と謂つ可きなり。並びに是れ種子にして種類同じきが故に相従して論ずるなり。故に撲陽は解釈して云く、「因位に在りて見が所縁に非ずと雖も、是れ相分の類なれば余の相分に従って相分の所摂なり」と。

凡そ自他宗諍論に似たりと雖も実は諍論無し。所以は何ん。夫れ諍論は一門一事を説くの中に二義水火の出来する所なり。他宗若し諸法の性相を談ずること我が宗に異ならずして猶お皆成を立て五姓各別の義を許さずんば、尤も論を為すべし。而も、今、性・相の論談を委しくせず、事相の中の安立を具《つぶさ》にせず、一向に事を理性門円融の義に寄せて定姓・無姓の不同を許さず。所立既に是れ各別の門なり。何すれぞ諍論為ん。又若し我が宗理性一味の義門の中に一乗を立てずして五姓を立つれば、亦諍論をなすべし。而も其の義無し。理門には皆成にして五姓の別無し。

当に知るべし。我が宗は一乗も真実、五乗も真実なり。事相條然の故に、理性凝然《ぎょうねん》の故に。其の事相は無定相の相にして如幻虚仮の五種姓の故に真理平等の一乗に違せず。其の理性は縁生の真性にして内に各別に証して共相《ぐうそう》に非ざるが故に法爾差別の五姓に違せず。不即不離にして一も立し五も成ず。何ぞ自義の一門に限るを執して強いて他宗の諸門周備するを疑わんや。故に我が宗の習い、諍論を好まず。其の旨、具に中宗略要の如し。是れ即ち能く一代の諸教を会して更に仮相の戯論なき教なるが故なり。

《『唯識論』》　『成唯識論』巻二（佛教大系本二―一四二頁）。　**《此の識》**　第八識。　**《此の性》**　第八識の無覆無記性。**《『本疏』》**　『成唯識論述記』第三本（佛教大系本二―一二八頁）。　**《総門》**　一切唯識を説くのに、総門唯識・別門唯識の二門を設ける（『成唯識論』巻七、佛教大系本四―三六頁）。総門唯識は概括的に一切法不離識を説き、別門唯識は、五種唯識（前述）として説かれる。　**《五種門》**　五種唯識。　**《撲陽は解釈して云く》**　「撲陽」は中国法相宗第三祖智周のこと。『成唯識論演秘』二末（佛教大系本二―二三頁）の文をさす。　**《二義水火》**　水と火のように対立して相容れない二説。　**《我が宗理性一味の義門》**　不変平等の理性の立場。　**《自義》**　ここでは一乗佛教の立場。　**《中宗略要》 不明。良遍の著作かと思われる。 《戯論》 梵語 prapañca の訳。佛道修行にかかわりのない無益の議論。

第三には、阿頼耶識と無漏種子との関係が答えられる。阿頼耶識は無覆無記性であるのに対して、無漏種子は唯善性であり、むしろ阿頼耶識を対治し清めていく法であるから、阿頼耶識の中に摂しられない。第八識の中に無いものだとすると、唯識の枠からはずれるものではないかと思われるが、『成唯識論』巻二には、無漏種子は第八識に摂しられないが依附しており、故に所縁ではないがしかも識に離れないから唯識に相違しないと言われており、『述記』三本には、「不離識であるから唯識と呼ぶ」と総門唯識の面から述べられている。また別門唯識で五種の面から検討されても識所変の唯識にほかならない。撲陽大師は、有漏の種子のように見分の所縁ではないが、たとえ無漏とはいっても種子であることには違いがないから、他の種子が相分に摂められるのに従えて相分の中に含めるといっている。

この無漏の問題について、他宗との間に諍論があるように思われるが実は諍論はない。なぜならば、他宗も性・相をはっきりと区別して、その上で五姓各別を認めず、一切皆成佛を主張するのであれば議論にもなるけれど、ただひたすら理性円融門にのっとって事相を判明に定立することをしないのであるから、諍論にはならない。また我が宗が一乗を立てずして唯五姓各別のみを固執するならば、議論にもなろうが、我が宗でも理門に立つ時は一乗を真実とするのであるから、一乗も真実、五姓も真実である。したがって、性と相、一乗と三乗は不即不離である。

どうして一門に固執する自義に立って、公正な他宗（法相教義）を批判するのであろうか。我が宗は諍論を好むものではない。

第四問に対する答え

但し、自身の種の有・無に於ては、実に以て決し難し。教の権・実は此れに依るべからず。此れは是れ別事なり。尤も推尋すべし。然るに本論の中に四煩悩に纏繞せらるる者は、種姓有りと雖も、其の相、稍隠ると。云云取意。故に設い慳・嫉等の過ありと雖も之を以て忽に無姓と定む可からず。是れ即ち多生串習《げんじゅう》等の故なり。所以に六波羅蜜の相に於て設い一・二・三等の相を具すと雖も、根本の大心の相を欠かざれば、当に知るべし、即ち是れ菩薩種姓なり。若し猶お疑惑せば須く大聖の加被を乞うべき歟。是れを以て三蔵大師、昔西天に於て霊像に祈って其の証験を得たもう。此れ豈に末代の研心を引導せんが為に非ずや。

《四煩悩》 慳・嫉・懈怠・散乱。 《串習》 習慣性。「串」は慣と同義。 《大心》 大菩提心。 《三蔵大師》 玄奘三蔵。

第四は自己の有姓・無姓についての問題である。

四煩悩（慳・嫉・懈怠・散乱）のために修行をおこたることがあっても、そのままそれを無姓と断定することはできない。それは幾生も幾生も積み重ねてきた習慣性によるのであって、大切なことは大菩提心を欠くか欠かぬかということである。大菩提心さえあるならば菩薩種姓である。しかもなお、自分の種姓に疑問を抱くならば、ただひたすら佛の加被を乞うべきである。

かつて、玄奘三蔵もインド留学中同じ疑問を持ち、観音霊像の前で三願をおこして祈請された。第一は無事帰国できるかどうか。第二は都史多宮に生じて弥勒菩薩につかえることができるかどうか。第三は自身が無姓でないかどうか。もし第一の願いがかなえられるならば、花を尊手にとどめ、もし第二の願いがかなえられるならば、花を尊両臂にとどめ、第三の願いがかなえられるならば、尊頸頂に花をとどめて示したまえと祈って花をまくと、その願いどおりに頸頂と両臂と手とに花がとどまったといわれる(『大慈恩寺三蔵法師伝』巻三、大正五〇・二三九・下)。これは後世の学徒を引導するためではないか。

ここで種子論が終る。有為一切諸法が種子の熏習・現行の説で把握されるのはいうまでもないが、佛への可能性についても、また同じ種子論によって構築されているのを注意すべきであろう。

第七章　十二縁起

第一節　十二支の正釈

問う。生死流転《しょうじるてん》の果は何に依って起るや。

答う。其の本源を論ぜば無明より起る。所謂凡心は極めて明了ならず、因果の理を知らず、出離の道を了せず、三途《ず》の苦報猶お厭うこと能わず、何に況や人中天上の勝果をや。此れ即ち第六相応の分別の無明の力なり。是れ無名支と名づく。

是《か》くの如き愚癡力に依止するが故に起す所の善・悪二種の心行は皆悉く流転の業因を成ず。今此の業は即ち是れ第六相応の思なり。此の思の心所或る時は信等の善の心所と倶にして身・口・意の中、応に随って一切の善法を造作す。或る時は貪等の諸煩悩と倶にして身・口・意の中、応に随って一切の悪法を造作す。今此の善・悪の三業の思数、各種子を熏ず。其の諸の種子は皆、悉く自己の仮我相続の本識に落在す。是れを行支と名づく。今此の行支、随って能く本識を資助す。是れを行所持の苦果の種子と名づく。其の所資の苦果の種子に於て五種類有り。

一には本識能生の種子、是れを識支と名づく。

二には名色所摂の種子、謂く本識能生の種子と及び六処・触・受の種子とを除いて外の所余の異熟無記の種子なり。是れを名色支と為す。

三には眼等の六根の種子、是れを六処支と名づく。此の中の意根は是れ末那に非ず。但し異熟の等無間の意を取る。

四には異熟の触数の種子、是れを触支と名づく。

五には異熟の受数の種子、是れを受支と名づく。

今此の識等の五支の種は、総じて之を論ずれば即ち是れ当来苦果の依正を生ずべき種子なり。然るに異熟の法は其の性、羸劣にして独り自果の現行を生ずること能わず、必ず他の強勝の法の助けを持つ。是の故に彼の善悪二業の資助の勢力に随って或は好果を生じ或は悪果を生ず。好悪異なりと雖も皆無記性なり。

然るに此の行等の六支の種子は必ず潤縁《にんえん》を蒙りて後に現行を生ず。譬えば外種の地中に在りと雖も雨露の潤を蒙りて方に芽茎《げきょう》を生ずるが如し。内法の種子も亦復た是の如し。其の潤縁とは、即ち諸の煩悩なり。若し人煩悩を発起するの時必ず当来苦果の種子を潤ず。諸の煩悩皆此の力有りと雖も貪を以て本と為す。貪愛は水の如く殊に潤生の勢力有るが故なり。是れを以て若し臨命終の時細想現行の位に至って俱生下品《くしょうげぼん》の微細の貪愛、法爾として起きて自体及び境界等を顧恋す。爾の時、即ち彼の行等の六支の種子正しく潤う。然るに未だ極に至らざる此の下品の貪を名づけて愛支と為す。

是の如く、愛惜数数《しばしば》相続して遂に上品俱生の貪等を起す。爾の時、即ち彼の六支の種子潤縁悉く具して生果の功能皆決定し已る。今此の上品の貪愛等の惑、是れを取支と名づく。此の愛と及び取との正潤は即ち是れ第六相応の俱生の煩悩なり。

今此の所潤の行等の六支を合して有支と名づく。

今此の有支、託生の最初の刹那に至って正しく苦果の依正二報を生ず。其の苦の果報の有根身等未だ衰変せざりしより来《このかた》総じて生支と名づく。衰変以後命終《みょうじゅう》の位に至るまで総じて老死支と名づく。（正支は正報なり、依報を類摂す。）

《無明》　梵語 a-vidyā の訳。癡の心所。真理にくらく、ものの道理にあきらかでないこと。《因果の理を知らず》『雑集論』（大正三一・七二八・下）に、異熟愚（異熟の行相を容受信解せず非福行を起す）、真実義愚（四諦の理に愚であること）があげられているが、ここは異熟愚、つまり生死流転の因果を知らぬこと。《三途》　(i)三悪趣（地獄・餓鬼・畜生）。《第六相応の分別の無明》　「第六」は第六識。「分別」は分別起の煩悩。発業潤生の煩悩には、(i)総・別報を感ずるもの、(ii)唯総報のみのもの、(iii)唯別報のみのものがあるが、ここは生死相続を説くところなので、(i)・(ii)をさす。《三業の思数》　三業（身・口・意）を起す思の心所。《行支》　梵語 saṃskāra の訳。造るという意味で業のこと。法相教義では三業を起す思の心所の種子をいう。《名色》　「名」は心的存在、「色」は物的存在。《異熟無記の種子》　異熟無記の第八識を生ずる種子。《意根》　ここでは前刹那に消えた意識。さきに第六意識の意根は第七末那識という面で説かれていたので、ここではわざわざことわってある。《触数》　遍行の触の心所。《受数》　遍行の受の心所。《依正》　「依」は依報、「正」は正報。業の果としての有情の身を正報、その身の依り所となる環境世界を依報という。《潤縁》　種子が現行を生起する助縁。《細想現行の位》　臨終の時、はっきりとした意識活動が消えた段階。《倶生下品》　「倶生」は倶生起のこと。「下品」は原則としては麁なる煩悩。煩悩の場合は、下品—麁、上品—細とする。しかし、ここではたとえ下品の煩悩であっても、倶生起のものであるから微細の貪愛といったのであろう。《自体及び境界》　自体愛（現在の自分への愛）、境界愛（環境への愛）。さらに当生愛（未来への愛）を加えて三愛という。《託生》　次の生へ生まれ変わる。

この章は、生死流転の相が十二縁起として説かれる。まず最初の一段は、十二の項目が順序にしたがって説かれるところである。⑴生死流転は「無明」より起る。これは第六識相応の分別起の無明力である。⑵因果を知らぬ無明より、善・悪の二業が起る。これは第六識相応の思の力であり、そこから起きる身・語・意三業の種子が第八識に落在する。これが「行支」である。その三業の種子が、本識をたすけて様々の果をうむのであるが、⑶第八本識を生ずる種子を「識支」、⑷異熟無記の種子（その中で、第八識を生ずる種子、六処・触・受の種子を除いたもの）を「名色支」、⑸六根の種子を「六処支」、⑹触の心所の種子を「触支」、⑺受の心所の種子を「受支」という。以上のうち⑶、⑷、⑸、⑹、⑺の五つの種子は、正報・依報で、つまり有情の身とその世界とを生ずる種子である。これらは善・悪二業によって果を生ずるのであるが、果は無記であることはすでに説かれたとおりである。行支とこの五支とは善悪業に助けられて現行する。その善悪業の根本となるのは貪であり、それを「愛支」という。第六識相応の倶生の貪煩悩の強いのを「取支」といい、それを助ける行・識・名色・六処・触・受の六支が、愛・取の潤縁をうけた位を「有支」という。⑾その果としての苦果を「生支」、⑿その衰変して命終するのを「老死支」という。

以上が法相教義の十二縁起であるが、二点を補足しておく。

第一は縁起という用語についてである。法相教義では原則として十二縁起と呼ぶが、これは、一般的には十二因縁ともいわれる。しかし法相教義では、「因縁」は種子と現行の直接的な関係のみをさすという考え方があるので、因縁の語を使わず、十二縁起というのである。

第二は二世両重の因果ということである。『成唯識論』巻八によると、無明と行とはのちの識・名色・六入・触・受を引きおこす働きがあるので、「能引支」、識から受の五支を「所引支」といい、以上の七支を牽引因とも呼ぶ。愛・取・有の三支は、未来の生・老死を引くので、「能生支」といい生起因ともいう。これに対して、その三支にひかれる生・老死の二支を「所生支」といい所引生とも呼ぶ。そして、無明より有までを因とし、生・老死の二支を果とし、因と果とは必ず異世であるというところから二世一重の因果と呼ぶのである。これは三世両重の因果を説く『倶舎論』の説と異なるところである。なお『倶舎論』とのもう一つの違いは、法相教義としては当然のことであるが、阿頼耶識説と種子熏習論に立って、統一的に十二縁起の組織が把握されていることであろう。

第二節　輪廻の相を示す

今此の一期に亦無明を起す。無明業を発し乃至愛を起して苦の種子を潤ず。前の次第と等しくして異有ること無し。是の如く是の如く輪転無窮《ぐう》にして無始際より今に至るなり。故に生死の流れは無明を源と為す。其の無明は即ち是れ無明の種子の所生なり。其の種子は即ち彼の過去の無明の現行の熏習する所なり。其の所熏の種（子）は本識の中に在って自類相生して間断《けんだん》なきが故に是の如く是の如く無明を生起す。是の如く是の如く無明を生ずるが故に是の如く是の如く輪転絶えず。其の能持の本識も亦自種より生ず。其の本識の種子は還って本識の中に在り。即ち是れ六・七二識の所変の相分の熏ずる所の本質の種（子）なり。其の六・七識も亦六・七二識の種より生ず。其の種子は即ち六・七識の自の熏ずる所なり。熏じ已れば亦自の本識の中に在り。是の如き一切の種子皆第八識の中に在りて自類相生す。譬えば暴流の相続して絶えざるが如し。無始已来《むしよりこのかた》、種は現行を生じ、現は種子を熏じ、種は種を生ずるが故に生死流転尽くることなきなり。当に生死輪廻は唯是れ自心の作なるを知るべし。

《能持の本識》　種子を保持している第八阿頼耶識。　《自類相生》　種子が種子を生ずること。

われわれはこの一期の中で無明を起し、それより無明業を起し、識・名色・六処から愛を生じて苦を限りなく深めている。

苦悩にみちた生死の根源は無明であるが、その無明は過去に熏習した無明の種子より現行したものである。その種子は阿頼耶識の中に在って自類相生して絶えることなくつながっている。種子を保持している阿頼耶識もまた異熟無記の自類の種子より生じたものである。

その種子もまた阿頼耶識の中に保持されている。阿頼耶識自体は甚深微細の無記法であるから、自分の種子を熏習することはなく、七転識がそれを相分として縁ずることによって、その本質として熏習される。これはさきにみたとおりである。

その七転識は何から起きるかというと、これもまた阿頼耶識の中の自の種子より起き、起きると同時に再び種子を熏じていく。

このように、われわれの生死の一切は、阿頼耶識中の種子によって生起し、生起しながら熏習を重ねていく。その種子はまた種子を生ずる。それは暴流のような激しく無限の動きである。

すべてが自心の作にほかならない。それこそがわれわれの生死の実相である。

第三節　無明と無明住地について

問う。今の無明は即ち是れ経中に説く無明住地か。

答う。爾らず。謂く無明に於て煩悩及び所知の二障有り。凡そ十煩悩・二十随惑一一是の如し。是の故に応に言うべし、所知障は諸の煩悩の中の一一の底の微細分なり。故に応に言うべし。所知障の上の麁強《そごう》の分を煩悩と名づくるなり。煩悩は用に迷いて有情を擾悩して生死を取らしむれば煩悩障と名づく。所知は体に迷いて所知の境を覆うて菩提を得ざらしむれば所知障と名づく。

其の煩悩障は発業・潤生の用有り。

其の正発業の惑は即ち分別煩悩なり。助発業の惑は亦倶生に通ず。其の正潤生の惑は即ち倶生の煩悩なり。助潤生の惑は亦分別に通ず。発業の惑の中無明力勝れたり。然るに発業の法、重発の義無し。所以に一の無明支を建立す。潤生の惑の中貪愛力勝れたり。然るに潤生の法は数数《しばしば》漑灌す。此の故に愛・取の二支を建立す。

其の所知障は、此の発業・潤生の作用無し。但能く所知の境界を隠覆《おんぷく》して佛菩提の智を生ずることを得ざらしむ。而るに経所説の無明住地は是れ所知障なり。是の故に今の無明支に非ざるなり。


《経》　『勝鬘経』（大正一二・二二〇・上）。　**《無明住地》**　他の煩悩と相応しない知的な迷い。『勝鬘経』では、相応無明を見一処住地（見惑）、欲愛住地・色愛住地・有愛住地（以上の三つは修惑）とし、他と相応しない独行不共無明を無明住地とする。ここでは所知障と説かれている。　**《十煩悩》**　十根本煩悩。　**《擾悩》**　かき乱し悩ます。「擾」はかき乱すこと。《潤生》植物の種子が雨露にうるおされて生長するように、煩悩によって業を起し、現在の生を引き起すこと。《分別》分別起。つまり後天的なもの。《倶生》倶生起、つまり先天的なもの。《重発》一つの煩悩が幾つもの業を起すこと。

無明が生死の根源であることを説いたので、ここでは無明と無明住地の違いがあきらかにされる。無明住地は『勝鬘経』に出る概念である。

無明と無明住地とは異なっている。

無明をはじめ、すべての煩悩に煩悩障と所知障とを分析することは、すでに述べられたとおりであるが、無明は煩悩障、無明住地は所知障である。

煩悩障は用に迷いて有情を擾濁し、発業・潤生の働きがあった。発業の中心になるのは分別起の煩悩であり、潤生の中心になるのは倶生起の煩悩であるが、その発業の惑の中で、最も力の強いのが無明であり、それが十二縁起の第一の無明支である。

それに対して、所知障は体に迷いて所知の境を覆い、智慧のさまたげとなる働きであり、発業・潤生の力はなかった。

無明住地とはこの所知障のことである。

問う。若し一切の煩悩の中、皆所知障有らば亦名づけて貪・瞋・慢等と為すべし。何が故に経中偏えに無明住地の名を立つるや。

答う。所知障の中、無明増するが故に総じて無明と名づく。実に拠らば貪・瞋・慢等無きに非ず。

すべての煩悩に所知障があるならば、なぜあえて無明住地というのか。貪も慢もあるはずだから、貪住地といっても慢住地といってもよいのではないか。

答え。所知障の中で、無明が一番強い力を持つので、仮に無明住地と呼ぶのであって、事実を厳密にいえば、貪・瞋・慢等もないわけではない。

第四節　毀謗を誡める

此の中の上下箇他の門は、唯末学の邪語執心を遮す。更に彼の正法の妙理を毀せず。彼皆深要なり、豈に信行せざらんや。夫れ遇い難き法に逢うて邪乱執心して自宗の正理を顕わすこと能わず。亦大いに他宗の教理を謗滅す。此れに由って必ず大地獄の中に入って多百千劫出ずることを得ること能わず。是れ只執心の致す所なり。

若し互いに相和せば諸佛の慧眼《えげん》自然《じねん》に遍満し随宜の所益応《まさ》に窮尽なかるべし。若し互いに相毀せば無量の法宝同時に磨滅し一切衆生諸の大苦を受けん。大聖・悲悩したもうは只此の事歟。

但し其の執を遮せんと欲すれば還って其の法を遮するに似たり。其の法を立てんと欲すれば猶お其の執を立つるが如し。若し互いに遮せずんば亦誰か其の執を誡めん。進退維《こ》れ谷《きわま》る、之を如何《いかんせ》為ん。

伏して願わくは知者他の破を聞かば必ず自の執を顧み、自立を得ばまず他の和を求めよ。清浄一味にして正法の昔に同ぜんことを。

《此の中》　『覚夢鈔』全体ととるのがよいのではあるまいか。　《簡他の門》　他説との違いをあきらかにする方法。
《随宜の所益》　個々それぞれの分に応じた利益。

この本のあちこちで、他の経典や教学との違いを説明しているが、それは末学の誤りを指摘するのであって、決して根本の正法を誹謗するものではない。正法自体への信行は少しも変わらない。正法に遇いながら邪乱執心すれば、自宗の正理も顕揚できず、他の教学を批判するのみに終ることになる。その根源は執心である。

互いに相和すれば諸佛の智慧がそこに遍満するが、もし相互に毀謗しあえば、佛法は磨滅し衆生は苦をうくるのみである。

世尊が最も悲しみ悩ませたもうのはそのことであった。

ところが、その邪執を断とうと思うと、法までも否定しやすく、法を立てようとすると邪執をまで是認してしまいやすい。

だからといってお互いに誤りを指摘しあわなければ、誰が邪執を誡めるであろうか。誡めなければ誤りを侵し、誡めればまた誤りを侵しやすい。一体どうしたらよいのか。

どうぞ他からの批判を聞いたならば、必ずそれを自分の邪執への批判として謙虚に聞き、もし自ら会得して主張するものがあったならば、和を求めよ。諍いなく清浄一味にして正法の昔と同じであることをひたすら願うものである。

第八章　三種自性

第一節　正しく三性義を釈す

(1)　百法との関係

問う。言う所の百法は、遍計《へんげ》等の三種自性に於て何《いか》んが判属するや。
答う。若し大綱を論ずれば前の九十四法は是れ依他起性なり。後の六種の無為は円成実性なり。若し細に談ぜば六無為に於て識変と依如との二種の別有り。委しき旨は前の如し。此の依・円二性の百法に於て、或は増益して有と執し、或は損減して空と執す。是の如きの惑執に当たって現ずる所の偏有・偏空の相是れを即ち名づけて遍計所執性と為す。二無我は之を除遣するなり。

《三種自性》　遍計所執性・依他起性・円成実性。**《識変・依如》**　前述、識変無為・法性無為。**《増益》**　因縁所生の仮有を実有と執著すること。**《損減》**　円成実性の真理を都無と執著すること。

法相教義を大別すると、第一、八識・三能変論、第二、三自性・三無性論、第三、修行論となる。もちろん、その三門はそれぞれ内的に重なりあいながら、全体の組織を完成するわけであるが、今まで述べられてきた百法二空、四分安立、三類境、種子熏習、十二縁起の諸門は、いずれかといえば第一の八識・三能変論の立場から論述されてきていた。『覚夢鈔』はこの章から三性・三無性論に入る。法相教義・根本所依の『成唯識論』では、八識・三能変論に大きな比重がかけられていて、三性・三無性論はごくわずかの紙数しか費されていないのであるが、良遍はこれに多くの力を注ぎ、八識・三能変論と三性論との、有機的な理解を展開している。

問いはまず百法と三性との関係についてである。

それに対して、六種の無為法は円成実性であり、それを除いた九十四法は依他起性であり、その依他起性、円成実性の上に、有執・空執を持つのを遍計所執性であるという。

(2) 三性の名義を釈す

問う。何が故に名づけて遍計所執となす。乃至何が故に円成実《えんじょうじつ》と名づくるや。

答う。妄情遍計の所執なるが故に名づけて遍計所執性と為すなり。故に遍計とは能執の名なり。所執と言うは妄境の名なり。能迷の妄情は周遍計度《しゅうへんけたく》す。故に遍計と名づく。所縁の妄境は彼に取著せらる。故に所執と名づく。

依他起とは他の衆縁に依って而も起ることを得るが故に以て其の名と為す。

円成実とは諸法の実性にして円満成就す。故に其の名となす。

《遍計所執（性）》　梵語 parikalpita-svabhāva の訳。妄想。妄情によって執著されたもの。《依他起（性）》　梵語 paratantra-svabhāva の訳。他に依存せるもの。因縁所生のもの。《円成実（性）》　梵語 pariniṣpanna-svabhāva の訳。完全円満なもの。円満成就せるもの。

ここでは三性の名前が問われる。名は体を表わすのいわれのとおり、名前は同時に三性とは何かを答える一段である。

まず遍計所執性というのは、「妄情遍計の所執」の意味で、執著しそれに迷う能執能迷の妄情が、あまねく（周遍）計度するから「遍計」といい、対象はその妄情に執著されるから「所執」という。つまり妄情が自分勝手に妄想を描き、その描いた妄想に執著した姿をいう。

依他起とは、多くの縁によって存在しているもの。円成実とは、諸法の実性で円満成就していることである。

(3)　三性の有・無、仮・実

問う。此の三性に於て幾《いくばく》か無、幾か有。幾か仮、幾か実なりや。

答う。遍計所執は体性都無なり。但是れ妄情計度して有と為す。故に情有・理無の法と名づく。

依他起性は如幻・仮有なり。衆縁の所成にして其の体は空ならず。

円成実性は真実・如常にして其の性凝然《ぎょうねん》なり。仮《け》に非ず無に非ず。

今此の二性は聖智の境界にして妄情の境に非ず。故に理有・実無の法と名づく。

《情有・理無》　妄情の上には有であるが、道理の面からは無である。《如幻・仮有》　実体がないという点では幻の如くであるが、因縁所生法の仮有のものとしては存在している。《凝然》　動かないさま。《仮に非ず無に非ず》　依他起性のように仮有でなく、遍計所執性のように都無でない。《此の二性》　依他起性と円成実性。《聖智の境界》「聖智」は無漏智。根本智と後得智とを含む。根本智で真如・円成実性と冥合し、後得智で依他起性を縁ずる。

三性の有・無、仮・実が問われる。

遍計所執性は、実有と執著された妄想であるから、妄情の上には実有であるが、道理にめざめた眼から見れば、根底的には都無である。

依他起性は、因縁所生であるから、基本的には幻事（奇術・手品）等の如く無であるが、因縁所生として存在しているという点からいえば仮有である。

円成実性は、真実如常で永遠不変である。

三性のうち、依他起性と円成実性とは聖智のみの境界である。すなわち、依他起性は因縁所生法であるから、この現実のわれわれである。その有情の実態は、有情の有漏智では真に捉えることはできない。有情の真相が真に把握されるのは、有情が有情の領域を超えることによってのみである。だから依他起は聖智の境といわれる。常住の真如と一体となるのが聖智であるのはいうまでもない。

(4)　遍計所起を釈す

問う。遍計所執は体性都無ならば、凡夫の妄心何を以て縁となして起ることを得るや。

答う。心中現の依他の相を以て所縁縁と為す。此の依他に於て誤って実有と謂《おも》い、或は全無と謂う。故に心外に於て増・損の相現ず。是れを以て妄情を能遍計と為す。心中現の境を所遍計と為す。当情現の相を名づけて遍計所執性と為すなり。

問う。円成実性は、所遍計に非ずや。

答う。真は妄執所縁の境に非ず。故に親迷所遍計の境に非ずと雖も、而も其の依他の真実性なるが故に、展転《でん》《ちん》に依って説かば亦所遍計なり。

《所縁縁》　対象。心の生ずるための縁。縁の一つ。《当情現の相》　凡夫の妄情の前にのみ現われる相。《展転》　順次に連続すること。ここでは「広い意味」という意に解してよい。

一問。遍計所執性が本性的に無であるならば、凡夫の妄心は何によって起きるのか。

答え。因縁所生の依他起性を所縁として、それを実有と執著したり、逆に全無とおもったりする、そこが遍計所執性となる。能遍計は妄情、所遍計は妄情のうえに表われた境界、その二つの間の妄情によって表われたすがたを遍計所執性という。

二問。円成実性は所遍計ではないのか。

答え。真如は妄情の所縁ではない。しかし、円成実性は依他起性の実性であって、依他起性とまったく隔絶した存在ではないのであるから、広い意味においては所遍計であることもある。

この答えは、宗教の究極の存在が、人間の情念によって都合よく解釈されることのあるのを示唆する一節と解することができる。

第二節　三性対望の中道を明かす

(1) 総　釈

問う。今此の三性は是れ一体と為んや、これ異体と為んや。
答う。『唯識論』に云く「応に倶非と説くべし。別体なきが故に。妄執と縁起と真義と別の故に」と。故に此の三種は不即不離なり。別体無きが故に名づけて不離と為す。妄等別なるが故に名づけて不即と為す。

《三性対望の中道》 遍（情有理無）・依・円（理有情無）の三性が相互にかかわりあって、全体として中道を表わすとする三性説。のちの「一法中道」に対応する。《唯識論に云く》『成唯識論』巻八（佛教大系本四―三五〇頁）。

この節は、三性対望の中道、つまり遍計所執性は情有理無、依他起性と円成実性は理有情無であるが、その三性が全体として中道を表わすことを述べる。

まず、三性は別々の異体のものなのか、それとも一体のものなのかという問いが出される。それに対して、『成唯識論』の遍計所執性＝妄、依他起性＝縁起、円成実性＝真義は不即不離であるという証文を引いて、三性は相互にかかわりあっていて別体は無いという面を不離、三性はそれぞれの性格を持って別々であるという点を不即とすると解釈するのである。

(2) 細釈

問う。大都を聞くと雖も猶お未だ詳審ならず。且《しばら》く一事を指して其の相を明かす可し。

答う。且く一の草葉を見るに其の色青色なり。今此の青色は定めて自然《じねん》有に非ず。因縁・増上の二縁の所生なり。

因縁と言うは阿頼耶識所持の種子なり。

増上縁とは風・雨・地等の種種の疎縁なり。

是の如きの親・疎衆多の因縁和合して、此の草葉の色を生ず。既に是れ因縁所生の法なるが故に自性無しと雖も而も都無に非ず。幻の如く夢の如く有に非ず無に非ず、是れを依他と名づく。

此の如幻の草葉の青色に於て常途の凡夫執して実色と為す。是の如く執する時心中所現は即ち如幻の青なり。当情所現は実有の青相なり。此の相は理無なり。是れを増益の遍計所執と名づく。或は一類空見の者有りて、此の色を撥無し執して都無と為す。是の如く執する時、心中所現は似の都無の相なり。当情所現は実の都無の相なり。此の相は理無なり。名づけて損減の遍計所執と為す。

今此の増・損の実有とし都無とする妄所執の相は、此の草葉の青色の中に於て恒恒時に於て常常時に於て一切遠離して凝然常住なり。此の理真実にして不生・不滅なり。是れを即ち名づけて円成実性と為す。

故に是の三性は不即不離なり。（且く一事を指し已る、諸法皆此の如し。）

《因縁》　直接的原因結果の関係。種子と現行の関係。　**《増上縁》**　間接的な助縁。　**《増益の遍計所執性》**　実有とする妄執。　**《損減の遍計所執性》**　一切を空無とする妄執。

三性対望中道の細釈。

青色の草の葉を見るという日常的な経験をとりあげて三性を説明する。青色の草の葉を見るということも四縁所生の依他起である。一つは阿頼耶識の中に保持された種子が因となって、青色の葉を見るという面でこれを因縁という。つまり青色の草葉を見るというきわめて日常的な小さな経験も、その人の長い長い経験の集積としてあるというのである。第二は、風・雨・大地等のさまざまの助縁で、それによって眼前に青色の草葉が見得るようになった。それを増上縁という。その二つの縁がからみ合い結び合って、青色の草葉が見えているのである。したがってそれは因縁所生であるから、草という実体や青色という実体があるわけではない。しかしまた、その現象自体は実際に在るのであるから都無ではない。青い草の葉を見る等というなんでもない経験に、とやかく説明はいらぬようであるが、存在とはそんなものではない。青い草の葉をどの有情も、同じに見ているとはいえないのである。たとえば蚕にとっては青い桑の葉という認識はなく、新鮮な食物としての認識のみしかあり得ぬはずである。「青い草の葉」という認識は、草の葉そのものに備わっている属性ではなく、青い草の葉と認識する主体の見方の問題といえるのである。そういう意味で、草の葉も青色も実体的な自然有ではなく、阿頼耶識の種子の現行といわれるのである。またその認識には、食物の成長する条件も間接的にかかわっているし、その時の光線の条件等も助縁として大きな意味を持っているといわざるを得ない。螢光灯の下では、青く見えぬこともあるのであって、青色は固定的なものではない。

ところが凡夫は、青色も草葉も実体視する。それを増益の遍計所執という。そういうと今度は、皆空無ときめつけてしまう。それを損減の遍計所執という。

さて、この有見・空見は、妄分別より生じたものであるから本来的にはない。ないというすがたにおいて、そこにあるという真理は永遠不変である。それを円成実性という。

このように三性は、それぞれの特性を持ちながら、しかも相互にかかわりあって中道を示すのである。

(3)　喩　説

問う。法相《ほっそう》甚深にして其の旨迷い易し。願わくは譬喩を引きて其の相を顕わすべし。

答う。『摂論《しょうろん》』の頌の中に、蛇《だ》・縄《じょう》・麻《ま》の喩えを引きて顕わせり。其の大意は闇夜に一縄有り。愚人見て蛇と謂い種種の恐怖《くふ》此れに依って起る。眼眩《くら》み心騒ぎ手足振動す。爾の時覚者之を教えて悟らしむ。迷乱深きが故に輙《たやす》く覚悟し難し。数数思惟して漸漸に醒悟す。遂に其の迷いを除いて忽ち蛇空なりと知る。是の如く知り已りて之を見るに但縄なり。其の縄の相貌《そうみょう》極めて蛇形に似たり。似るが故に愚眼、見迷うて蛇と為す。是れ一重の覚なり。然れども猶お縄を執して真実の物と為す。尚お数《しばしば》思惟して遂に縄空なりと知る。其の性は即ち麻にして更に実の縄無し。縄相は但是れ衆縁の所生なり。如幻・仮有にして有に非ず空に非ず。其の麻は即ち是れ有に非ず無に非ず縄の実性なり。彼の実蛇の相、及び実縄の相は此の麻中に於て一向に遠離《おんり》す。三性の諸法も亦また是の如し。

愚者の迷眼は能遍計に喩え、種種の恐畏は生死の苦に喩え、覚者之を教うるに佛・菩薩に喩う。実蛇の相は実我の相に喩え、忽ち蛇空を知るは生空を知るに喩え、実縄の相は実法の相に喩え、縄の空を知るは法空を知るに喩え、虚仮の縄は依他の体に喩え、蛇の形貌《ぎょうみょう》に似るは仮我の分に喩え、其の性の麻は円成実に喩う。此の麻の中に於て常に実蛇・実縄の相無きは理の無相に喩う。是の如く喩うる時妙理能く顕わる。(解釈の義を以て私に委しく之を喩う。)

是の如く三性は不即不離なり。故に此れを以て名づけて一重の中道と為す。

《摂論頌》『摂大乗論』の本頌に蛇縄麻を説いたものはない。ただ論文の中に蛇縄を説いているし(大正三一・一四三・上)、『無性釈』に「於縄謂蛇智　見縄了義無　証見彼分時　知如蛇智乱」(大正三一・四一五・下)というのがあるのでこれをさすのであろう。基『法苑義林章』では、蛇縄麻の喩えが説かれている(大正四五・二五九・上)。《一重中道》三性対望中道のこと。

ここでは三性対望の中道が、有名な『摂大乗論』中の譬喩によって説かれる。いわゆる蛇縄麻《だじょうま》の喩えである。

闇夜に縄のはし切れが落ちている。それを見てとっさに蛇だと錯覚し、眼が眩み手足がふるえた。それを縄のはし切れであると教えられて、改めてよくよく見るとそこにあるのは縄であった。そのことがわかると同時に、蛇の姿は消えさってしまった。これが蛇縄麻の喩えである。

この現象に三つの段階が考えられる。第一は縄が蛇に見えたという段階。第二は縄という存在を実体視する段階。第三はさらによく思惟すると、その縄も麻をよりあわせた因縁性のものであるのに覚醒する段階である。ここに到ると縄も如幻仮有で非有非空であることを会得する。三性もこのようなものだという。

この場合、愚者の妄情の眼は能遍計に、恐怖感は生死の苦に、迷妄を教える覚者は佛菩薩に喩えたものである。また実蛇は実我の相、蛇空を知るのを生空、実縄は実我、縄空は法空、虚仮《こけ》の縄の相は依他、蛇の相貌は仮我、麻は円成実に喩えたともいうことができる。その麻の中には、実蛇・実縄の相の無い道理を無相に喩える。

このように、三性は相互に不即不離の関係にかかわりあって全体として中道を表わすので、これを一重の中道とも呼ぶ。

ところで、蛇・縄の譬喩は、だいたい情有理無の遍計や、仮有実無の依他の主旨を正しく譬えていると思われるのに対して、円成実性を麻とするのには少々疑問が残る。麻はやはり実体的な存在と考えられるからである。円成実性は諸法の性であり、真如の道理そのものであるから、縄の材料の麻で喩えるのは、どうも適当ではないように思われる。『摂論』本文のように蛇縄と五塵のみで説明する方がまだよい。ではなぜ円成実性を麻に喩えるのであろうか。それは『義林章』にあるように、「真理」の存在を表わしたかったからであろう（大正四五・二五九・上）。法相教義では真如を有として捉えることはすでに述べたとおりである。その真如の実在を表わすために、実体的な感じのする麻を喩えとして用いたのである。

第三節　一法中道を明かす

(1)　一性に一の空有あるを釈す

①　遍計中道

問う。今此の遍計所執性は是れ遍空と為んや。

答う。是れ遍空に非ず。所以《ゆえ》は何ん。

体都無なりと雖も然も妄情に当たって其の相顕現す。更に此の事有ること無しと言うべからず。当に知るべし、此の相は空に即するの有なり。之を説いて名づけて計所執性と為す。故に『義林章』に云く、「無と言うも無も亦有と言う可し。情に当たって我・法の二種現ずるが故に」と。

是の如く有と言うと雖も理実には都べて無体なり。但是れ妄情計度《けたく》して有と為す。当に知るべし此の空は有に即するの空なり。此の妙空を説いて相無性と名づく。故に又『章』に云く、「遍計所執は無なり。我・法倶に遣《や》ると知る」と。故に是れ中道なり。


《『義林章』に云く》　『大乗法苑義林章』「総料簡章」の文（大正四五・二四九・上）。　**《相無性》**　遍計所執性は、根源的には都無であること。『成唯識論』には、「遍計所執性に依って相無性を立つ。此の体相畢竟非有なること空華の如くなるが故に」（佛教大系本四―三六〇頁）とある。　**《『章』に云く》**　『義林章』「総料簡章」の文（大正四五・二四九・上）。

ここから一法中道が説かれる。三性対望中道に対応するものである。三性対望の中道が、遍・依・円の三性が全体として中道を表わすという把握であったのに対して、これは遍・依・円の三性が各々それぞれ一つ一つ中道を表わしているとする捉えかたである。まずその第一段は、遍計所執性は体性都無といわれはするが、それは偏空ではなく亦無亦有の中道を表わすといわれる。

なぜならば、体性都無とはいっても、妄情によって、そこに現に情有の妄相があるのであるから、空でありながら同時に有でもある。有といっても道理としては無体であるから、空を離れるものではない。その如く空の有であり、有の空であるところから中道といわざるを得ず、それを相無性と呼ぶ。眼疾者のみる空華は、体性都無であるが、当人にとっては有以外のなにものでもない。

②　依他中道

問う。今此の依他虚仮の法は是れ偏有と為んや。

答う。既に虚仮という、豈に偏有ならんや。因縁生の法は自性無きが故に之を説いて空と為す。仮相、存するが故に之を説いて有と為す。必ず有に留まらざるの有なるが故に之を名づけて依他起性と為す。必ず無に留まらざるの無なるが故に之を名づけて生無自性と為す。故に亦中道なり。

《生無自性》　依他起性は因縁所生であるから、現象としては有であるが、本来的には実有でないことをいう。『成唯識論』には、「此は幻事の如く衆縁に託して生じ、妄執するが如き自然の性無きが故に仮て無性と説く。性全無には非ず」（佛教大系本四―三六〇頁）と説かれている。

依他起性は有とされたが、偏有なのかという問題。

依他起性は、因縁生であって自性がないという点からは空であるが、因縁生としての相はあるのであるから同時に有である。したがって、有といっても偏有ではない。有といっても無の有である点を依他起性、無といっても有の無である点を生無自性という。したがって、依他起性のみでも有・空・中の中道がすべて表わされるのである。

③　円成中道

問う。今此の円成実性の理は是れ偏有と為んや。

答う。既に無相の理と称す、豈に是れ偏有ならんや。法無我性は諸の障礙を離る。譬えば虚空の如し。一切の妄想必然に遠離《おんり》す。故に説いて空と為す。今此の空理は真実・如常なり。故に説いて有と為す。当に知るべし、此の有は空に即するの有なり。故に之を名づけて円成実性と為す。当に知るべし。此の空は有に即するの空なり。故に之を名づけて勝義無性と為す。故に亦中道なり。

《諸の障礙》　煩悩障・所知障。　**《勝義無性》**　円成実性は、一切の障礙を離れた虚空のようなものであることをいう。『成唯識論』には、「前の遍計所執の我・法を遠離せるに由る性なるが故に仮に無性と説く。性全無には非ず。太虚空の衆色に遍ずと雖も而も是れ衆色の無性に顕わさるるが如し」（佛教大系本四―三六〇頁）とある。

円成実性は有といわれるが、偏有の有なのかという問題。

円成実性は無相の理であるから、決して有ではない。しかし、その空理は真実として存在するのであるから無でもない。

有は有であっても空に即するの有である点を円成実性といい、空は空でも有に即するの空である点を勝義無性という。円成実性もまた一法をもって中道を表わすのである。

(2)　一性に二つの空有あると釈す

①　遍　計

問う。所執情有の辺は一向是れ有か、今此の理無の辺は一向是れ無か。

答う。此れ亦然らず。情有と言うは既に実有に非ず。設《も》しは増益の相にまれ設しは損減の相にまれ偏迷の情想にして定相有ること無し。故に亦中道なり。今此の増・損の有・空二相は倶に不可得なるを名づけて理無と為す。豈に是れ偏空ならん。故に亦中道なり。

《定相》　固定して変わらないすがた。

これは一法中道をさらに詳しく説明するところである。

情有理無の遍計所執性は、情有というが一向有なのか、理無というが、一向無なのか。

それに対して、情有というのは有であることにはまちがいないが、迷情の上の情想にすぎないから無である。つまり、有でありながら無であるという意味において中道である。偏有でも偏空でもない。

② 依他

問う。依他の仮有は是れ一向有と為んや。今此の実無は是れ一向無と為んや。

答う。此れ亦然らず。増・損倶離の有なれば是を仮有と名づく、豈に偏有ならんや。故に中道なり。増・損倶空の無なれば是れを実無と名づく、豈に偏無ならんや。故に中道なり。


つづいて、依他起性は偏有か偏無かと問う。

もちろんそうではない。増益・損減の執、つまり遍計所執性を離れて因縁生としてあるという点では仮有であり、増・損の執を否定しているという点で実無という。仮有・実無の依他起性の一法のみで中道である。

③ 円成

問う。円成の無相空は是れ一向空と為んや、今此の真実有は一向有と為んや。

答う。此れまた然らず。増・損倶無ならば是を無相と名づく、豈に是れ偏空ならんや。此の理真実なれば是れを真有と名づく、豈に亦偏有ならんや。故に亦中道なり。

然らば所執一性の中、情有と理無との故に総じて名づけて中道と為す。二門各《おのおの》亦辺路に留まらず。依他一性の中、仮有と実無との故に総じて名づけて中道と為す。円成一性の中、無相と真実との故に総じて名づけて中道と為す。彼・此の二門、亦各一一辺路に留まらず。

円成実性もまた偏有偏空でないことが述べられ、遍計所執性は情有・理無の故に、依他起性は仮有・実無の故に、円成実性は無相・真実の故に中道であるとしめくくられる。

第四節　中道の多義を釈す

(1)　三性対望して不即不離なるを明かす

問う。所執の情有と依他の仮有と円成の真実と是れ一向各別の義と為ん歟、所執の理無と依他の実無と円成の無相と亦是れ一向各別の義なる歟。

答う。(1)此れも亦然らず。所執の情有は本《もと》依他の仮有の上に於て現ず。何となれば法体、本来都無ならば何に迷うて執を起さん。実有に非ずと雖も然も実有に似たり。故に諸の妄情、此の仮有に迷うて当情の相現ず。豈に依他の仮有と定めて別ならんや。然れども偏即に非ず。当に知るべし、即ち是れ不即不離なり。(2)今此の仮有は本円成の真実より起る。若し凝然の理無くんば其の事豈に起ることを得んや。衆多の事相に非ずと雖も、然も各各の法性有り。是の故に因縁合する時、虚仮の事相、成ずることを得。然れども偏即に非ず。当に知るべし、即ち是れ不即不離なり。(3)その所執の理無は、依他の実無に帰す。所以は何《いか》ん。因縁生の法は無自性とは其の遮する所の自性は即ち自然生性にして我・法の実に当たるが故に。然るに彼の理無は一向に相を遮す。今此の実無は亦体上の義なり。当に知るべし。亦是れ一向即に非ず、一向離に非ず。

(4)今此の依他実無の義は即ち円成無相の義に帰するなり。凝然の真理は恒に衆相を離る。彼の無自性の理なるが故なり。然るに彼は仮有に属する実無なり。此れは是れ真実に属するの無相なり。故に亦即ち是れ一向即に非ず。一向離に非ず。是れを以て三性は是れ別体に非ず、亦即一に非ず。之を即する時は所執の空は即ち依・円の空なり。依・円の有は即ち所執の有なり。之を離する時は彼・此亦異なり。

《法性》 諸法の真実不変の本性。

ここからは、三性・事事・理理・事理を対望して不即不離を説く。

第一は、三性が相互に不即不離であることをいう。それが有の面についていう段と、無の面についていう段とに分かれ、さらに遍・依対望と、依・円対望とに分かれる。

まず(1)は有の面についての遍・依対望である。遍・依を対望すると、遍計所執性の虚妄の相は、依他起性の仮有の上に起きるものである。その意味で二性は不離であるが、情有と仮有とは別であるから、その点では不即である。

次に(2)は依・円を対望すると、仮有の依他起性は円成実性の真如のうえに起きたものである。真如といっても、具体的な存在（依地起性）を離れて在るものではないのであるから、その意味では不離である。しかし、依他は仮有・円成は真有であるから不即でもある。

(3)無の面からの遍・依の対望で、遍計所執性の理無は、執著しているところの実我・実法が無であることをいうのであるが、依他起性の無も、本来的に有と誤認している実我・実法が因縁性の故に無であることをさすのであるから、両者の無は不離ではなく、しかも情有の無と仮有の無という点からは不即といえる。

(4)は依・円の無の不即不離である。依他起性の実無というのは、因縁生ということであり、円成実性の無は一切法無自性の真理をさすのであるから、両者の無は不離である。しかし、依他起性の無は具体的な個々の存在を手がかりとして捉えられた無であるのに対して、円成実性の無は不変常住の理体の面から捉えられたものであるので不即といえる。

要するに三性は相互に不即不離である。

(5)事・理相対して其の即・離を論ずるも亦復た是の如し。之を即せんと欲すれば即ち相・性の跡分ちて色・空に類す。之を離せんと欲すれば亦真・俗和融して氷・水に似たり。事中無量の差別相の不一・不異も亦復た是の如し。理中無辺の内証門の不即不離も亦復た是の如し。

故に『唯識論』に云く、「此れは世俗に依っていう。若し勝義に依っていわば心所と心と不即・不離なり。諸識相望するも応に知るべし亦然り。是れを大乗真俗の妙理という」と。又云く、「先に説く所の如き識差別の相は、理世俗に依り真勝義に非ず。真勝義の中には心・言絶するが故に」と。又云く「八識の自性は定んで一と言うべからず。行相と所依と縁と相応と異なるが故に。又一滅する時、余は滅せざるが故に。能・所熏等の相、各異なるが故に。亦定めて異なるにも非ず。経に八識は水波等の如く差別無しと説くが故に。定めて異ならば因果の性に非ざるべきが故に。幻事等の如く定性なきが故に」と。「唯識章」に云く、「然るに諸法の上に各自に有る理を内に各別に証すれば共と言《ぐう》う可からず。然るに体は共相に非ざれども万法此れを離れず。理、一にして二なきが故に亦共相と名づく可し」と。

是の如きに由るが故に事事相対して不即・不離なり。理理相対して不即不離なり。事理相対して不即・不離なり。然るにその事事の不即不離は不即を本と為す、事相は衆多なるが故に。其の理理不即不離に於ては、不離を本と為す、真理は一味なるが故に。理事不即不離は二門均等なり、相・性相依は即・離皆順ずるが故に。

《相・性》「相」は事相、ここでは依他起性。「性」は理性。円成実性をさす。**《色・空》**「色」は色法、物的存在。有質礙のもの。「空」は理性で無質礙のもの。色法は因縁所生の空にほかならない。空理は具体的には色法の上の理にほかならない。色と空は不離であるが、色が有質礙、空が無質礙である点では不即である。**《理中無辺の内証門》**常恒不変の理性は一つであるが、しかしその中に六無為・十真如等の差別を認めるので、「無辺」という。「理」は内証門であることはいうまでもない。**《『唯識論』に云く》**『成唯識論』巻七（佛教大系本三―五一三頁）。**《又云く、「先に説く所》**『成唯識論』巻七（同前五七八頁）。**《又云く「八識の自性》**『成唯識論』巻七（同前五七六頁）。**《経》**『楞伽経』（大正一六・五七四・中）。**《「唯識章」》**『大乗法苑義林章』「唯識章」（大正四五・二六一・中）。

ここには、事・理の不即不離が説かれているが、それについてはのちに改めて詳説される。この節は依・円二性の不即不離の延長として、それを事・理という捉え方の面から述べるものと解すべきであろう。

事（依他起性）と理（円成実性）とは、性・相、あるいは色・空、あるいは氷と水が不即不離である如くに不即不離である。

事事相対、理理相対、事理相対して皆不即不離であるが、事事は不即を本とし、理理は不離を本とし、理事は不即不離が均等である。

(2)　事事不即不離を詳説

問う。且く事事の不即不離に就いて何が故に不即なる、何が故に不離なる。乃至何が故に不即を本と為すや。答う。因縁所生の法は因縁一に非ざるが故に、相状衆多の故に、体事万差の故に、必ず種種非一の差別あり。是の故に不即を本と為す。

然るに其の体虚仮にして如幻如夢の故に、互いに因果となるが故に、定実の別有ること無し。豈に定めて相離すべけんや。故に不即なりと雖も而も亦不離なり。八識、不一不異の論文《ろんもん》其の意分明《ふんみょう》なり。

私に一喩を取りて其の意を顕わして云く、世間に所有《あらゆる》種種の仮物は其の相万差にして無量無辺なり。所謂房舎・門楼・墻壁・台閣等なり。是の如きの諸事曾って定相無し。若し屋宅を壊して門楼と為さば即ち成ずることを得可し。若し門楼を壊して墻壁と作さば亦成ずることを得可し。其の理是の如くなるが故に其の事皆不定なり。物体是の如くなるが故に未だ壊せざるの時其の彼彼の相皆決定せず。事事和融す。此の義必然として更に疑惑無し。然れども屋宅は即ち是れ屋宅にして而も門等に非ず。門は即ち是れ門にして而も屋等に非ず。

一一の事相宛然として乱れず。定相無きを以て豈に一切皆雑乱すべけんや。故に虚仮なりと雖も、虚仮の分位各各相分かる。定相無しと雖も誰か不有の有相を廃せんや。是の故に謂いつ可し、無定相に即するの定相なりと。是れ即ち因縁所成の功力《くりき》必ず損減せず。因果相称して輙《たやす》く転ぜざるが故に因縁尽きざれば彼彼の相状皆存することを得るなり。是の如く存すと雖も、然も其の自性は定相無きが故に互いに和融するの義又決然なり。

有為の諸法も亦復た是の如し。色法と心法と、心王と心所と、五根と五境と、三界と六道と、因位と果位と是の如き等の類、無量の差別一切是れ各各自性にして因縁所成法の故に定相有ること無し。定相無きが故に一切和融す。豈に互いに転ぜざらんや。然るに因縁所成は其の事空にあらざるが故に因縁尽きざれば種種の事相、倏然として相分かれ、彼・此都べて乱れず。是の故に事事不即不離は不即の門を以て本と為すなり。

《論文の意》　前に引用した『成唯識論』の「八識の自性は定一と言うべからず」をさす。《三界》　欲・色・無色界。《六道》　地獄・餓鬼・畜生・修羅・人間・天上。

第二は、事・事の不即不離が説かれる。

事とは、因縁所生の法であるから、衆多万差の相状を呈する。さまざまの事物が存在するという点では不即である。しかし、因縁所生であるということは、相互にかかわりあっていることを意味するから、その面から見ると不離となる。

たとえば材木と建造物の関係のようなものだ。屋宅を壊して門楼としたり、門楼を壊して墻壁とすることができるように、その組み合わせやかかわり具合によって、すがたはいくらでも変わる。固定した不変のすがたがあるわけではない。

そのように、因縁生の有為法は、すべて因縁所成法の故に定相があることはない。ただ相互に依り合いかかわり合う因縁が限りなくつづくことによって、万差の事相がまた限りなく存在するのである。そこで、事・事の関係においては、不即不離のうち、不即を本とする。

(3)　理理不即不離を詳説

①　正　説

問う。若し爾らば理理不即不離は何が故に不即なる、何が故に不離なる。乃至何が故に不離を本と為すや。答う。⑴真理若し定めて異ならば是れ即ち応に有為なるべし。体性衆多の法は必ず其の因縁を待つ。若し因縁有って生ぜば応に是れ有為なるべきが故に。況や若し異相あらば即ち応に是れ事相なるべし。豈に法性と名づけんや。⑵真理若し定めて一ならば応に各各の性に非ざるべし。　若し各各の性に非ずんば何ぞ諸法の性と名づけん。況や若し一相有らば即ち応にこれ事相なるべし。何ぞ法性と名づけんや。是の故に真理は不即不離なり。但し詮門に寄せて強いて之を施設せば一味を本と為す。

所以は何ん。無相法の中、別相無きが故に。此の義に由るが故に色の理なりと雖も理は質礙無し、焉んぞ心性に異ならん。心の理なりと雖も理は縁慮なし、焉んぞ色性に異ならん。乃至五根・五塵・心王・心所等の法の種種の理各相対して是の如く知る可し。故に衆多の不同は皆是れ有為の相にして全く真性の中の不同に非ず。故に聖教の中には名づけて平等性と為し称して虚空界と為す。是れ即ち事相は無量万差なり。真理は一味にして不生不滅、非一非異、非色非心、非内非外、差別なきが故に。是れを以て三科・四諦等の性、三界・五趣・三乗等の理、皆互いに融通して彼・此隔たり無し。然るに此の一理各各の事相の性と為《な》るは、色性は凝然として質礙すべき理、心性は凝然として縁慮すべき理、乃至一一皆是の如くなるが故に不即の門は事相に従う。其の至実を談ずれば、是れ真理の尅性《こくしょう》門に非ず。直ちに理体を論ずれば是れ一味なるが故に不即不離なり。思議し難き中に、若し強いて施設せば、不離を本と為すなり。

《詮門》 元来は言語で表現し得ぬものを強いて言語で表わす方法。**《聖教》**『大般若経』『弁中辺論』をさすと『述記』（佛教大系本一―五二五頁）に述べられている。そこに真如の別名が十二種あげられており、平等性・虚空界の名が含まれている。**《非内非外》**「内」は有情（命あるもの）、「外」は非情。**《三科》** 五蘊・十二処・十八界。**《五趣》** 地獄・餓鬼・畜生・人間・天上。**《尅性門》** 本性を正確厳密に述べる方法。

この節は、理・理の不即不離が説かれるところである。(1)は不離の義、(2)は不即の義、(3)は不即不離の義である。つまり(1)理と理は一体の関係にある。もし理が相互に別体のものだとすると、有為の事相となってしまうからである。(2)では真理は唯一のものかというとそうではない。理は具体的には個々の事相の理であるからである。もし理が唯一のものだというと、事相を離れてどこかに超越的に存在するものとなる。その意味では不即である。つまり不即不離である。ただそれを強いて詮門で表わせば、一味不離を根本とするというべきである。

なぜならば、理は無相の理にほかならず、無相法の中には別々の相はないからである。衆多万差の相は有為の相であって、真性の違いではない。真理は一味平等であって、有為の差別相はない。ただ有為法の性として不即門を立てるのみで、それは尅性門ではない。理体そのものは一味、不即不離である。

②　十界互具を明かす

問う。若し爾らば地獄界の理は即ち佛界の理なりや。乃至佛界の理は即ち地獄界の理なりや。其の鬼畜乃至声聞等の一一の界に於て問いを為すこと亦爾り。

答う。十界互具《じっかいごぐ》は他宗の法門か。

自宗の意は二門有る可し。有為の事より伝えて之を論ずる時は爾らざるを本と為す。所以は何ん。地獄の依・正は極苦の色・心なり。其の実性を説いて安立《あんりゅう》真如と名づく。佛界の依・正は極善の妙体なり。其の実性を説いて正行《しょうぎょう》真如と名づく。彼・此の理性條然として乱るること無し。一一の法性各別に証するが故に。若し直ちに理体を談ずれば平等にして差別《しゃべつ》無し。更に所隔無きが故に互具の義亦必然なり。安立真如と正行真如と皆一真如・法性の理なるが故なり。故に『唯識疏』に云く、「詮を廃して体を談ずれば即ち一真如なり」と。何《いか》に況や事相も亦定相なし。不即を本と為すと雖も亦不離の義有り。各各の真理豈に定んで異ならんや。若し此の門に約せば事相皆融して互具の義、爾《いよいよ》 劬《く》労《ろう》無し。

《**十界五具**》　「十界」とは、⑴地獄界、⑵餓鬼界、⑶畜生界、⑷修羅界、⑸人間界、⑹天上界、⑺声聞界、⑻縁覚界、⑼菩薩界、⑽佛界のこと。「互具」とは、その一つ一つがそれぞれ十界を具備していること。つまり百界あって、地獄界にも佛界があり、佛界にも地獄界があるとする天台教義の一つ。《**二門**》　不即門と不離門。《**依・正**》　依報・正報。《**理性**》　真如。《**『唯識疏』に云く**》　『成唯識論述記』九本（佛教大系本四―三一八頁）。《**劬労**》　つとめつかれること。

理・理の関係について一味不離の点を述べたので、その立場からいうと、地獄界の理も佛界も同じになるのではないか、という問いが出される。

答え。地獄界より佛界までの十界を立てて、しかもその一つ一つが相互に十界を具備するという十界互具の教説は他宗のものである。法相教義の立場からいえば、不即門・不離門の二門によってそれを説明する。不即門からいえば、地獄の極苦の色・心と、極善の妙体である佛界とはまったく別界であって乱れることはない。その性としての普遍平等の真如にしても、地獄界の真如は安立真如、佛界は正行真如と区別するのである。

しかし、もし不離門に立って平等無差別の理体を直接談ずると、それは隔絶がなく、安立真如も正行真如も一真如法性以外のなにものでもない。この立場に立てば、十界互具も説明されうるのである。不即門と不離門の二門によって完全にその真理は説かれるのである。

(4) 事理不即不離の詳説

① 総釈

問う。理事相対の不即不離は何が故に不即なる、何が故に不離なる。乃至何が故に二門均等なる。

答う。『唯識論』に云く、「異ならば応に真如は彼の実性に非ざるべし。不異ならば是の性は応に是れ無常なるべし。彼・此倶に応に浄・非浄の境なるべし。即ち本・後の智用応に別無かるべし」と。此れ即ち本経『解深密』の中に善清浄慧菩薩、勝解行地《しょうげぎょうじ》の衆多の小菩薩、各執して理事の一・異を諍論して、或は一向相即と云い、或は一向相離と云い、或は猶預簡択《ゆうよけんじゃく》して決定の解《げ》を生ぜず、種種不同なるを挙げて如来に請問《しょうもん》す。如来之に答えて、其の偏即・偏離の二義に於て佛自ら各各種種の難破を致し、大いに之を呵して云いたもう、「愚癡・頑鈍にして明らかならず善ならず理の如く行ぜず」、と。其の文繁広なり。披《ひら》いて之を見る可し。『唯識論』等は即ち此れより起れり。其の大綱は、事理若し是れ一向に相離せば、真如は応に諸法の実性に非ざるべし、性は即ち是れ法の至実なるが故に。事理若し是れ一向に相即せば真如は応に真実如常に非ざるべし、随縁転変して生滅すべきが故に。自余の諸難皆本文の如し。繁きが故に載せず。是の如き等の理、皆必然の故に事理相対の不即不離は二門均等にして更に差異なし。設《も》しは一を本と為し、設しは異を本と為すこと皆不可得なり。都べて由しなきが故に。

《『唯識論』に云く》　『成識唯論』巻八（佛教大系本四―三〇四頁）。**《異ならば》**　依他起性（事）と円成実性（理）とが別々（不即）であるならば。**《本・後の智》**　根本智と後得智。根本智は真如と冥合一体となった無分別の智。後得智は根本智の上に立って事相を縁ずる智。**《本経『解深密』の中》**　「本経」とは、『解深密経』のこと。以下の文は『解深密経』「勝義諦相品」（大正一六・六八八）の取意。**《勝解行地》**　地前のこと。凡夫位。地前とは菩薩十地の初地極喜地に入る以前のこと。ただし、小乗の修行に比べるとはるかに勝れているので勝解行地という。**《小菩薩》**　勝解地の菩薩のこと。初地以上を大菩薩という。**《猶預》**　ためらい。**《簡択》**　えらび分ける。**《偏即・偏離》**　不即・不離のいずれかにかたよること。『成唯識論同学鈔』（大正六六・五〇九・上）に偏即の六過、偏離の八過を列記している。

ここは、理事相望してその不即不離であることを述べる一節である。

『成唯識論』巻八にいわれているように、理と事とは不即不離である。もしも理と事とが別であるならば、事の本性としての真如が事と遊離することになるし、もしも一体であるとするならば、有為法は無常遷流するものであるから、真如もまた無常のものとなってしまう。不即門にも不離門にもかたよってならないことは、『解深密経』「勝義諦相品」にも説かれているとおりであり、実は『成唯識論』はそれに基づくものである。

不即・不離のいずれかを根本とすることはできない。

② 即の細釈

問う。事は是れ有相、理は是れ無相。事は生滅す可し、理は常住なる可し。事は衆多なり、理は平等なり。是の如き不同、実に一混し難し。若し爾らば応に是れ一向各別なるべし、何ぞ即門有りや。

答う。事若し堅実ならば此の難爾るべし。事既に虚仮《こけ》なり、何ぞ此の疑に及ばん。偏に他力を以て成じて自性有ること無きが故に有相に似ると雖も而も定実の相無し。生滅に似ると雖も而も実の生滅無し。衆多に似ると雖も、而も実の衆多無し。皆夢境の如く不可思議なり。故に更に無相の心理に違せず。彼此和融して互いに相即するなり。


《堅実》　不変堅固な実体。　《他力》　衆縁の力。


続いて不即不離の即と離の細釈。

まず即の細釈である。事は有相・生滅・衆多であるのに対して、理は無相・常住・平等である。このように性質のまったく異なった二つが即（不離）であるとはどういうことかと問われる。

答え。事が堅固不変の実体であるならば、その問いも意味がある。しかし、事は因縁所生のもので、堅実・定実のすがたがあるわけではない。したがって、実体があるようでもそうでなく、生滅があるようでも因縁のあるなしがあるだけで、真の生滅があるのでもない。実体の相があるようでもほんとにあるのではない。その意味で、無相の真理とは別ではなく、事と理は和融相即しているのである。

③　離の細釈

問う。若し爾らば亦応に一向相即すべし。何ぞ別門有るや。

答う。其の義前に顕わる、何ぞ此の問いを煩わさん。定実の相無しと雖も虚仮の相無きに非ず。実の生滅無しと雖も仮の生滅無きに非ず。実の差別無しと雖も仮の差別無きに非ず。真理は是の如くならざるが故に亦不即の門有るなり。

ここは離の細釈。

即の面にのみ目をつけると、さまざまの具体相が消えてしまうように思われるが、定実の相はないからといって、具体的な存在がなくなるのではなく、因縁所生の仮法としての差別の相はある。離（不即）の一面が厳然としてあるのである。

④　不即不離の喩え

問う。是の義思い難し。喩えを引いて之を顕わせ。

答う。水面湛湛として高下有ること無く、相貌《そうみょう》有ること無し。風等の縁来たる時、波浪忽然《こつねん》として起る。其の勢或は高く或は下《ひく》し。其の形、華の如く綾の如し。今此の事相は縁来たれば即ち生じ、縁謝すれば即ち滅す。其の水の体性は、縁来たるに由って方《まさ》に始めて起ることを得るに非ず、縁尽きるに由って方に随って滅することを得るに非ず。今且く波に対して不生滅と為す。故に水を以て本有常住に喩う。豈に彼の波と一向に相即せんや。然るに波は全く水なり、水の外に何の別の物体有らんや。是の如く見る時は亦実に不離なり。是れ即ち波相は仮有・実無にして有相に似たりと雖も而も定実の相無し。起滅に似たりと雖も而も実の起滅無し。衆多に似たりと雖も而も実の衆多無し。如幻・縁生にして難思の故なり。波若し堅実ならば水とは偏に別なるべし。波は虚仮の故に水と相和して不即不離なり。諸法の事理の不即不離、此の譬喩を以て知る可きをや。

ここでは不即不離の義を譬喩をもって説く。

事と理の不即不離の関係は、波と水との譬をもって説明される。水に風の縁の力が加わると波が起きる。波は水以外の何ものでもない（不離）が、また、風の縁によってさまざまの形を仮現している点で、水とまったく一つであるとはいえない（不即）。波と水とが不即不離である如く、事と理も不即不離である。

これは『楞伽経』の譬喩に基づいて、良遍が説明を加えたものである。『成唯識論』にも引用されている。

しかし、この譬喩は、同時に真如縁起説の立場からも充分に解釈されうるもので、『大乗起信論』にも引用されていることは周知のとおりである。

法相教義では、これは不即不離の関係を説くものとするのであって、真如縁起を譬えるものとはとらない。そこは注意しなければならないところである。

問う。今此の譬喩は相即の譬喩なり。水波は一向に一体にして都べて別門有ること無し。故に風等の縁に依って起る所の波相は実に其の体無し。但是れ水面の高下なり。華等の相に似たるは但是れ相似にして実に其の相無し。若し是れを喩えと為さば諸法も亦応に真理の外に別の法有ること無く、有為の事相は皆迷いの前の境なるべし。今引いて喩えと為す其の意如何。

答う。是の難甚だ非なり。不即の義門は前に具に顕《つぶさ》わし已ぬ。若し其の上の難ならば即ち是れ一向に波浪の起滅を許さざるや。将《は》た又一向に水分の常住を許さざるや。若し並びに許さずんば恐らくは是れ横執ならん。若し又倶に許さば不即の義門自然に成立す。相似は是れ仮にして更に都無に非ず。若し難者の如くならば、恐らくは仮法を誤って無法と為すなり。仮法と無法と其の義各別なり。混濫せしむること忽れ、仮とは亦有亦無の義なり。無とは都無にして更に有の分無し。今此の波浪は仮にして無に非ず。若し都無ならば何ぞ縁来たる時其の相生起し、縁尽きる時其の相滅するや。若し仮と許さば何ぞ前答の上の難を為すや。故に此の譬喩は能く不即不離の喩えを成ずるなり。

若し所難の如くならば恐らくは是れ一向に事相を撥無するならん。事相若し無ならば真理も亦無なるべし。真理は独り真に非ず、必ず俗の真なるが故に。真俗皆撥無せば即ち是れ大邪見なり。若し猶お事無く理有りと言わば、其の義必然として不可得なり。若し事を撥せず迷いの前に在るが故にと言わば、若し爾らば悟りの前には無し、何すれぞ事を許さんや。情有理無は法体に非ざるが故に。若し之に依って悟りの前の事を許さば一向相即は責めざるに自ら破る。不生の理の上に虚仮の生滅必然として相分かれて唯一に非ざるが故に、若し虚仮の故に相即すと云わば、亦虚仮の故に定めて即すべきこと難し。即ち是れ不即不離の義なり。何ぞ是れ一向に相即の義ならんや。若し之に依って我、不即不離の義を許すと云わば、法相の義門自然《じねん》に成立す。百法の性相・法爾《ほうに》の五姓皆是れ虚仮の事相の中の不即の一門なり。即ち彼の如幻人法の前の不一差別の所以なり。

若し又説いて悟前の事相は是れ事相なりと雖も法体は常住・不生不滅の故に相即すと言わば、言う所の事相は是れ因縁生と為んや、因縁生に非ずと為んや。若し是れ因縁生ならば寧《な》んぞ不生不滅ならん。縁生にして不滅ならば亦正理に違す。若し因縁生に非ざれば、今の所論の事に非ず。今の所論は、縁生の事に対する一異の義の故に。何《いか》に況や其の事は是れ有相と為んや、是れ無相と為んや。若し是れ有相ならば必ず因縁生なり。無因自然は正理に違するが故に。自然を因と為るも亦悪因の故に。若し是れ無相ならば即ち真如の理なり。何ぞ事相の法体常住なりと云って事理相即の義を成ぜんと欲するや。若し又説いて、真如を事と名づけ是れ法体の故に、常住の事とは即ち是れ此の事なり、言う所の相とは実相の相なり、故に即ち深理なりと言わば、亦今の所論に非ず。今の所論は縁生に望むるが故に。若し又説いて因縁生の事は即ち真理の相なり、故に事即理にして不生不滅なり、此の外に何ぞ別の真理有らんと言わば、還って前の難有り。因縁生の事にして而も不生滅なること不可得の故なり。若し其の生滅は仮に生滅に似るが故に真理の不生滅に摂帰《しょうき》すと云わば、即ち是れ我が宗の不即離の中の不離門なり。何ぞ別義の為に劬労《くろう》を致さんや。

凡そ三性門の委細の安立は、「総料簡章」の時教等の中に其の意顕然なり。披いて之を見る可し。

《横執》 妄執。「横」は道理にあわないこと。 **《撥無》** 否定する。 **《迷いの前》** 迷いの境界。 **《悟前の事相》** 悟りの境地に表われる依他起の事相。 **《無因自然》** 因なくして存在する。 **《「総料簡章」》** 『大乗法苑義林章』の水波の譬は、水と波とが一体であるという相即の譬喩である。相即の立場に立つと、波は水の偶然の一相ということになり、波が有為法を譬えるならば、有為法は唯迷境上の幻影となり、理と事との不即不離の譬喩にはならぬではないか。

それに対して次のように答えられる。

しかるに、波浪は波浪としての仮法の事相を持ち、水そのものではない。波浪の事相を否定するということは、仮法と無法とを混乱するものである。

事相が無であるならば、その性であるところの真如も無となろう。

迷いの時には事相があるということは、悟りの時には事相を否定することである。事相を否定すれば一向相即も成立しない。

また悟前の事相を認めて、しかも法体はそれと別に常住・不生不滅であるから相即するというのも理に合わない。その事相はいったい何なのか。因縁生ならば不生不滅ではない。

事相が有相ならば因縁生であるし、無相ならば事相ではなくて真如となる。

また真如を常住の事と名づけるというのは、因縁生の法との関係を説くここの問題からははずれることになる。

因縁生の事が、即真理であるとするのは、因縁生のものが不生不滅となるという前の矛盾に再び撞着するとになる。

生滅は仮法であって、不生滅の真理に摂帰すといわば、それこそがわが宗のいう不離門にほかならない。

この一段も、相即門に立つ真如縁起説を暗に批判している。

第九章　三種無性

第一節　三無性義を釈す

問う。三無性の中、後の二無性は何を以て体と為すや。若し所執を体と為さば相無性と何の別異か有る。若し依・円を体と為さば依・円、豈に其の自性無からんや。

答う。後の二無性の体は先徳二伝なり。

若し南寺の諸徳の意に依らば、三無性の体は皆是れ所執なり。

若し南寺の護命僧正《ごみょうそうじょう》と及び北寺の諸徳の意に依らば、後の二無性は次の如く依他・円成を体と為す云云。

この中且く後伝の意に依らば、依・円二性は中道有の故に名づけて有と為すと雖も偏有に非ず。偏有に非ざるが故に必ず空の義を帯す。此の空の義を取って無性と称するなり。此の空の義は即ち依他起は自然性無し、円成実性は一切の相を離る、此《かく》の如きの虚仮の空と及び空性の空とは法爾として本来法体の上に有する所の義なり。今此の義を取って無性と称することは是の如きの義有るが故なり。性全無に非ずと雖も、妄執を除かんが為の故に仮に無性と名づくるなり。故に『唯識論』に後の二無性に於て倶に同じく説いて仮に無性と説く、性全無に非ずと言えり。性全無に非ずとは法体中道の故に名づけて有と為すと雖も復た有に留まらず、有に留まらずと雖も亦全無に非ず。その無は即ちこれ一分の義なり。この一分を取って総じて無性と説く。

（言わんとす。）
故に三無性は次の如く三性を以て体と為すなり。之に依って喩えを説いて空華と幻事と及び太虚空とに相配す。若し皆所執を其の体と為さば唯一の空華の喩えを取り終る。何ぞ各別の三譬喩を用いんや。『般若経』の中、此の三種を以て密意をもって説いて一切諸法皆自性無しと言うは、未だ此の三種の無性を顕了にせず。是の故に之を総説無性と名づく。

《南寺》 奈良・元興寺のこと。北寺（興福寺）に対して一つの学風を形成していた。**《護命僧正》** 七五〇―八三四年の人。南寺伝を代表する学僧。新羅の智平より倶舎・唯識を承ける。その学説は「広岡の伝」と呼ばれる。著書に『成唯識論疏解節記』二十巻、『成唯識論掌中枢要解節記』十七巻、『成唯識論了義灯解節記』三巻、『大乗法相研神章』五巻等があるが、『研神章』を除いてそのほとんどが散逸している。**《北寺》** 奈良・興福寺のこと。中国法相宗の慧沼・智周の学系が入っていることから、分析的な精微な学風をもつ。**《後伝》** 北寺伝をさす。**《自然性》** 因縁所生でないもの。**《『唯識論』に》** 『成唯識論』巻九の生無性・勝義無性を説くところの取意の文。**《法体中道》** 法相教義では一応定立的に法体を立て、依他起性には依他起性の法体、円成実性には円成実性の法体があるとし、その一つ一つの法体の上に非有非空の中道を見るのである。**《喩えを説いて》** 『成唯識論』巻九に、相無性＝空華、生無性＝幻事、勝義無性＝太虚空とあるのをさす。「空華」は眼疾者が空中に見る華模様。「幻事」は奇術、魔術、手品のこと。実際にはないのに技術（因縁）によってあるが如くに見える。**《総説無性》** 三無性を総体的に一切法無とすることをいい、法相教義・三時教判では第二時空教をさす。

この章では三無性が説かれる。前章の三性は、非有非無のうち〈有〉の面に立って説かれたものであったが、三無性は〈無〉の面に立つものである。

まず問いは、のちの二無性、つまり生無性と勝義無性の体は何かが聞かれる。相無性は、もともと体性都無の遍計所執性の無であることをいうのであったから問題はないのであるが、依他起性の円成実性とは有であるから、それが無であるというのは有を執著するその執を無とするのか、依地・円成の体そのものを無とするのかということが、あきらかにされなければならなかったのである。

それに対して、南寺では執空説をとり、北寺の諸徳と南寺の護命僧正とは体空説をとったのである。良遍は北寺の系列に属する人であるが、ここでも一応体空説に立って説明している。依他起性も円成実性も、非有非空の中道と捉えられるのであるから、有といっても偏有ではなく、空を帯しているのであり、その空の面を無性というのであるという。

三無性が、空華・幻事・太虚空の譬喩で説明されるのは、体の無をいおうとするのであって、すべてが執の無であるとするならば、空華の一つの譬喩で十分であって、幻事・太虚空等はいらないことになる。『般若経』で、この三喩を一切諸法皆自性なしというのは、三種の無をはっきりと捉えた上でのものではないので、それを総説無性という。

なお二点を補足しておこう。まず体空・執空についてである。

体空・執空について『成唯識論同学鈔』に論義があり、体空説をとるのは、北寺の大部分の諸徳と南寺の護命であり、執空説をとるのは、南寺の勝胡と北寺の仁秀等であるといわれている。（大正六六・五一八・上）。これによると、どうも南寺伝・北寺伝等が、決して絶対的に強制されたものでなく、異論も十分許容されていたように考えることができる。法相教義は、元来が論典である『成唯識論』を所依とするところから、かなり自由な発言が許されたのであろう。『同学鈔』の中に、宗祖である慈恩大師の説への疑問や批判が、遠慮なく述べられているのを見ることができるが、元来佛教はそうした自由な思索に立脚しているのである。

補足の第二は、生無性についての南・北両寺伝である。これも『同学鈔』に伝えられている。それによると南寺伝では、「生」とは「自然生の生」を意味するものと解釈し、「生無性」とは、依他起性は因然所生のものであるから、自然的に——因縁によってでなく生じたものではないという説をとり、北寺伝では、「生」は「縁生の生」の意味と解して、依他起性は因縁所生の法であるから、そのままでただちに無性であると説明する。『同学鈔』は縁性説をとっている（大正六六・五一八・下）。

両説それぞれに論理があるが、非有非無の中道を背後において考えると、北寺の縁生の生と解する説の方が、より中道の本義に添うもののようである。

第二節　深旨を示す

問う。依・円二性に有する所の空の義は則ち是れ遍計所執の空なり。所以は何《いか》ん。依他起性に自然無きことは、遮する所の自然は即ち所執の自然性なるが故なり。円成実性の無相空は、遮する所の相は亦是れ所執の種種相なるが故なり。若し爾らば後の二の無性も正しく所空を論ぜば皆計所執に当たる。何ぞ所執空の伝を嫌わんや。之を捨てて殊に体空の伝を存せば其の所空の法は尤も不審なり。若し直ちに依・円の体を空ずと言わば、その所空の分は此れ何の分ぞや。其の不空の分は亦何の分ぞや。所執は妄法の故に之を空ずるに由有り。依・円は妄に非ざるが故に之を存するに由有り。其の妄に非ざる中、更に何の由有りて空ずる所の分有りや。若し全く遣《や》らずんば返って執空を成ず。若し全く之を遣らば即ち空見に堕す。彼を察し此れを顧みるに執空に如かざるべし。

答う。此の義、深細にして輒《たやす》く成立し難し。練習已後之を知るべき歟《か》。但し且く其の入門を指示せば、所執無き法は是れ依・円なり。故《ことさ》らに此の法を呼んで名づけて無性と為す。無の名は既に法体に蒙らしむ。故に体空と名づく。然るに全無に非ざるが故に仮説無性と名づく。

《練習》　三性・三無性の観行をしばしば行ずること。　《仮説無性》　体がまったく無であるのではないが、仮に無性と説くこと。前の総説無性に対していう。

執空説からの問い。

依他起性と円成実性は有であり、そこで遮遣されるのは、その有の上に遍計された妄執であろう。依他・円成の有のどこに妄法があるのであろうか。依他・円成は、体が空だから遮遣しないとすると、かえって空執になるし、体を遮遣すれば空見になる。否定されるのは体ではなく執であろう。

それに対する答えは、なかなか難しい問題であるが、観行を重ねれば自らわかってくるであろう、所執のないということが依他・円成であり、「無」というのも無体を意味し体空と名づけるが、しかし、それかといって体全無というのではない。それを仮説無性というのである。

以上で三無性説を終っているが、三無性説は、三性説と表裏一体をなすものであることはいうまでもない。

そこで三無性・三性を一体のものとして考えてみると、良遍がこの二章に最も多くの分量をさいていることがよくわかる。三性説の章等は、少々くどすぎるぐらい有・無、事・理の不即不離が縷々としてくりかえされ、さまざまの角度から論述されていた。前にもちょっと触れたように、『成唯識論』においては、三性・三無性説は非常に簡単に述べられているだけであって、この『覚夢鈔』に占めるような大きな位置は与えられていない。またそれ以後の中国・日本の唯識論書においても、この本のように三性説に多くの比重をかけているものはないように思う。もちろんそれは三性説がまったく軽視されていたということではない。『同学鈔』も三性説に二巻、三無性説に一巻をさいて論義を収めている。しかし、この『覚夢鈔』ほどの迫力を持つものではない。三性・三無性説を教義の中心におこうとするのは、良遍の唯識学の体系の特徴であろう。『真心要決』においても、『応理大乗伝通要録』においても、くりかえしその主張が一貫して述べられている。

では良遍は、なぜそのように三性・三無性説の論述に力をかけたのであろうか。それはこの章につづく、「二諦相依」「二重中道」に一貫してみられる、三乗佛教の正義の主張である。三性・三無性の不即不離は、その根拠としての思想的構造として、良遍は詳細に多角的に厳密に論理を構築していったものと思う。

知られるように日本佛教の大勢は一乗佛教であった。その中で法相教義がただ一つの三乗の孤塁を守ってきた。良遍はその三乗教義の正当性を論証せざるを得なかった。それは一乗教義に対して論戦を交えるためではなく、自分自身を納得させるためであったのだと思う。一生懸命論理を築いて、それを己れに言い聞かせたのであろう。三性・三無性の不即不離の論述には、そういう内面の叫びを聞く思いがする。良遍は禅へも関心を抱き、また弥陀の念佛へも救いを求めているが、三性・三無性の不即不離は、法相教義の内部に発見した救いの論理ではなかったであろうか。

第十章　二諦相依

第一節　四重二諦を明かす

(1)　三乗合して明かす

問う。法門は無尽なり。何の義門を以て勝義真実門と為すべきや。

答う。我が宗の意は四重の二諦を立つ。所謂世俗に具に四重有り。勝義も亦爾り。世俗の四重とは、一には世間世俗。謂く瓶《びょう》・衣《え》・軍・林等なり。二には道理世俗。謂く蘊等の三科なり。三には証得世俗。謂く苦等の四諦なり。四には勝義世俗。謂く二空真如なり。勝義の四重とは、前の世俗に形して次第に之を立つ。即ち初めの俗に形して四重の真を立つ。所謂三科と四諦と二空と一実と是れなり。第二の俗に形して三重の真を立つ。所謂四諦と及び二空と一実と是れなり。第三の俗に形して二重の真を立つ。所謂二空と一実と是れなり。第四の俗に形して一重の真を立つ。所謂一真法界是れなり。今此の廃立《はいりゅう》は三乗、合して明かすなり。

《世俗》　世俗諦（梵語 saṃvṛti-satya）のこと。単に俗諦・世諦ともいう。二空が隠れて仮有のみの顕われた境域。『大乗法苑義林章』は「二諦章」を設けてこれについて、「世とは謂く隠覆と可毀壊との義なり。……俗とは謂く顕現と世に随って流するとの義なり。……諦とは、実の義にして、有が如実の有、無が如実の無、有無虚ならざるこれを名づけて諦となす」（大正四五・二八七・下）と述べている。「世」とは真理を隠すことであり、変化生滅するものである。「俗」は仮法が表面に顕われ、変化流転するものの流れのままに流されることである。「諦」は真実をいう。**《勝義》**　勝義諦（梵語 paramārtha-satya）のことで、真諦・第一義諦等といわれ、空の本義に立脚した真理をいう。『義林章』「二諦章」には、「勝は謂く殊勝なり。義に二種あり、一には境界を義と名づけ、二には道理を義と名づく。……諦とは実の義にして、事が如実の事、理が如実の理、理事謬ならざるこれを名づけて諦となす」（大正四五・二八七・下―二八八・上）とある。**《世間世俗》**　世情にしたがって、虚仮のものを虚仮のものと知らず、無反省に実有と信じられているもの。『義林章』には、「世間世俗とは、真理を隠覆して世情に当たって有り、虚偽の中に堕するを名づけて世間という。凡流が皆有りとおもいて情と名とに依って仮説するを世俗となす」（大正四五・二八八・上）とある。　**《道理世俗》**　五蘊・十二処・十八界等の教説で、分析的反省の立場、あるいは哲学的立場といってもよいであろう。『義林章』には、「彼彼の義に随って蘊等の法を立つるを名づけて道理となし、事相顕現して差別、知り易きを名づけて世俗となす」（同前）とある。　**《証得世俗》**　四諦の教説によって因果の差別を示し、聖果を証得せしめようとして設けられた真実。『義林章』には、「染・浄因果の差別を施設してそれをして趣入せしむるを証得となし、相の知るべきものあるを名づけて世俗となす」（同前）とある。　**《勝義世俗》**　二空（我空・法空）、真如そのものをさすが、それを言語を仮設することによってさまざまに説明しようとする。『義林章』には、「勝義世俗とは、妙に衆法を出でて聖者の所知なるを名づけて勝義となす。仮相をもって安立して体、離言に非ざるを名づけて世俗となす」（同前）とある。　**《初めの俗》**　世間世俗のこと。　**《第二の俗》**　道理世俗のこと。　**《第三の俗》**　証得世俗のこと。

三性・三無性説は法相教義の独特の体係で、それによって、有・無、事・理の不即不離を説いてきたのであるが、ここからは広く他の教学でも説く真・俗二諦説によって法相教義を位置づけようとする。問いは、無尽の法門ある中で、どのようなものを勝義真実とするのかというものである。それに対して法相教義では、四重二諦を定立して勝義真実を位置づける旨が答えられる。

四重二諦とは、世間・道理・証得・勝義の四段階に、世俗諦と勝義諦の二つを立てるもので、本文を図化すると次のとおりである。

1世間世俗諦……瓶・衣・軍・林等
2道理世俗諦……三科（五蘊・十二処・十八界）……世間勝義諦
3証得世俗諦……四聖諦……………………道理勝義諦
4勝義勝義諦……二空真如…………………証得勝義諦
　　　　　　　一真法界…………………勝義勝義諦

この四重二諦説は、三乗に共通の形で述べたものであり、厳密には声聞には声聞の二諦、独覚には独覚の二諦、菩薩には菩薩の二諦があるといわれている（『大乗法苑義林章』大正四五・二八八・下〜二八九・中）。菩薩の二諦はのちに述べられる。

二重四諦説について三点補足しておく。

第一は勝義諦についてである。勝義諦とは、空理に立脚してその方向からみた真実である。一、世間勝義はその内容は道理世俗に同じであるが、世俗諦が事相を表面としてみたのに対してその同じものを空理の面からみる。その点が世間世俗諦にすぐれているから勝義といわれる。『法苑義林章』には、「世間勝義とは、事相麁顕にして、猶お破壊すべきを名づけて世間という。亦聖の所知にして第一の俗に過ぎたるを名づけて勝義となす」（大正四五・二八八・上）とある。二、道理勝義は「知・断・証・修・因・果の差別を名づけて道理となし、無漏智の境にして前の二俗に過ぎたるを名づけて勝義となす」（同前）。三、証得勝義は「聖智が詮空の門に依り理を顕わすを名づけて証得となし、凡愚不測の前の三俗に過ぎたるを名づけて勝義となす」（同前）。四、勝義勝義は「体、妙にして言を離れ、はるかに衆法を超えたるを名づけて勝義となし、聖智の内証にして、前の四俗に過ぎたるをまた勝義と名づく」（同前）といわれている。最後の勝義勝義諦は、言詮を離れた根本智の境域であるので、廃詮談旨諦ともいわれ、理智冥合の究極の世界を示す。『義林章』には、「前三の勝義は有相の故に安立なり。第四の勝義は無相の故に非安立なり」（同前）と説かれている。

第二は、この四重二諦説は、三科や四聖諦等を中心において、世俗諦と勝義諦とが相対する構造になっているが、これは何を意味するかということである。その意味するのは、諸法の実相は真・俗二諦が相対して、しかも不即不離であることを表わすということである。『覚夢鈔』は、三性・三無性説で有・無、事・理の不即不離を説いたので、ここではその延長として、他教学でも説く真・俗二諦説をとって、それを不即不離を説くものと解することを述べるのである。

また、世俗諦と勝義諦とを対照的な位置におくことは、一つの事実において、世俗諦よりの把握と勝義諦よりの把握とが可能であることを表わし、同時に世俗諦と勝義諦とはまったく次元を異にするものであること意味する。法相教義は相即門のみに傾いて真俗一体といい、生死即涅槃、煩悩即菩提とのみ主張することを嫌う。そこには佛教堕落の危険性が潜んでいるからである。法相教義はその峻別にきびしいといってよいが、四重二諦説もその一つである。

第三、さらにこの四重二諦説の意味するのは、世間・道理・証得・勝義というように、観行の麁より細への深まりである。つまり、道理世俗諦と世間勝義諦との第一の観行の段階においても、無漏後得智の観察を見出しうるとともに、それはまた、道理・証得・勝義へという深まりを持つものであることがみごとに顕わされている。観行の初門にも無漏が働くとともに、それはまた深まり熟していくという一面をもかね備えているのである。佛道にはその二面があることを見落としてはなるまい。

(2) 唯大乗を明かす

若し偏えに菩薩の二諦を明かさば、実我・実法を第一の俗と為す。五蘊・四諦等の十善巧《ぜんぎょう》を第二の俗と為す。三性・無性・唯識の理等を第三の俗と為す。二空真如を第四の俗と為す。今此の後の三は即ち是れ勝義の中の前の三なり。其の第四重の真勝義は即ち是れ二空の廃詮談旨にして一真法界なり。第一の俗に形して四真を立つ等の義は、前の如し。

《実我》 常一主宰の実体的な我。 《実法》 所知障の対象として妄執され実体化された法。 《十善巧》 『成唯識論述記』に、『弁中辺論』『菩薩蔵経』によらばとして、「(1)蘊、(2)界、(3)処、(4)(十二)縁起、(5)処非処(道理と非道理)、(6)(二十二)根、(7)(三)世、(8)(四)諦、(9)(三)乗、(10)有為無為」が列挙されている(佛教大系本一—一三〇頁)。これは『弁中辺論』(大正三一・四六八・下)と全同であり、我見を破するための善巧であるといわれている。『菩薩蔵経』はこれと多少違い「蘊・界・処・諦・正知・随順・智識・菩提分・聖道・縁生」があげられている(大正一一・八七一・下)。『菩薩蔵経』は、菩薩の波羅蜜行の説かれている経典であり、利他行を根底としてその上に説かれている十善巧であるので、当然中味は利他行に貫ぬかれている。「善巧」とは衆生接化の方法の巧みなことをいう。 《二空真如》 我空・法空のところに顕われる真実。　《廃詮談旨》　言語文字の表現を超えた言詮不及の境域。

前節は三乗共通の四重二諦説であったが、ここではただ菩薩についてのみのそれが説かれる。菩薩の四重二諦は次のようになる。

世間世俗諦……実我・実法
道理世俗諦……五蘊・四諦等・十善巧……世間勝義諦
証得世俗諦……三性・三無性・唯識理……道理勝義諦
勝義世俗諦……二空真如…………………証得勝義諦
一真法界…………………………勝義勝義諦

ところで、三乗共通の四重二諦説と菩薩のそれとを比較してみると、世間世俗諦に法空のあること、道理世俗諦に十善巧という利他行が含まれていること、証得世俗諦に唯識教義が配当されていることに気がつく。法空は法執を空ずることであり、法執を自覚するのは菩薩のみであるから、他の二乗との空の深さの違いをここで表わしており、利他行もまた二乗との相違を示すものである。

第二節　真俗相形を示す

(1)　相形の理由を明かす

凡そ真は独り真なるに非ず、必ず是れ俗の真なり。是れを真俗相形《そうぎょう》の義と為す。故に、俗事の中に定めて真理有り。真理の中に定めて俗事有り。若し其の一を欠かば、必ず其の二を失す。若し二を失せば即ち是れ撥無の大邪見なり。若し俗事無くんば真理有るべからず。若し真理無くんば俗事有るべからず。是れ必然の理の故に。

此れに由って正智、如を縁ずるの位に有為の万像は宛然《えんねん》として失せず。能縁の正智は即ち其の万像の中の一法なり。所縁の真理は即ち其の能縁の智の自性なり。正智と言うは且く相応の一数《じゅ》の名を挙ぐ。実を以て論ぜば、同時一聚の心王・心所にして二十二法この時皆各の自体の平等の実性を証す。其の依身等は即ち第八識の長時所変なり。其の七・八等は、條然として存す。一切衆生の無量の事相・無辺の諸佛の無数の依・正も亦また是の如し。是の如く心と佛と及び諸の衆生との平等の実性は即ち是の正智の所縁なり。是の如く万差衆多の事相、若し之無くば其の真理は是れ誰の真理ぞ。故に俗諦成立して真諦能く成ず。真諦成立して俗諦能く成立す。此の義に由るが故に能く法相を談ずれば能く法性を知る。若し法相を弁ぜずして能く法性を知るは是の処《ことわり》有ること無し。

《如》　真如。　**《宛然》**　そのままあるさま。　**《二十二法》**　心王と遍行（五）、別行（五）、善（十一）を合したもの。

《平等の実性》　真如のこと。『成唯識論』巻十には、佛の自性身を説いて「諸の如来の真浄法界なり。……是れ一切平等の実性なり」(佛教大系本四—六三七頁）とある。《依身等》　有根身と器界。《七・八等》　「七」は第七識、「八」は第八識。「等」は前六識を等取する。《依・正》　依報・正報のこと。

二諦相依の理由が説かれる。

真と俗とは、相対して真があり俗があるのであって、真のみで真があるのではなく、また俗のみで俗があるのでもない。したがって、真理の中に俗事があり、俗事の中に真理があるのである。そのことは、正智が真如を縁じて理智冥合する時、有為の事相は消えさるのではなく、そのまま厳然として浮きあがることを意味する。

能縁の智は、万像の中の一法であり、正智の所縁である真如はその智の性である。正智は、具体的には心王と二十一の心所（五遍行・五別境・十一善）であり、依身は第八識の所変としてのこの肉体であり、それが現に存在している。第七識も第八識もそのままである。つまり衆生の姿そのままでありながら、平等実性を証知しているという意味においては、またまったく異質でもある。

真理は万差の事相の真理であり、万差の事相を除いてほかにどこにも真理はない。俗諦において真諦はあり、真諦において俗諦はある。真・俗は不即不離である。したがって有為転変の事相の法相を論ずることが、そのまま不変の法性を語ることでもある。すなわち、具体的な現実存在の把握こそが永遠の真理の把握である。現実存在を離れたところに真理が存在するのではない。

(2) 正しく相形を明かす

今、此の四重二諦は即ち是れ四重の相対なり。謂く、一に有・無の対。第一世俗は是れ所執の故に体性都無なり。所余の四重は所執に非ざるが故に体性都無に非ず。二に事・理の対。前の有の中に於て五蘊等の法は浅近の相の故に是れを名づけて事と為す。三性等の法は深遠《じんおん》の性の故に之を名づけて理と為す。三に浅・深の対。前の理の中に於て三性等の法は差別門の故に之を名づけて浅と為す。二空等の如は、一味の理の故に之を名づけて深と為す。四に詮・旨対。前の深の中に於て二空真如は猶お空門に依って施設するが故に之を名づけて詮と為す。一真法界は都《す》べて詮門を越ゆるが故に名づけて旨と為す。

今此の四重に無量万差の法門を摂在して尽きざること無し。

四俗・一真は、『本論』の説く所、四重の勝義は『唯識』の明かす所なり。具には「二諦義林」の中に述ぶるが如し。


《此の四重二諦》 菩薩の四重二諦のこと。 **《五蘊等》** 「等」は四諦・十善巧。 **《三性等》** 三性・三無性・唯識理。 **《詮・旨》** 「詮」は言語文字によって表現する依詮門、「旨」はそれを超絶した廃詮談旨門のこと。 **《『本論』の説く所》** 『瑜伽論』巻六十四（大正三〇・六五三・下―六五四・上）をさす。 **《『唯識』の明かす所》** 『成唯識論』巻九（佛教大系本四―三六四頁）。 **《「二諦義林」の中》** 『大乗法苑義林章』「二諦義林」（大正四五・二八七・中）。


ここでは、四重二諦説が四重の相対として説明され、その不即不離があきらかにされる。

第一は有・無の相対。第一の世間世俗諦は遍計所執の体性都無であるが、余は依他起の仮有、あるいは円成実の如有である。

第二は事・理の相対。第二の道理世俗諦と世間勝義諦の五蘊・四諦・十善巧等は事であるが、ほかの証得世俗・勝義世俗・道理勝義・証得勝義・勝義勝義は理であり、事・理は不即不離である。

第三は浅・深の相対。証得世俗・道理勝義は差別門の故に浅、勝義世俗・証得勝義・勝義勝義は一味の理の故に深であり、浅・深は不即不離である。

第四は詮・旨の相対。証得勝義は言語で仮説された詮、勝義勝義は言語的表現の領域を超えているので旨と呼ぶが、詮・旨は不即不離である。

この四重二諦によって無量万差のすべてが摂められる。

これを図示すれば次のようになる。

無……………世間世俗
有｛事……………道理世俗
　　理｛浅……証得世俗
　　　　深……勝義世俗

世間勝義……………事｝
道理勝義……………浅｝　　理｝有
証得勝義……詮｝深｝
勝義勝義……旨｝

世間世俗諦・道理世俗諦・証得世俗諦・勝義世俗諦・真諦の四俗一真の教説は『瑜伽論』に、四勝義諦は『成唯識論』に説かれており、『大乗法苑義林章』「二諦義林」に詳細に論じられている。

第十一章　二重中道

第一節　略して二重中道を明かす

問う。我が宗の意、何の義門を以て中道と名づくるや。

答う。『義林章』の中に中道の理を明かすに二重の義有り。

一には言詮の中道。謂く縁生の法は体、都無に非ず。此の縁生に於て妄計する一切の遍計所執は体性都無なり。此の縁生の中、唯一切の所執を遠離する空性の真如有り。彼の空性に於ても亦此の因縁生の法を有することを得。故に一切法は空・不空に非ず。是の如く三性相対して中道の義を詮顕するなり。

二には離言中道。謂く一切の法は体、是の如く或は有或は無なりと雖も、真勝義の中には、心・言絶するが故に名づけて中道と為す。

今此の二重は其の法体を談ずれば更に別異無し。但是れ三性不即・不離の法門なり。

然るに他門に対して其の義を詮せば我・法は有に非ず。空と識とは無に非ず。有を離れ無を離るるが故に中道と名づく。是れ言詮なり。

若し内証に住して思議を止めば、此れ即ち一実離言の中道なり。

《『義林章』の中》　『大乗法苑義林章』「総料簡章」(大正四五・二五一・上)。**《縁生の法》**　依他起性。**《空性の真如》**　円成実性。**《他門》**　有空門。**《義》**　三性の義。**《我・法》**　実我・実法。遍計所執性。**《空と識》**　「空」は円成実性、「識」は依他起性。**《思議》**　有漏の思議。

三性・三無性の不即不離を説き、つづいて四重二諦の相対相形を論述してきた『覚夢鈔』は、ここからは中道という面から、言詮と廃詮との不即不離を詳細に検討していく。前の四重二諦説における最後の詮・旨の相対をあらためて深めるものである。

まず中道とは何かという問いに答えて、『義林章』をひきながら、言詮中道と離言中道の二門に分けて説いていく。

言詮の中道は、前に縷々として論述された三性相対の中道であり、言語をもって示される中道である。

離言中道は、心言を超絶した一真法界である。

そしてこの二つの中道は、三性不即不離の法門に示されたとおりに不即不離である。

言詮門は依・円＝非無、遍計＝非有と捉えて、非無非有として、中道を説くものであり、離言門は内証の世界を端的にそのまま示すものである。

第二節　広く中道を明かす

(1)　四重について

①　第一重の中道を明かす

問う。夫れ中道とは一の法体二辺を離るるの義なり。今成ずる所は所執の空と依・円の有と彼・此相対して中道と名づくるか。若し爾らば既に是れ各別の法門なり。豈に是れ一法の非空・非有ならん。中に就いて所執は体都無の故に是れ法体に非ず。其の法体は但是れ存実の依・円二性なり。故に遂に帰する所は一切の法体、有の一辺に留まる。豈に是れ中道究竟《くきょう》の理ならんや。

答う。此の疑、皆以て来るべからざるなり。誰か言う三性は各別の法体なりと。是れ一法中の非空・非有の中道の義なり。是れ一法中道の義なりと雖も、妄執と縁起と真義との三重の浅深條然とし相濫せざるが故に開いて三自性の法門と為すなり。故に、『唯識論』に云く「此の三は異と為すや不異と為すや。応に倶非と説くべし。別体無きが故に。妄執と縁起と真義との別の故に」と。誰の有智の人か無別体故の文を見ながら猥りに別体定離の法門と為んや。然らば三性即ち一性、一性即ち三性。三に非ず一に非ず。亦は三亦は一、是れ其の三性の義理なり。

已上且く所執を空と為し依・円を有とするに約して大都を論ずるなり。

《一法中道》　一切諸法一々の法それ自体が非有非無の中道であることをいう。《妄執》　遍計所執性。《縁起》　依他起性。《真義》　円成実性。《『唯識論』に云く》　『成唯識論』巻八（佛教大系本四―三五〇頁）。

問い。中道とは二辺を離るることである。今述べられた中道とは、「遍計所執の空」と、「依・円の有」の上に相対的に論ぜられたもののようであるが、もしそうならば、相対の上での非有非空であって一法の上の非有非空でないのではないか。

また法体は依他・円成の有であるとするならば、結局、非有非空ではなく有になるのではないか。有ならば当然中道ではない。

これに対しての答えは、法相教義でいわれる一法中道説である。すなわち、三性はそれぞれ別々の法である。別々でありながら、その一法一法が非有非空の中道にかなっている。くりかえし述べられたとおりである。一法に有・空・中が含まれているわけであるから、換言すれば一性が即三性であり、三性は即一性でもある。

これは仮に遍計所執性＝空、依他起性・円成実性＝有とする立場から述べたものである。ところで「一法中道」という語は、日本唯識のうみだしたものと思われる。慈恩大師・慧沼・智周の書物にこの語は見当たらない。日本の唯識でも、善珠・護命・明詮・真興等のものには使われていない。いつの頃からこの語が使われだしたのであろうか、『成唯識論本文抄』巻三十（大正六五・六五二・上）には、「論中、大乗の正理を述べて云く、故に中道に契うと。爾らば、三性相対して中道の義あるべきか、将た一法に於て中道の義あるべきか」という問いを掲げ、それに対して『成唯識論』『同述記』『義林章』『了義灯』『群家諍論撮要集』『無垢称経疏』等の資料を列記しているが、「一法中道」という語は見当たらない。しかし『同学鈔』巻四十八（大正六六・四二九・上）には、「一法中道」という論草が収められ、その答えの部分に「一法中道」の語が記されている。『本文抄』は撰述者・成立年代ともに不明であるが、蔵俊（一一七九）の作ともいわれるので、十二世紀後半の著作と一応考えることもできる。「一法中道」の語そのものは使われていないが、貞慶には同じ発想があり、その頃、一法の中に、有・空・中を観取するこの中道観は漸次定着していったのかもしれない。

そしてこれは、日本法相教義が、一乗教義を意識して相即門を強調しはじめるのとだいたい時を同じくしていると考えてよい。

なお、この節は『同学鈔』の論義を踏まえたものと思われ、良遍の唯識学が決して伝統的な規矩をはずれたものでなかったことを語るものである。

② 第二重の中道を明かす

若し委しく談ぜば空と言えども空も亦是れ即ち有なり、実我・実法は情に当たって現ずるが故に。此の分を撥無すれば亦損減と為す。然るに理に拠って言わば其の体は都無なり。此の門を弁ぜざれば亦増益と為す。当に知るべし遍計所執も亦是れ空に非ず有に非ざるなり。

其の依・円の性は有と言えども有も亦空と言うべし、所執の真・俗体性空の故に。若し夫れ依・円を称して有と為るが故に、便ち依・円は一向に有と謂わば是れ妄執の故に、即ち是れ増益なり。

然るに聖智の境の離言の法体は其の体無に非ず、此れを撥無すれば亦損減と為す。

是の故に依・円の二性も　是れ空に非ず有に非ざるなり。此れ猶お大都なり。

さらに詳説がすすめられる。

遍計所執性も非空非有である。体性都無といえば非有であるが、たとえ体性都無といえども情有であり、情有のものが実際に人を動かすのであるから非空である。遍計所報は無とのみいえば損減の執、有とのみいえば増益の執となる。

依・円も非有非空であることはいうまでもない。依・円は体性空であるから、有といっても同時に空である。依・円を一向に有とするのは増益の執にすぎない。しかしまた離言の法を無とするのは損減の執である。離言の一実真如は無ではない。

③　第三重の中道を明かす

若し更に委細に其の実を論ぜば其の計所執の理無の中にも亦非空・非有の義有り。所謂増益・損減の相皆之を遣るが故に能く偏有を遮し、亦偏空を遮す。豈に是れ一向撥無の空ならんや。

是の如く即ち其の情有の中にも亦非空・非有の義有り。且く一人の如く一分の妄情偏有と執する時、其の相暫く偏有に似て現ずると雖も、悟証門より総じて之を見れば当情の相未だ必ずしも是の如くならず。或る類は亦執して偏空と為すが故に。明らかに知んぬ、此の偏有の相の自性は本来決定せざるなり。

又一人の如く、一分の妄情偏空と執する時、悟証門より総じて之を見れば当情の相未だ必ずしも是の如くならず。或る類は亦執して偏有と為るが故に。明らかに知る、此の偏空の相の自性も亦もと決定せざるなり。

此れ即ち妄情の思い、定相無きが故なり。

重意の云く、妄情の執見は増・損時に随う。故に所執の二相、各決定の相に非ずと。（言わんとす。）是の如く論ずる時は、当情現の相は定めて偏有に非ず、定めて偏空に非ず。此れも亦豈に中道の義に非ずや。若し其の依・円非有門の中にも亦非空・非有の義有り。一切の妄執を遠離する義の故に増・損皆離る、即ち是れ中の故に。

是の如く依・円非空門の中にも亦非空・非有の義有り。即ち是れ離言なり。誰か有・無と定めん。若し一向に非空ならば豈に是れ執法に非ずや。若し是れ執法ならば豈に依・円と名づけんや。道理甚だ明らかなり。何事か之に如かん。


さらに詳説がすすめられる。

遍計所執性の「理無」の中にも、偏有偏空を遮するのであるから非有非空がある。決してただ撥無するだけではない。

それは「情有」の面についても言えるわけである。妄情に執著している点では有であるが、悟証門よりみれば無であり、妄情所現の相は無と執する時も悟証門よりみれば、偏空ではない。

依他起・円成実の二性においても同じである。

④ 第四重の中道を明かす

是の如く重重なれども猶お尽きざるあり。所以は何ん。且く所執理無の中、増益を遣る門の如き、有を遮するが故に名づけて非有と為すと雖も、既に偏有を遮して中有を遮せざれば豈に偏空ならんや。故に亦非空・非有の義なり。自余の一一の義門、皆之に准ずべし。是の如く是の如く遂に絶言に至る。

このように、一重、二重、三重の重なりにおいて中道を捉える時、それは一法の上に無限の「中」を捉えることになる。一法の上にA非有、B非無があり、そのA非有の上にさらにA'非有、B'非無があり、B非無の上にもA'非有、B'非無があり、そのA'非有の上にまたA''非有、B''非無があり、B'非無にもまたa''非有、b''非無があるとするのであるから、等比級数的に無限に拡がるのであり、遂に絶言に至らざるをえない。

(2)　三性に帰して難を遮す

然るに其の重重非有の義は、是れ重重と雖も、而も束ねて所執の空門に帰す。又其の重重非空の門は是れ重重と雖も、而も束ねて皆依・円の有門に入る。是れ何の故ぞや。但是れ三性不即離の故に所執の空、依・円の有、一際に帰入す。是の如き等の無尽の義有るなり。

若し而らば所執の空を偏空と為し及び其の依・円の有を偏有と為し、偏有・偏空の両門相対し合して中道と為すの意を得て疑を為す、豈に言うに足らざるの疑に非ずや。一切の執を遣って遣虚《けんこ》とするは是れ何の義ぞや。豈に依・円の上の偏有・偏空の諸の僻執を遮するに非ずや。是の如く遮し已《おわ》って依・円を顕得す、豈に一向偏有の法ならんや。偏有に非ざれば定めて是れ中道の有なり。若し是れ中道の有ならば豈に有に留まるべけんや。

已上、且く言詮《ごんせん》中道に就くに猶お以て是の如し。何に況や其の勝義勝義・廃詮談旨・微妙究竟《みみょうくきょう》・一実体に於てをや。

前の節で、非有非空を拡げていって、遂に絶言に至ると述べたが、しかしそれは結局は三性の不即不離に摂まるのである。

一切の執を遮遣するのは、偏空・偏有の執を遮するためである。

言詮中道においてすでにそうであるから、廃詮微妙の究極においてはなお当然のことである。

第三節　問答料簡

(1)　依・円中道について

問う。今論ずる所は、依・円を一として所執の空に対する義門の談なり。若し其の依他と円成実と各別に論ずる時も亦各中道の義有ることを得るや。

答う。亦即ち之有り。所謂依他は体虚仮の故に是れ実有に非ず亦都無に非ず。円成の妙理は体無相の故に有の相有ること無し、亦無の相も無し。是の故に一一皆中道なり。其の一一の門の重重の義乃至事理不即不離の諸門総束の義、皆上の如し。

問い。今論じられたのは、依・円の二性をまとめて有とし、それに対して遍計所執性を無とする立場での話であったが、依他起性と円成実性とを別々に論じても、そこに非有非空の中道の義はあるのか。

答え。当然、依他・円成の二性においても重々の中道が捉えられる。依他起性は因縁性であるから、体は虚仮であって実有ではない。しかし都無でないことはくりかえしみたとおりである。円成実性も無相の真理という点では有でもなく無でもない。

すべてが、それぞれ一つ一つ非有非無であり不即不離である。

(2)　本頌の中道について

問う。慈尊所説の二行の偈頌は、(虚妄分別は有なり、此れに於て二は都無なり、等の頌なり。)是れ何の門の中道を明かすや。若し言詮門ならば慈尊なんぞ浅近の門を説くや。若し離言門ならば、文既に三性相対して空・有の義を説く、豈に言詮中道門に非ずや。

答う。彼の頌は、慈尊、無著等に対して正しく中道の義理を授くる文なり。故に言詮門にして離言門に非ず。離言門は直ちに内証を指す。是れ対機説法門に非ざるが故なり。然るに此の頌の中、竊《ひそか》に離言門の義を顕示する有り。此れは是れ深由なり。口伝を受く可し。

《慈尊》 弥勒菩薩。《二行の偈頌》「偈頌」は詩や韻文のこと。『弁中辺論』「弁相品」（大正三一・四六四・中）の「虚妄分別有　於此二都無　此中唯有空　於彼亦有此」の偈をさす。《対機説法門》 聴衆の機根能力に応じた説法。

弥勒菩薩所説の「虚妄分別は有なり、此に於て二は都無なり、此の中唯空のみ有り、彼に於ても亦此れ有り」という頌は、言詮門・離言門の中道のいずれを説いているのか。もし言詮門ならば、弥勒菩薩は浅近の教えを説いたことになるが、そういうはずはあるまい。もし離言門とするならば、この頌はすでにことばをもって三性相対の中道を説いているのであるから、言詮門ということになって矛盾する。

答え。彼の頌は、弥勒菩薩が無著菩薩に対して中道の義理を正しく授けられたものであるから言詮門である。離言門というのは、内証そのものを直接いうのであって、聴衆のために説かれたものではない。その意味でこの頌は言詮門であるが、しかし、その背後には深渕な離言門がはっきりと顕示されているのである。

言詮門にして離言門であるという深由は師について学ぶべきである。

「竊に離言門の義を顕示す」というのは、別に秘密の法門があるというような意味ではない。言詮門による偈頌は、背後に言詮を離れた深い宗教的内証の世界があるはずであるからそれを言うのである。その意味では文字言語は真理を離れるものではないが、しかしまた別の面からみれば、文字言語は真理自体のすべてをそのまま表わし得るものではない。そこに言詮門と離言門の不即不離があるのであって、偈頌はその文字の奥に一実微妙の真理を「ひそかに」と表現したのである。

「口伝を受くべし」というのは、宗教における言語文字の限界を示すものであろう。法相教義は、佛教の中でも最も論理的普遍性を尊重する佛教の一つである。少々煩雑ではあるが、丹念に論理をたどっていけば、誰にでも理解できるはずの佛教である。一応そう考えることができる。しかしそれは思想・哲理の研究の領域であるのかもしれない。生死の決著としての極点は文字ではなく、師によって伝えられるものかもしれない。そのことを示唆する一句である。

(3)　三性一法について

問う。三性相対、猶お是れ一法中道の談というは尚お未だ分明《ふんみよう》ならず。詳しく之を成ずべし。

答う。夫れ遍計等の三自性は本是れ一法の三自性なり。所謂且く一色塵の中に就いて其の後性を尋ぬるに、此の塵の自性は是れ何の法ぞや。既に縁生の故に如幻虚仮なり。是れ実有に非ず。亦都無にも非ず。然るに諸の愚夫は妄情迷乱して、或は実有と執し或は都無と執す。今此の妄情所執の相状は是れ此の妄情塵中の一自性なり。然るに其の法体は衆縁の所生なり。自然無しと雖も縁生は空ならず。是れも亦此の塵の一自性なり。今此の縁起縁生の法の中、定めて一切の妄執・偏有・偏空の相を遠離するの妙離有り。此の理、真実にして妄倒に非ず、是れも亦此の塵の一自性なり。是の如く一色一塵の中、此の三重の妄と仮と真との性有り。今此の三重皆、此の色法にして更に別法に非ず。故に三と名づくと雖も亦即ち一体なり。是れを一箇の色塵の自性と為す。一切の諸法皆以て是の如し。豈に其の一法の中道義に非ずや。是の故に応に言うべし、我が宗の諸法の真実は常住なり、仮は生滅に似たり実有の生滅は体性都無なり。此の真と仮と無と豈に相隔つべけんや。故に本一体なり。

三性相対の説が、一法中道であるということについてさらに詳しい説明が求められる。

遍・依・円の三自性は元来一法の中に具備されたものである。一つの物的な存在について言えば、それが因縁生であるという点からは非有であり、しかもそこにあるという点からは非無である。しかるに凡夫は、それを実有と偏執したり、あるいは実無と偏執したりする。その実有実無は都無であるが、縁生は非無である。また、そこに因縁生として存在しているということは、その依他起の法の中に妄執を離れた永遠の真実がある。つまり、一つのいかなる存在にあっても、そこに妄と仮と真の三性が見出されるのであるから、三性といっても別々のものではなく、実は一体のものにほかならない。

第十二章　唯識義理

第一節　唯識の綱要を示す

(1)　帰主する所を示す

問う。上来明かす所の種種の法門の其の帰する所は是れ何の法ぞや。
答う。若し有為の主に帰すれば一切皆唯識なり。若し無為の主に帰すれば一切皆真如なり。若し簡択《けんじゃく》の主に帰すれば一切皆般若なり。

従来、百法二空よりはじまって、二重中道に到るまで諄々として説きすすめられてきたのは、最終的にはこの唯識の道理を述べるためであったといってよい。

上来の種々の法門の帰するところは何かという問いは、もちろん良遍自ら誘導のために設けるものである。

それに対して、三種の所帰法をあげ(1)有為の主、(2)無為の主、(3)簡択の主とする。有為の主は一切皆唯識、無為の主は一切皆真如、簡択の主は一切皆般若とまず総括的に答えられた一段である。

唯識とは梵語 vijñapti-mātratā の訳で、一切諸法は皆すべて自己の心の顕われたもので、心を離れたものは自己においては存在しないことを意味する。このことはすでに八識のところでみてきたとおりである。『述記』には、「唯はいわく簡別、外境無と遮す。識はいわく能了、内心有と詮す」（佛教大系本一—二頁）、「識は有にして空に非ず。境は無にして有に非ずというを以て宗となすなり。具に諸法を明かすと雖も皆識に離れざるなり」（同上）と説かれている。また『義林章』「唯識義林」には、「識の自相と識の相応と識の所変と識の分位と識の実性と、五法の事理と、皆識を離れず。故に唯識と名づく」（大正四五・二六〇・上）とある。

(2) 帰要する所を択ぶ

問う。三門の中、何の義門を最要と為すや。又唯識とは有漏《うろ》・無漏二類の中何の識に帰するや。

答う。此の三門の中、唯識を最と為す。若し此の門に入れば一切を具するが故なり。又唯識とは有漏識に帰するを以てなり。

所以は何ん。若し一切法は皆自心より起ると知れば、諸法如夢の悟り、忽然《こつねん》として現前することを得。若し夢の如しと知り已れば実の我・法速《すみ》やかに除く。其の実我・実法とは損減或は増益、有・無、一・異等の一切の妄執なり。

是の如きの妄執皆止まることを得れば無分別智忽然として現起し一真法界の理に冥合するなり。今此の自心は即ち是れ自の妄心にして是れ有漏識なり。其の無分別智は是れ簡択の至極即ち観照の般若なり。其の一真法界は即ち諸法の真如なり。是れを以て能く自心より万法を生ずと知れば自ら般若に帰し亦真如に帰す。豈に最要に非ずや。

無漏識は愚夫未だ発《おこ》す能わず。三界の妄境も亦此れより起るに非ず。無始の迷を翻じて情に当たって現ずる所の一切の境界は皆夢境の如く著わすべからざる義を知らんと欲するの時、自の妄心、諸法を生起するを思惟して、廃詮の極理に入ることを得るが故なり。是の上に無始の妄心、忽ち改まって速やかに無生を証して大覚位に入るは、唯識の観解にしかざるものをや。

《此の三門》　一切皆唯識・一切皆真如・一切皆般若の三門のこと。**《忽然》**　たちまち。**《簡択の至極》**「簡択」は慧の働き。慧の最勝至極の働きが、簡択を超えた無分別の般若の慧となる。**《無生》**　涅槃の意訳。**《大覚位》**　四智菩提を証する位。四智菩提は、大円鏡智・平等性智・妙観察智・成所作智で、それぞれ第八識・第七識・第六識・前五識を転換して得た智。

問い。一切皆唯識、一切皆真如、一切皆般若の三門の中で、どれが最も肝要なのか。またそこにいわれる唯識とは有漏・無漏のいずれに属するのか。

答え。この三門の中で最も肝要なのは唯識である。それは(1)唯識の中に真如も般若も含まれているからであり、(2)またわれわれ自身に最も近い有漏識に帰着して説かれるからである。

(1)もし一切法が自心から起きるということを真に会得したならば、諸法如夢を悟るであろうし、諸法如夢を悟れば、実我・実法は即座に消滅する。

我・法の妄執が消滅したということは、無分別の般若が現起していることを意味するし、無分別智の現起とは、真如との冥合そのものである。したがって、一切皆唯識の中に一切皆真如も一切皆般若も備わるのである。

(2)唯識が有漏識の問題であるということは、われわれは現に有漏（煩悩を持った）の人間として存在しているのであって、無漏の般若や真如はそのまま現実の中にあるのではないからである。無漏の般若を起して一切如夢を悟り真如と冥合するのは、この現に自己脚下のこととしてある有漏識の観法と知解よりはじめるべきであるからである。

(3) 識変の理を窮む

① 二箇の理由を述ぶ

問う。若し爾らば云何ぞ諸法は自心より起ると知ることを得るや。

答う。義は無量なりと雖も、要を取るに二あり。一には熏習《くんじゅう》の道理、二には転変の道理なり。

熏習の道理とは、有為の実法は一一皆能生の種子有り。其の種子《しゅうじ》は皆是れ自心の所熏なり。謂く自証分は体の能熏なり。相・見二分は用の能熏なり。見分は能く能縁の種子を熏じ、相分は能く所縁の種子を熏ず。其の所縁の種は、所縁の境に随する色・心万差の諸法の種子皆悉く之を熏ず。謂く色を縁ずる時、色の種子を熏じ、心を縁ずるの時、心の種子を熏ず。色の中、種種の不同心の中、種種の差別一一其の法を縁じて其の法の種子を熏ず。是の如く熏習は悉く是れ我が自心の自体分別の勢力より起す所なり。今此の種子所生の法は、豈に我が自心より起るに非ずや。

転変の道理とは、既に自体分転じて相・見を成ず。其の義上の如し。一切の縁慮法は、必ず慮解《りょげ》する所有り。其の慮解する所は即ち是れ応に随う一切の諸法なり。若し能慮解は定て所縁を帯す。豈に縁慮法として転変力無からんや。此の理決然なり。是の故に自心自体の勢力《せいりき》能く変現して諸の境界を成ずるなり。上の二理を以て唯心無境の義を信ずべきなり。

《縁慮法》　心のこと。

一切諸法が心より生起するということがなぜ知られるのか。

答え。それは、一熏習、二転変の道理による。

熏習の道理というのは前にもみたように、有為法はそれぞれ皆すべて種子の生起顕現したものであり、その種子は自心の熏習したものであった。自証分は体の能熏であり、相分・見分は用の能熏である。見分は能縁の用の種子、相分は所縁の用の種子を熏習するのである。つまり、われわれの住む現象世界の色・心のさまざまの種子が、自心によって熏習され、熏習された種子より生起したものである。すべてが心より起きたものといわざるを得ない。

転変の道理とは、心の自体分が相分・見分の二分に分かれて働くことである。つまり、心が所縁として現われ、それを心が能慮解として捉えていく。心が心を見るというのが転変の道理である。

この二つの道理によって、唯心無境を信ずべきである。

本も机も、われわれと無関係に外界に存在するのではない。本・机を、本・机と認識するのには、そう認識させる潜在的な力がわれわれの底にひそんでいるからである。犬には本・机という認識は生じ得ない。とするとわれわれの認識は、自分の中から、心の顕現として成立したものということができるのである。

② 識変を境となすを明かす

問う。心転じて境を成ずということ猶お未だ分明ならず。何を以て決定して爾るを知るを得るや。

答う。且く眼を閉じて青・黄等の色を思惟するの時の如き、其の青等の思い即ち時に転じて青等の相を成じて心の前に顕現す。其の義必然なり。今時情に当たって覚知する所の者は、是れ遍計所執の相なりと雖も、当情現の者は必ず心中現より起るが故に当情現を以て心中現を推す。其の青等の思は是れ見分なりと雖も見分は必ず自体より起るが故に見分の用を以て体の転変を推す。此れを以て一切を准知すべきなり。

是れを以て眼を開いて青等を見る時、心上に浮ぶ所の青等の相は疑いもなく皆是れ自心の思いの転じて其の境を成ずるなり。其の本質《ほんぜつ》の境は但是れ今の能縁の思いを起すの疎縁なり。心此の縁に託して青等を思うの時、其の心の自体即時に転変して青等の相を成じて心の前に現ず。其の心中所現は是れ正しき所縁なり。是の親所縁縁《えんねん》は即ち是れ相分なり。其の本質の境は今の能縁心の所変に非ずと雖も是れ第八識の自体、転変して心中に現ずる所の親相分なり。第八識の前にも亦夢の如く現ず。其の第八識は亦是れ今時観心の根本として同じく自の一心の中に在り。其の所変の相、豈に自心の外に在らんや。故に一切の境界は皆自心の所変なり。

《観心の根本》 心を観ずる修行の根本となるもの。それは第八識である。元来観心を行うのは第六意識相応の慧の心所であるが（『大乗法苑義林章』大正四五・二五九・上）、第八識は第六識の根本依となるので「観心の根本」という。

心を転じて境を成ずるということについてのさらにつっこんだ説明が求められる。

そこで良遍は、眼を閉じて色彩を想起するという経験をとりあげて説明する。眼を閉じて、青色を浮べようと思惟すると、青色が眼前に浮んでくる。それは当情現相の幻影であることはいうまでもない。それは心中より転変・変現せるものである。眼前に浮んだ青色は相分、それを青色と見ているのは見分である。眼を開いて青色を見るというのもそれと同じであるという。

その場合には青色の相分を起させる疎所縁縁としての本質がある。それを縁じて青色の相分が浮ぶ。それが親所縁縁である。

しかもその疎所縁縁の本質も、観心の根本としての第八阿頼耶識の所変の相分以外の何ものでもないから、究極的には一切の境界は自心の転変したものといわざるを得ない。

眼を閉じて思い浮べる色彩の現象をもって、眼を開いて色彩を見る現象の構造を説明することが完全であるかどうかには問題があるように思う。眼を閉じた場合は心中現としてよく理解できるが、眼を開いて、実際に青色の絵具や色紙が存在するのを見て、それを青と認識するのとは同列に考えにくい。ただ良遍が言おうとするのは、自分の中にある種子の転変が、共通の構造としてあるということであろう。これはすでに四分義・三類境の章で詳述された問題である。

③ 万法如夢を示す

問う。今熏習と転変との道理を以て諸法は皆心の所作なりと知ると雖も、之に依って万法如夢の旨、猶お未だ信解せず。

答う。列子が夢中六十五年、久しと雖も只是れ一夜の妄想なり。唯自心の分別より起りて種種の苦楽の境界を変現す。即ち自ら変現して自らをして之を執せしむ。或は受苦と謂い、或は受楽と謂い、或は此死と謂い、或は生彼と謂い、或は偏有と謂い、或は偏無と謂い、或は定めてこれ亦有・亦無と謂い、或は定めて非有・非無と謂う。是の如き妄執、是の如き相状、其の夢覚め已れば皆以て現ぜず。唯虚仮不思議の縁あり。今此の夢境と其の覚境と但是れ妄心分別の有無なり。

諸法の因縁も亦是の如し。一切法は心より起ると知り已ること夢に類して必然の理、思うべきなり。其の百法等の一切の法門皆心を本と為す。皆心より起る其の理顕然なり。皆上に述ぶるが如し。

故に百法を談ずれば一心自ら成立し、若し一心を観ずれば百法即ち宛然なり。乃至十二の生死因縁に無明と名づけて、行と名づく、皆是れ自の心数《しんじゅ》なり。愛と云い亦取と云う、皆是れ自心の惑なり。識等の五支の種は皆自心の所熏なり。生死二支の果は豈に自心の生ならずや。我が今依身・器界・飲食《おんじき》・衣服《えぶく》等の種種の物は皆悉く先世に我が胸の中に起す所の種種の分別の熏積りて是の如く成ずるなり。此の理を知らざるが故に生死に輪廻す。若し此の理を覚し已れば生死永く棄つ。心を一処に制して常に此の理を思わば無始の罪暗、寧ぞ滅せざらんや。

《列子》　『大唐西域記』巻七（大正五一・九〇六・下）、『成唯識論演秘』巻七（佛教大系本四―三八一頁）に引用されて

いる。《識等の五支》十二縁起の、識・名色・六処・触・受の五支。《生死二支》生・老死の二支。

薫習・転変の道理と万法如夢の関係が説かれる。

この有為の諸法は因縁所生のものであって、一つとして不変的実体的なものはない。しかるに、われわれは、その因縁所生のものの上に、さまざまの実体化や固定化を行い万法を実在化している。そのように、万法は自心の現われであるから、百法として捉えられた一切諸法は遡源すれば一心となり、一心を観ずるということは、具体的には百法そのものを観ずることとなる。

十二縁起という人間の把握も自心の無明や行、愛や取によってこの現在の生を得ていることを明らかにするものである。われわれの身体も環境も食べるものや着るもののすべてが前世よりの熏習によるものである。

それを悟れば、有為の諸法は、ちょうど列子が見た夢の六十五年の生涯が、ただ一夜のことであるのと同じように万法如夢と会得される。

「列子が夢中六十五年」とは『大唐西域記』巻七にあり、『演秘』巻七にも引用されているので、良遍はそれをここにあげたのであろう。

一人の隠士があって、奇術を得てのち空中を飛行したいと思う。しかしそのためには壇を築き、一人に長刀を持たせ、起立して廃息絶言せしめ、隠士自身もまた長刀を執り壇の中央に坐し、眼を閉じて神呪を一夜誦さなければならない。その起立して長刀を持つ役を列子に頼んで行に入った。ところが暁方、列子が急に大声を発した。そのため、行は破れ、空中より火が落ち二人ともに死にそうになったのを、隠士は列子をつれて水中に逃れて難を避けた。隠士は列子になぜ大声を発したのかと問うと、列子はその一夜に六十五年間もの歳月を夢みていたことを語る。その夢というのはこうである。列子が隠士の頼みをうけて長刀を執り、廃息絶言して壇上に立っていると、以前恩を受けた主人が訪ねてきて、慰問の声をかけた。列子は行中なので黙っていると、主人は怒って列子を殺してしまった。それから中有を経て次の生に転生したが、その秘密は誰にも話さなかった。やがて成人し結婚もし子供もでき、いつしか六十五歳の老人になる。妻は列子に何か秘密のあるのを感じ、それを聞き出そうとし、それを聞かせぬなら子供を殺すと迫る。妻に迫られたその時思わず大声を発したというのである。

一夜のうちに、列子は殺されて生まれ変わり、六十五年の歳月を夢みていたというものである。そのようにわれわれの生涯も、自心よりさまざまの境界を作り出し、その境界に執著し、それによって苦楽をうみだしている、夢中にひとり苦しんでいるようなものだと捉えるのである。

第二節　広く唯識の諸門を明かす

(1)　問い（四問）

（第一問）問う。『華厳経』に云く、「三界は唯一心なり、心外に別法無し、心と佛と及び衆生と、是の三は無差別なり」と。今、成立する所の義は即ち此れを云う歟。

（第二問）次に五重唯識及び識の自相等の五の唯識の中、是れは何れの門に摂するや。

（第三問）次に菩薩、加行位の中に於て、為す所の四種の尋思等の観は即ち成立する所の唯識観か。

（第四問）次に唯識とは唯是れ有漏識に摂帰するか。又唯有為主に摂帰するか。無漏識に帰し無為主に帰する義、之無きや。


《五重唯識》　唯識観法の一つ。遣虚存実唯識・捨濫留純唯識・摂末帰本唯識・隠劣顕勝唯識・遣相証性唯識。『大乗法苑義林章』「唯識義林」（大正四五・二五八・中―二五九・上）に説かれている。《加行位》　五位の修行の段階の第二位。悟りの直前の修行。《四種の尋思等》　四尋思・四如実智。


唯識義理についてさらに四問が設けられる。

第一問。『華厳経』にいわれる「三界唯一心　心外無別法　心佛及衆生　是三無差別」という偈頌と万法唯識の理との同異。

第二問。万法唯識の教義は、五重唯識及び五つの唯識（識自相・識相応・識所縁・識不相応行・識実性）のいずれに摂めるのか。

第三問。菩薩の修行の階位の加行位で修める四尋思・四如実智の観法と唯識観との関係。

第四問。唯識義理は、有漏・無為の境域のことに限るのか。無漏・無為には及ばぬのか。

(2)　第一問への答え

答う。今、成ずる所は即ち是れ三無差別の義なり。何となれば、今は熏習・転変等の道理を以て、若し唯心如夢の解を得し已れば、既に定まれる我・法無し。何に対して実の他有らん。是の故に心外に都《す》べて衆生無し。又既に是の如く実の凡界無し。亦復た何に対して実の佛界有らん。是の故に心外に更に佛界無し。是れ即ち一切如幻・如夢にして定実無きが故に。定実の我・他、定実の凡・聖、皆是れ迷情の前の妄想なり。皆之を遣るが故に。其の空寂の性は即ち是れ平等の法性なるが故に。

其の上の虚仮如幻の事相は、能縁と所縁と不即不離、本質と影像《ようぞう》と不即不離、佛界と凡界と不即不離、体と用と、因と果と不即不離なり。故に三界唯一心を知り已れば、三無差別の理自然に成立するなり。

此の義に由るが故に其の不離門には即ち佛の色・心と衆生の色・心と行者の色・心と平等なり。此れ即ち万法一心より起きて幻夢の境の如く定実、無きが故なり。相に定相なく、性は是れ無相なり。一塵・法界、本来無礙にして是の義有るなり。


第一問。『華厳経』の頌意と唯識義理の関係への問いに答えるところである。この語は、一乗佛教では真如縁起の角度から捉えるのであるが、法相教義では熏習・転変の道理をもっておさえていく。すなわち、すべてのものは種子より起きるという熏習・転変の道理をもって一切法如夢を悟れば、実我・実法の虚像は消滅し心外に衆生も佛界も実体的に実在するものではなくなり、一切が空寂に帰する。しかもその空寂の上に能縁・所縁、本質・影像、佛界・凡界、体・用、因・果等の因縁所生の仮現のすがたは不即不離として存在する。三界は一心において存在するということを悟り終れば、佛の色・心も、凡夫の色・心も、菩薩の色・心も平等無差別となる。しかもその万法は、熏習と転変の理によって現われる。現われはするが定相なく、無相のものとしてあるのである。

(3) 第二問への答え

次に上の成ずる所は簡要なり。之を開けば即ち五重の階級有り。謂く熏習と転変の理に依って万法唯心の旨を知ることを得れば、事・理、性・相は不思議に存し、増益・損減は執として遣らざること無し。此れ即ち五重の第一重なり。是れを遣虚存実《けんこぞんじつ》の唯識と名づく。

又、万法を摂して唯識と為すが故に内境有りと雖も唯境と称せず。是れ第二重なり。是れを捨濫留純《しゃらんるじゅん》の唯識と名づく。

又、既に色心万差の諸法は皆自心分別の勢力に依って種を熏じて用を起す。是の如く知る時、其の所摂帰の色・心の諸法は即ち是れ能縁・所縁の二用なり。その能摂帰の自の内心は即ち心の自体なり。正しく第三に当たる。是れを摂末帰本《しょうまつきほん》の唯識と名づく。

又、是の如く一心に帰するを以ての故に心所を論ぜず。亦第四に当たる。是れを隠劣顕勝《おんれつけんしょう》の唯識と名づく。

又、是の如く一心の体に帰する時、一切夢の如く、相の取るべき無ければ作証する所は但是れ廃詮一実の境界なり。是れ第五重なり。是れを遣相証性《けんそうしょうしょう》の唯識と名づく。

次に識の自相等の五種の唯識も亦此の中に在り。謂く熏習と転変との理によって一切法を摂して自心に帰する時、其の心の正体は是れ識の自相なり。其の所摂の中、所有の心所は是れ識の相応なり。一切の境界は是れ識の所変なり。諸の不相応は是れ識の分位なり。是の如く摂帰して皆唯識と為し、遂に実性平等の妙理を顕わす。是れ識の実性の唯識なり。

《遣虚存実》　「虚」は遍計所執性、「実」は依他・円成の二性。つまり遍計所執性を遣って依・円二性を存する観法。

《捨濫留純》「濫」は境、「純」は心。境を捨て心を留むる観法。《摂末帰本》「末」は見分・相分。「本」は自証分。見・相分を摂して自証分に帰する観法。《隠劣顕勝》「劣」は心所、「勝」は心王。心所を隠し心王を顕わす観法。《遣相証性》「相」は依他起性、「性」は円成実性。依他起性を遣って、円成実性を証する観法。

第二問の五重唯識・五種唯識についての答え。

五重唯識は、法相教義の重要な唯識観法である。

五重唯識の第一は遣虚存実の唯識である。有為の諸法を、固定化し実体化して実我・実法とし、それを有と執する増益の執、それを無と執する損減の執、つまり遍計所執性を遣り依他・円成は有であると観ずるのである。

第二は捨濫留純の唯識。万法が心の現われであると観じ、外の境を無であると遮して内の識は有であると観ずることである。

第三は摂末帰本の唯識。一切諸法は、相分・見分の働きにおいて現起しているのであるが、その相・見分は体としての自証分の作用にすぎないから、末を摂して自体分におさめる、その観法である。

第四は隠劣顕勝の唯識。識の働いているのは、心王・心所の相応によるわけであるが、心所は心王に従属して動くものであるので、心所を隠して勝れたる心王を顕勝する観法である。

第五は遣相証性の唯識。このようにさまざまの角度から唯識無境を観じて、一切の相状は夢の如くであるとそれを遣り、廃詮一実の真如の性を証するのである。

つまり遣虚存実唯識は、虚妄なる遍計所執性と、仮有・実有の依他・円成との相対においての観法であり、捨濫留純の唯識は心・境の相対、摂末帰本唯識は見・相分と、自証分との相対、隠劣顕勝唯識は心王・心所の相対、遣相証性唯識は相と性との相対であって、その相対をふまえながら広より狭へ、浅より深へと万法唯識の観法を深め、最終的なところでは、廃詮一実の真如の境域に達するのである。

五種唯識は、熏習・転変の道理を心王・心所・色・不相応・無為の五位によって万法唯識を説くものである。つまり、一切有為の諸法は心の転変・変現であるが、(1)その心の「自相」は心王であり、(2)その心王に「相応」して動くのは心所であり、(3)心の対象である色境は心の「所縁」であり、(4)不相応行法は心の「分位」であり、(5)これらの心の「実性」は、無為の真如であるから、この五位によって、一切唯識が捉えられるのである。

五重唯識観は『大乗法苑義林章』「唯識義林」に詳しく、その註釈では中古の名著、真興（九五四―一〇〇四）の『唯識義私記』がある。

五重唯識の綱格を図示すれば次のようになる。

遣虚存実唯識――遍計所執性↔｛依他起性／円成実性｝
捨濫留純唯識――境↔心
摂末帰本唯識――見・相分↔自証分｝依他起性
隠劣顕勝唯識――心所↔心王｝
遣相証性唯識――依他起性↔円成実性

(4) 第三問への答え

次に四尋思等は即ち此の唯識観なり。諸法自心に帰すれば皆仮有・実無なり。故に二取の空を印して唯識の実性に入る。然るに諸法に於て能詮の名有り。所詮の義有り。其の名に於て自性・差別有り。其の義も亦自性・差別有り。今此の名と義と自性と差別との四種の諸法皆自心の変にして仮有・実無なり。是の如く観ずるなり。

此の観の浅位を四尋思と名づけ、深位を名づけて四如実智と為す。

是の如く観ずるは、即ち熏習と転変等の理に依って一切皆夢境の如くなるなり。故に成ずる所は正しく此の観に当たるなり。

《二取》 所取・能取。 《能詮・所詮》 言語は何かを表わすものであるので「能詮」、その言語によって表わされる内容を「所詮」という。

第三問、四尋思・四如実智の観法に対する答えである。

四尋思・四如実智観は、一切唯識を言語表現の面から把握する唯識観法である。存在するものを表わした名と、その内容である義と、名・義の表わすそのものの自性。他との違いである差別のすべてが、自心の変現であると観察するのである。心の変現したものであるから仮有実無にすぎない。

その観法の浅位を四尋思観、深位を四如実智観という。

これは唯識教義の言語観の一面であろう。

われわれは、認識した対象をそのまま鏡のように受け容れて認識するのではなく、対象をあらかじめ自分の中にある基準によって分類し整理して概念を付与し、それで認識が完成する。それは遍行の想の心所の働きであるが、その意味ではわれわれの認識は、言語によって成立しているともいえる。その概念は、無始時来の熏習によって蓄積されたものである（名言種子）。そのような言語による認識は、外界の対象に対してもそうであるように、抽象的観念的な対象においても同じ構造を持ち、その内部に蓄えられた概念によって、われわれの認識や思索はすすめられる。したがって、豊かな概念によって豊かな認識や思索が可能であるといえる。しかしそれは逆にいえば、認識や思索が内面の言語に拘束され支配されていることでもある。四尋思・四如実観はその拘束よりの解脱をめざすものということができる。

だが、唯識は言語を全面的に否定するのではない。菩薩は第九善慧地において言語を自由に駆使する四無礙解を証得するといわれる。そこに到ると、思索を拘束していた言語が生まれ変わり、真実の言語として蘇えるのである。

四尋思・四如実智観は、言語の根源への省察と考えてよい。

(5)　第四問への答え

次に五種・六門の唯識、異説一に非ず。凡そ一代の教所説の種種万差の法門皆是れ唯識の異の名号なり。「唯識章」に具に其の相を述ぶるが如し。披いて之を見る可し。若し爾らば無漏に帰し無為に帰するの門も亦以て必然なり。

但し有漏位には智は劣り識は強し。無漏位の中には智は強く識は劣る。是の故に有漏・無漏の両位に皆倶に識・智の二法有りと雖も識の名は多く有漏位に順ず。

又識とは了別なり。真如は無分別なり。若し了別の性を論ずれば亦是れ真了別なり。七真如の中の唯識真如は即ち此の義なり。故に『義林章』に云く、「或は識の言、具に理と事と有り」と。或は「円成の真性識」と名づくるなり。然りと雖も了別の名正しく顕わす所は専ら有漏縁慮の心法に有り。是の如きの義の故に唯識の名は殊に有漏の妄心に帰する義なり。(言わんとす。)

故に『唯識論』の初めに我法熏習の位を約して三能変識の法門を明かす。正しく『華厳経』の三界唯心の説に同じ。亦『中辺論』に虚妄分別というに同じ。三界心といい、妄分別という皆有漏心に帰する義なるが故なり。是れ即ち凡夫自ら自心を観じ速やかに覚位に至るの要術なり。頓証菩提の道、実に此の法に在るをや。人、夢中に処して自ら是れ夢と知らば其の夢必ず寤《さ》めん。我等今生死の夢中に処して数《しばしば》唯心如夢の道理を観ぜば、覚悟の朝に至らんこと定めて近きに在らん歟。故に『唯識』に云く、「若し是の如く唯識の教を知り已れば、便ち能く無倒に善く資糧を備えて速やかに法空に入り無上覚を証し含識《がんしき》の生死輪廻を救抜《くばつ》せん」と。

《五種》 境・教・理・行・果の五つをいう。一切唯識の義理はこの五つにまとめ得るとするもの。「境」とは、一切の境界は唯識所変であること。「教」とは、大乗の極意は唯識の義理であること。「理」とは、真実は唯識の道理であること。「行」とは、唯識観法の行が真実であること。「果」とは、唯識の教・理・行によって得られる佛果の果徳をいう。『義林章』「唯識義林」に説かれている(大正四五・二五九・下)。 **《六門》** 境唯識についての異説で、「(1)所執に依って唯識を弁ず。(2)有漏に依って唯識を明かす。(3)所執に依り及び有為に随って唯識を弁ず。(4)有情に依って唯識を弁ず。(5)一切有無の諸法に依って唯識を弁ず。(6)随って事をさして唯識を弁ず」の六門であり、同じく『義林章』「唯識義林」に説かれている

（大正四五・二六〇・下）。唯識の義理は、(1)執心によって、(2)有漏によって、(3)所執と有為によって、(4)有情によって、(5)一切諸法によって、(6)事によって説かれたものであるとする説で、要するに唯識義理は有為・有漏の境域について述べられたものとするのである。**《唯識章》**『義林章』「唯識義林」のこと。**《七真如》**(1)流転真如、(2)実相真如、(3)唯識真如、(4)安立真如、(5)邪行真如、(6)清浄真如、(7)正行真如のこと（『成唯識論』巻八、佛教大系本四―三一六頁）。(1)は縁起の流転生滅がそのまま真如であること、(2)は一切諸法の実性が真如であること、(3)万法唯識が真如であること、(4)苦諦が真如であること、(5)集諦が真如であること、(6)滅諦が真如であること、(7)道諦が真如であることをいう。この七真如の教説は、もともとは『解深密経』「分別瑜伽品」に出ているもので、これについて三つの解釈があったようである。第一は唯一の真如が七種に分かれたとするもの。第二は流転等の七つそれ自体が真如であるとするもの。第三は、(A)七つをそのまま円成実性とする、(B)流転・安立・邪行は遍計・依他に摂し、余の四つを円成実性に摂するとする両説を含むとする説である（円測『解深密経疏』巻六、続蔵三四―四四一丁・左上）。『同学鈔』巻五十八には、流転の実性をそのまま真如とする説がとられている（大正六六・五一〇・中）。良遍もこの説に立つと考えてよい。**《義林章》**『大乗法苑義林章』「唯識義林」（大正四五・二五九・上）。**《円成真性識》**『義林章』「唯識義林」に出る語（大正六五・二六一・上）。**《凡夫自ら凡夫を観ず》**有漏観であることを示す。**《『唯識』》**『成唯識論』巻七（佛教大系本四―三七頁）。**《含識》**心識を有するものの意で、有情のこと。含生・含霊等ともいう。

第四問の唯識義理は、有為・有漏の境域のものであって、無為・無漏にかかわることはないのかという問いへの答え。

これに対しては、さまざまの意見が掲げられてきたが、結論的にいえば、唯識義理の帰するところは無為・無漏であるといわれる。

ただし、有漏位は智は劣り識が強く、無漏位は智が強く識は弱いから、両位ともに智も識もあるが、識と呼ぶ時は有漏位に比重がかかる。しかし無漏を離れたものではない。

また、識は了別で真如は無分別であるから、まったく性格が異なるようであるが、了別の性は真了別であり、唯識真如のことであるから、有為の識は無為の真如に帰するのである。『義林章』や『成唯識論』に説かれるとおりである。

そして有漏識に帰するということは、有漏のわれわれが、自ら自心を観じて覚位に至る最要の方法である。有漏のわれわれにとって、現実にあるのは有漏の心以外にはない。夢の中にある時には夢を見るしかないが、それを夢と知ったならば、夢は雲散霧消する。われわれは生死の夢の中にあるから、現実としては生死の夢しか見ることができないのであるが、それが夢であることを悟ることが夢から覚める道である。唯識義理が、自己の現実に立脚して組みたてられていることを強調する一節であり、『覚夢鈔』冒頭の「それ菩提を得んと欲すれば須く自心を知るべし」という一句に呼応する大切なところであろう。

第三節　止観の行相を示す

問う。若し爾らば此の観を修行するの時、止観の行相云何が知るや。

答う。唯識止観の法は具に『解深密《げじんみつ》』「分別瑜伽品《ふんべつゆがほん》」に在り。披読して之を知る可し。

問う。上来明かす所は猶お以て広博なり。最初の始行、当分の要法、願わくは肝心を示せ。

答う。大聖慈尊、教授の頌に云く、「菩薩は定位に於て、影は唯是れ心のみと観じて、義相即ち滅除し、審《つまびら》かに唯自想のみなりと観ず。是の如く内心に住して、所取は有に非ずと知り、次に能取も亦無なりとし、後に無所得に触す」と。所取というは、有・無、一・異、倶・不倶等の一切の定相なり。能取というは、今此の相を取るの一切の心なり。此の諸《もろもろ》の心と境とは皆自心より起るが故に無境の如し。覚悟の智の前に何の所得か有らん。頌の意是の如し。但此の意を以て正しく観法を修せよ。猶お之を思うべし。

《**止観**》　心を静め、正智によって観察する（前出）。《**最初の始行**》　唯識観の初め。資糧位の初発心住をいうのではない。大聖慈尊教授の頌＝弥勒菩薩造『摂大乗論頌』（大正三一・四一八・上）、『成唯識論』巻九に引用（佛教大系本四―四二〇頁）。《**定位**》　『述記』には加行位と釈されている。散地に対しての禅定の境位をいう。《**影》**　内心の境たる影像。加行位の煗《なんい》位。《**義想**》　遍計所執心が心外の境を執著するその想。《**審かに唯自想のみなりと観ず**》　加行位頂位の行相。《**是の如く内心……有に非ずと知り**》　加行位下忍位の行相。《**次に……無なりとし**》　加行位中・上忍位。《**後に……触す**》　はじめて見道に入って無漏智を起す。

唯識観行を修する時の止観の行相が問われるが、ここでは、それは『解深密経』「分別瑜伽品」を見よというのみでまったくそれに触れず、その最初の心がまえと当面なすべきことが示されている。すなわち、『摂大乗論』のふつう大聖慈尊教授の頌と呼ばれる頌を引いて、所取の境はすべて自心より現起せるものであること、能取の心もまた心の現起せるものであることを悟ることであると述べられている。

第十三章　摂在刹那

第一節　広く行位を述ぶ

問う。唯識の行人《ぎょうにん》・行位の次第は其の相云何。

答う。『唯識論』に云く、「資糧位の中に能く深く信解し、加行位《けぎょうい》に在りて能く漸く所取・能取を伏除《ぶくじょ》して真見を引発《いんぽつ》し、通達位に在りて如実に通達し、修習位の中に所見の理の如く数数修習して、余障を伏除し、究《く》竟《きょう》位に至りて出障円明なり。能く未来を尽くして、有情類を化し、復た唯識の相性に悟入せしむと。」

《『唯識論』》『成唯識論』巻九（佛教大系本四―三七四頁）。《資糧位》修行の第一歩であり、無上菩提へ向かってのすぐれた力となるものを修める位。《信解》信じ理解すること。《加行位》見道に入るための行が行われる位であるところから「加行」と呼ばれる。能・所取を伏除することと、真見が起きることとの二つの内容を持つ。加行位の中に煖・頂・忍（下・中・上）・世第一法の四位がある。《如実に通達》真如の理と無漏智とが合体冥合する。ここではじめて佛教が己れのものになる。《修習》無漏智を修する。《出障円明》「出障」は煩悩・所知の二障を超出すること、「円」は完全無欠を表わし、「明」は福徳・智慧ともに清浄極勝であることをさす（『述記』佛教大系本四―三七五頁）。

いよいよ最後の章に入る。

最後の章は修行の階位である。この章までながながと論述されたのは、究極的には夢を覚って覚位に入ることである。その意味においては、今までの論述のすべては、この修行の階位の一章に帰着するといってよい。

この章は二段に分かれる。第一は唯識修行の五位の階位を示す段であり、第二は摂在刹那の主張される段である。

まずこの一節は唯識位の五位を略説する。

修行の五位の概略を図示すれば次のようになる。

一　資糧位　深く信解する

二　加行位　所取・能取を伏除し、真見を引発する

三　通達位　如実に真如に通達する

四　修習位　理の如くしばしば修習し、倶生の煩悩・所知障を伏断捨する

五　究竟位　出障円明、尽未来際有情類を化す

ところで『覚夢鈔』は、資糧位・加行位についてここにちょっと触れるのみで、あとはどこにも説かない。佛教が自分のものになり、会得されるのは見道であり、しかもその見道に入る肝要の修行は、三性観・四尋思四如実智観・五重唯識観等の観法であるから、それを詳しく述べてきた『覚夢鈔』としては、資糧位・加行位をあらためて述べる必要はなかったのかもしれない。真の佛者の生活がはじまるのは見道以降と言ってもよいのである。しかし資糧位・加行位は、現実のわれわれの生活に密着

した修行の境域であるから、一度は丹念にみておく方がよい。『成唯識論』巻九、智周『大乗入道次第章』等参照。

(1) 三道について

① 見道

問う。見・修・無学の三道の種子は何の位に増長《ぞうじょう》せしめ、何の位にか現行を生じ、如何が修習するや。

答う。始め法界等流の教を開き、数数多聞熏習力の故に深固《じんこ》の大心を発して自《よ》り以来《このかた》、法爾無漏の種子を熏増す。乃至世第一法の位、其の時、見道無漏の種子、生果《しょうが》の功能《くうのう》、悉く皆具足す。

此れ従《よ》り無間に歓喜地に入る。其の初刹那に真見道の無分別智を得。此に無間《むげん》・解脱《げだつ》の二道有り。無間道の位は正しく能く分別所起の一切の二障を断除し、解脱道の位は方《まさ》に能く其の滅を証す。是の如き時間、多念を経と雖も、而も能く念念に理智冥合し其の相等しきが故に総じて一心と名づく。

此の道は究竟して次に三心相見道の位に入る。是れ後得智なり。然も猶お如を縁ずるが故に非安立なり。非安立なりと雖も、而も相を変ずるが故に相見道と名づく。

其の三心とは、一には内遣有情仮縁智。即ち生空の後得智、生空の真如を観ず。二には内遣諸法仮縁智、即ち法空の後得智、法空の真如を観ず。三に遍遣一切有情諸法仮縁智、即ち倶空の後得智、二空の真如を観ず。

今此の単と重との三心を発し已って次に十六心相見道に入る。十六心とは、苦等の諦に於て各四智を起すが故に十六あり。此に於ても亦二種の十六有り。

一には所取・能取の十六心なり。八は真如を観じ、八は正智を観ず。

二には上・下八諦の十六心なり。八は下界四諦の真如を観じ、八は上界四諦の真如を観ず。

今此の二種の十六の前後は、宗家異釈す。或は所取・能取を先にし、或は上・下八諦を先にし、或は行者の意楽《いぎょう》に随って不定なりとす。

上来、一心と三心と十六と皆是れ下品無漏の種子の所生なり。

《法界等流の教》　「法界」は永遠不変の真如界、「等」は相似、「流」は出の意と『述記』に説かれている（佛教大系本四ー三六九頁）。真実の世界より流れ出た真実の世界そのままの教え。**《多聞熏習》**　法界等流の教えをくりかえし聞いて熏習した力。しかし、有漏識で聞いたものは勝異熟を感じる力とはなるが、見道を起す無漏種子とはならない。『成唯識論』巻三に「聞熏習の中に、有漏性の者はこれ修所断なり。勝たる異熟を感ず。出世法のために勝れたる増上縁なり。無漏性の者は非所断に摂めらる。出世法のために正しき因縁なり」（佛教大系本二ー五四頁）と説かれている。法界等流の正法は有漏識を放擲して聞かれなければならない。**《深固の大心》**　深く堅固な大心。「大心」は大菩提心。大菩提心は善根をもって清浄への力とし、大願をもって縁となし、不退屈心をもって策発をなす（『述記』佛教大系本四ー三八四頁）。**《法爾無漏の種子》**　本有無漏種子。**《生果の功能》**　果を生じる力能。**《歓喜地》**　菩薩十地の初地。見道無漏の無分別智が起き、はじめて真実に触れるので歓喜がわきあがってくる。ただ玄奘はこれを極喜地と訳したので、法相教義では原則としてそう呼ぶのであるが、良遍はわざわざ旧訳の歓喜地を使っている。**《無間・解脱の二道》**　無間道は惑の種子を断ずる面、解脱道は惑の習気を捨し択滅を証する面で、無間道断・解脱道証捨という（『成唯識論』巻九、佛教大系本四ー五三〇頁）。これは見道にのみあるのではなく、境地の進む時にはいつでもその二面がある。**《多念》**　無間道・解脱道の二念。**《非安立》**　言語による理解把握を超越していること。反対が安立。**《滅》**　択滅（六無為の項参照）。**《単と重》**　三智の前の二つはそれぞれ生空、法空にわかれているので「単」、第三の智は生空・法空を重ねて観ずるので「重」という。**《所取・能取》**　ここでは「所取」は四諦の理、「能取」は四諦の理を縁ずる智。**《八は真如を観じ》**　法忍・法智。**《八は正智を観ず》**　類忍・類智。**《上・下》**　「上」は色界・無色界、「下」は欲界。**《宗家異釈》**　慧沼の『成唯識論了義灯』に三説あげられている。第一説は上・下八諦を先とするもの、第二説は所取・能取を先とするもの、第三説は不定とするものである（佛教大系本四―四四九頁）。《下品無漏種子》 見道の無漏種子をいう。中品は修道の無漏種子、上品は佛果の無漏種子をいう。

見道・修道・無学道に現行する無漏の種子は、どの位で増長し、現行し、どのように修習されるのかという問い。

はじめは、法界等流の法をいくたびもいくたびも聞いて、多聞熏習の種子を積むことによって、深く堅固な菩提心を起す。それより本有の無漏種子は漸次増長しはじめ、加行位の最高位世第一法の位に至る。世第一法の位に至ったその時、見道の無漏種子が具足される。

そして歓喜地に入り、真如と冥合する。それを通達位といい、見道ともいう。

見道が、真見道と相見道とに分かれる。

真見道は、世第一法で二空を印すると無間に入るのであるが、そこで根本無分別智が起る。それに無間道と解脱道とがあり、無間道で分別起の煩悩障・所知障を断じ、解脱道で理を証する。これを無間道断・解脱道証という。断と証とは表裏一体の二面であるが、仮に分けて捉えるのである。無漏智がはじめて発得されるというきりつめた心境の転換の過程は一念にきわまるのではないが、根本的には理智冥合という無分別智の構造は同じであるので一心といい、これを一心真見道という。

一心真見道の根本智は後得智を起して相見道に入る。根本智が無分別であるのに対して、後得智は分別智であるが、これに非安立諦《ひあんりゅうたい》と安立諦がある。

非安立諦を三心相見道という。三心とは、(1)内遣有情仮縁智《ないけんうじょうけえんち》（我空を観ずる智）、(2)内遣諸法仮縁智

(法空を観ずる智)、(3)遍遣一切有情諸法仮縁智(我法二空を観ずる智)である。これは要するに我・法二空を観ずる智ではあるが、真如そのものを縁ずる位であるので非安立諦という。

こののち、四諦を観ずる安立諦の二種の十六心を起す。一つは所取・能取の十六心であり、一つは上界・下界を縁ずる十六心である。

これらは見道の下品《げぼん》無漏種子によって生ぜられるものである。

所取・能取の十六心とは、「苦諦」を観ずる苦法智忍・苦法智・苦類智忍・苦類智。「集諦」を観ずる集法智忍・集法智・集類智忍・集類智、滅諦を観ずる滅法智忍・滅法智・滅類智忍・滅類智、道諦を観ずる道法智忍・道法智・道類智忍・道類智である。法忍・法智は所取の四諦の理を縁じ、類忍・類智は能取である前の智品を縁ずる。つまり法忍・法智の八つは真如を観じ、類忍・類智の八つは正智を観ずる。

上・下の十六心とは、欲界と上二界(色界・無色界)を縁ずる智で、欲界の四諦の真理を観ずるのを法忍・法智、上二界のそれを類忍・類智という。欲界の四諦と上二界の四諦とにそれぞれ忍・智があるので十六心となる。

なお忍は断惑・無間道、智は証理・解説道である。

したがって、法忍・法智、類忍・類智といっても、能所取を観ずる場合と上界・下界を観ずる場合とによって内容は異なる。

② 修道

是の如く三重の駅を経歴し已って次に修道《しゅ》に入る。其の初めは猶お是れ歓喜地の内なり。今此の無漏は即ち中品無漏の種より生ず。其の中品の種は見道の間、念念に増長す。是の如く是の如く熏増せらるるが故に便ち修道初念の智生ずることを得。此の時、彼の見下品の種子も亦中品の種子に転斉す。故に修に入り已れば下品の種無し。此れ従り已後、地地に倶生の智障を断除し、数数無分別智を修習して乃ち金剛に至る。是の時一切倶生の煩悩、及び極微細《ごくみさい》の所知障の種、悉く皆断除す。

《三重の駅》 一心真見道・三心相見道・十六心相見道。**《猶お是れ歓喜地の内なり》** それぞれの地に、入・住・出の三心を立てるが、入心が見道で、住心以後が修道となる。したがって初地の中に修道がはじまるのである。**《智障》** 無漏智の障礙となるもの。具体的には、倶生起の煩悩障・所知障の種子・習気をいう。**《金剛》** 金剛喩定・金剛心の略。菩薩の第十法雲地にある禅定。金剛喩定の無間道に一切の倶生の煩悩障・所知障の種子を断じ、解脱道に佛果を証し習気を捨する。

このようにして、一心真見道・三心相見道・十六心相見道を経て修道に入る。修道の初めはまだ歓喜地の中にあるが、中品無漏種子によって起きる。中品無漏種子は見道の間にすでに増長しているのである。その時見道下品の無漏種子は性質をかえて、中品種子と同等の種子となる。そのように、修道に入ってよりなお潜勢的にひそむ倶生の智障の種子を断除しながら、金剛喩定の位まで無分別智を修してゆく。そしてその位で一切の倶生の煩悩障・所知障の種子を悉く断捨するのである。

さてここに種子の「転斉」説が出ている。転斉説とは、下品の種子が性質を変えて中品の種子と同じくなり、しかもそこにもともとあった中品の種子と併行して、ともに働くとする説である。したがって修道には、(1)もともとある中品無漏種子と、(2)もとは見道にあった下品無漏種子で中品の性質に昇華したものとが併存している。これに対応するのが転滅説であって、それは、一つの種子が最初は下品の性質であったのが、その性質が滅して中品の種子となり変わるのみである。転滅説は種子の唯本有説・唯新熏説にのっとるものであるのに対して、転斉説は合生説に基づく。法相教義は種子合生説に立つのであるから、当然転斉説をとるのである。転斉説は、境地が進展するにつれて無漏種子がふえていくとするものであって、豊かな無漏の充溢を示唆するものと言えるであろう。この両説は『述記』二末（佛教大系本二―五五頁）に説かれている。

なお、この修道の中に菩薩の十地がある。『覚夢鈔』は十地についてはほとんど触れていないが、重要な法相であるので、『成唯識論』巻九にしたがってその要点を列記しておく。

一、極喜《ごっき》地《じ》＝布施波羅蜜を修し、異生性障を断じ、遍行真如を証する。
二、離《り》垢《く》地＝戒波羅蜜を修し、邪行障を断じ、最勝真如を証する。
三、発《ほっ》光《こう》地＝忍波羅蜜を修し、闇鈍障を断じ、勝流真如を証する。
四、焔《えん》慧《ね》地＝精進波羅蜜を修し、微細煩悩現行障を断じ、無摂受真如を証する。
五、極難勝《ごくなんしょう》地＝静慮波羅蜜を修し、於下乗般涅槃障を断じ、類無別真如を証する。
六、現前地＝般若波羅蜜を修し、麁相現行障を断じ、無染浄真如を証する。

七、遠《おん》行《ぎょう》地＝方便波羅蜜を修し、細相現行障を断じ、法無別真如を証する。
八、不動地＝願波羅蜜を修し、無相中作加行障を断じ、不増減真如を証する。
九、善慧地＝力波羅蜜を修し、利他中不欲行障を断じ、智自在所依真如を証する。
十、法雲地＝智波羅蜜を修し、於諸法中未得自在障を断じ、業自在等所依真如を証する。

なお第七地までは有漏・無漏が雑起し、加行の功用《くうゆう》（努力）が必要であるのに対して、八地以上の後三地は、純無漏が任運無功用に相続する。また十地にはそれぞれ十波羅蜜が配当されているが、初地―七地は一行中一切行、後三地は一切行中一切行を修するといわれるので、配当されているのはその本行である。

③ 無学道

是の如く十地を修習するの間、念念に上品の種子を熏増す。所以に遂に佛果の初念に至る。爾の時、一切の非障の有漏と及び劣無漏と皆悉く捨し已って上品の種子初めて現行を生じ、所有《あらゆる》一切の中品の種子も亦復た上品の種子に転斉す。故に佛果の位には、下・中品なく但最極上品の種子のみ有り。

今此の上品の種子の中に、最上無漏八識の心王の各各の種子と、二十一種の相応の心所の各各の種子と、此の心心所各各の相分の一一の種子と、相分の中の五根と五境等の諸の種子とを皆悉く具足す。相好《そうごう》・光明・周円際りなし。衆宝荘厳《しゅほうしょうごん》の浄土等の体、最極善性の五塵の種子皆此の中に在り。要をとって之を言わば即ち是れ無漏の十八界の種なり。

是の如きの諸の種子、佛果に入る初念に一時に現行を生ず。譬えば、日輪始めて山に出で千光万耀《よう》一時に具足するが如し。是の如きに由るが故に諸佛・諸根・相好一一無辺にして身量・国土辺際を知らず。凡そ一切の事、思議の道を越ゆ。是れ即ち三大無数劫の間、無量無辺恒沙の福慧の資糧を修習して、限り無き善根を以て方《まさ》に感得する所なるが故に、一一の相好、一毛端に至るまで、恒沙塵数の功をもって成ぜざること無し。是れを即ち名づけて自《じ》受用身《じゆゆうしん》と為す。

其の法身とは此の智の証する所の円満真如なり。

其の他受用及び変化《へんげ》は此の智の現ずる所の相分の佛なり。

其の化身の中に乃ち無量無辺の随類応同の身形有り。所謂虎・狼・野干・獮猴《みこう》等の身及び人中・欲天・色天等の種種の身なり。

是の如く、他受用と及び其の変化と重重の化相、一一皆五蘊・十八界等の諸法を具す。皆八識有り諸の心所有り。凡身を現ずる時は即ち十煩悩・二十随惑等の雑染法皆悉く具足す。其の体は依他にして各各皆能生の種子有り。是の如き化現の色・心の種子も亦皆無始所具の法爾無漏種子の中に在り。今果に至り已れば、即ち自受用大円鏡智相応の浄識の持する所なり。

是の如き化現の心・心所法は其の体是れ種子所生の依他の性なりと雖も、而も相分心にして実心に非ざるが故に皆非遠慮なり。故に煩悩惑障を具足すると雖も、而も実の凡に非ず。実に是れ無漏清浄の法なり。

《上品の種子》　佛果の無漏種子。　**《非障の有漏》**　聖道を障礙しない有漏法のことで、具体的には、(1)有漏の善と、(2)無記法をいう（『成唯識論述記』巻十末、佛教大系本四―六一七頁）。　**《劣無漏》**　下品・中品の無漏種子のこと。これを佛果初念で捨するというのであるが、前にあったように、法相教義では転斉説をとるので、下品・中品の無漏種子の全体を捨てるとはしない。劣の性格を捨てることをいう。だからここでは「捨」といいながら、すぐあとでは「あらゆる中品の種子も亦復た上品の種子に転斉す」というのである。　**《二十一種の相応の心所》**　佛果には、遍行の五、別境の五、善の

十一、計二十一の心所が相応する。《相好》佛の相好。三十二相八十種好。《恒沙》「恒」は恒河、つまりガンジス河。「沙」は砂。ガンジス河の砂のように多くということで、無限の数を表わすときに用いる。《福・慧》福徳・智慧。《法身》『成唯識論』巻十（佛教大系本四―六三七頁）によると、自性身・受用身・変化身の全体をいう場合（総説の法身）と、自性身のみをいう場合（別説の法身）とがある。《この智》自受用身の智。《この智の現ずる所の相分》他受用身・変化身は、衆生摂化のための応現の佛身であり、自受用身の智の所変の相分といわれる。なお、他受用身は十地の菩薩への応現、変化身は地前の菩薩・二乗と異生等を化益するために変現せる佛身である。《欲天・色天》「欲天」は欲界の六欲天。「色天」は色界の天。十六天、十七天、十八天説がある。《自受用大円鏡智相応の浄識》自受用身の第八識。第八識は転識得智すると大円鏡智と相応する。《相分心》相分として捉えられた心。相分として客体的に捉えられたものであるから、その心はすでに主体的な心そのものではない。したがって実心ではなく、非縁慮である。

このように十地の修行をすすめる間に、上品の種子が熏増され、佛果に至る。得佛果の初念で、一切の煩悩・所知の種子を断じ、習気を捨して、上品の無漏種子が現行する。そして中品の無漏種子は上品の種子に転斉する。

その上品の無漏種子に、無漏の八識の心王、二十一の善の心所の種子、これら心・心所の相分・五根・五境等の諸々の種子が具足している。佛果円満の主体的な相好光明や、客体的な浄土の種子は皆この中にある。つまり無漏の十八界の種子である。佛果の初念にそのすべてが現行する。

佛を法身（自性身）・自受用身・他受用身・変化身の四身に分けるが、法身（自性身）とは、無漏正智の証する円満真如そのものである。理体であるから姿・形はなく、説法もない。

自受用身とは、無量無辺の修行によって感じられた無辺の身量、無辺際の国土を持つ自受法楽の佛である。姿はあるが、自受法楽の佛なので、説法等の利益行はない。
他受用身・変化身は、自受用身の智が衆生済度のために現じた微妙の功徳身（他受用身）と無量の随類身（変化身）である。他受用身は十地の菩薩のため、変化身は地前の菩薩や二乗、異生のための応現身である。応現の種子はことごとく法爾無漏の上品の種子の中に具備し、大円鏡智相応の佛の浄識に保存されている。
しかし、応現の身は自受用身の無漏智の相分としての身・心であるので、実身ではない。凡夫の身心を現じても皆清浄法である。

又此の位の中、浄八識聚は自他展転《ちんでん》して皆互いに縁ず。謂く眼識聚の心王・心所通じて八識の心王・心所を縁じ、乃至第八の心王・心所通じて八識の心王・心所を縁ず。一聚の王・所、異聚の王・所、皆障礙せず。能く遍縁するが故に。

佛果位の浄八識は、相互に能縁となり所縁となり合う。眼識の心王が、八識のすべての心王・心所を縁じ、第八識の心王・心所はまた八識全体の心王・心所をくまなく縁じる。
凡夫にあっては眼識は色境、第八識は種子・有根身・器界というように限定されていたが、佛果位に至ると自由自在に縁じ合うのである。

又此の位の中の四分は、相縁して不可思議なり。謂く一の見分通じて四分を縁じ、一の自証分も亦通じて四を縁じ、証自証分も亦復た是の如し。但其の各各の自分縁は刀の自ら割《さ》かざる理必然の故に是れ直ちに自分の用を縁ずるに非ざるなり。他の所変の自分の影像を以て所杖の質《ぜつ》と為して相分を変じて自ら縁ずることを得るなり。此れ復た云何。且く一聚の心王・心所、相縁の時の如き受の心所が心王の見分を縁じて変ずる所の影像《ようぞう》は、即ち此の心王、彼の影像を以て本質とするが故に亦影像を変じて自の見を縁ずるなり。自余は此れに准ぜよ。（二釈有りと雖も且く勝釈に依る。）

《自分縁》　自分が自分を縁ずること。たとえば見分が見分を縁ずること。《影像》　影像相分のこと。《質》　本質。《二釈》　『述記』九本（佛教大系本四—一八八頁）、『同学鈔』第十五（大正六六・一四七・下—一四八・上）に出る。『同学鈔』には㈠自相応の法を縁ぜず、㈡自相応法を縁ずの二説あることを述べ、「第二の縁ずという釈、これを実義となす」と述べている。良遍も実義に立って「二釈有りと雖も且く勝釈に依る」と記すのである。

佛果においては、四分についても相縁が説かれる。一つの見分が四分を縁じ、一つの自証分がまた四分を縁ずるように、相互に相互を縁じ合うのである。証自証分も同じである。ただし相分は能縁の用がないから、他を縁ずることはない。しかし、相縁においても刀が自分自身を切ることができぬように、自分を縁ずることはできないから、見分が見分を縁ずるように自分を縁ずる時には、他の相分として捉えられたものを本質として捉える。それはちょうど、心王・心所が相縁する時、(1)心所である受が、心王の見分を、相分として捉え、(2)心王は、その相分を本質とし、(3)その上に自の影像を相分として捉えるのと同じである。

又此の諸智品の真・俗を証することは種種なり。円鏡と平等とは恒時に真・俗の二境を合観し、妙観察智《みょうがんざっち》は応に随って自在なり。或は唯理観、或は唯事観、或は二倶《とも》に観ず。成所作智《じょうしょさち》は事を成ずる智なるが故に俗観を本と為す。神通変化難思の事業は専ら此の智の能なり。各各の相応の心王・心所は同一縁の故に亦復た是の如し。

《諸智品》　大円鏡智、平等性智、妙観察智、成所作智の四智心品をいう。

ここでは、佛果の四智が真・俗を縁ずる様子が述べられる。

第八識を転じて得られた大円鏡智と、第七識を転じて得られる平等性智とは、常に真、俗の二境を合観し、第六識を転じて得られた妙観察智は時に応じて、唯理、唯事、二倶さまざまに活動する。成所作智は事の俗観を原則とする。神通所見や変化身等の事業は成所作智の働きである。相応の心王・心所はこれと同じに働く。

これは、『成唯識論』巻十（佛教大系本四―六二一・六二二頁）に説かれているものであるが、それにしたがって図示すると次のようになる。

大円鏡智　一切法を縁ず。
平等性智　遍く真・俗を縁ず。
妙観察智　一切法の自相・共相を縁ず。
成所作智　遍く三世の諸法を縁ず。

又此の諸の智は、皆遍く能く一切法を縁ずと雖も、而も用は異有り。謂く鏡智品は、後受用身と浄土との相を現じ、平等智品は他受用身と浄土との相を現じ、観察智品は自他の助徳と過失とを観察し、成事智品は能く変化身と及び土との相を現ず。

これらの四智は皆よく一切法を縁ずるのであるが、しかもそれぞれの働きという面では異なった役割がある。


まず大円鏡智品は、自受用身とその浄土を現ずる。

平等性智品は、他受用身とその浄土を現ずる。

妙観察智品は、浄・穢二土に通じて、功徳と過失とを観じる。

成所作智品は、変化身とその土を現ずる。

この一段は『成唯識論』（佛教大系本四—六二三・六二四頁）をそのまま引用したものである。


加之《しかのみならず》諸の有情類は、無始の時より来《このかた》種種の法爾に相繫属す。或は多、一に属し、或は一、多に属す。若し其の所化共《ぐう》じて縁有る時は其の有縁の佛、設《たとえ》無数なりと雖も同処同時に身土を変為して形状相似て相妨礙せず。展転相雑して増上縁となり所化の生をして一佛土に一佛身有り、為に神通を現じて説法饒益《にょうやく》すと謂《おも》わしむ。是の如き等の事、皆不思議なり。

然るに此の三身即ち一佛身にして、各別の諸佛身の如くに非ざるが故に彼の非縁慮の相分心と自受用の縁慮の実心と長時和合して彼の用と此の体と而も種種の利益の事を作すなり。

《多一に属し》　「多」は所依の有情。「一」は能化の佛。　**《一多に属す》**　「一」は所化の有情、「多」は能化の佛。**《三身》**　自受用身・他受用身・変化身。**《非縁慮の相分心》**　自受用身は大円鏡智の影像相分、他受用身は平等性智、変化身は成所作智の相分である。相分としての心は縁慮の働きがないから非縁慮といわれる。**《彼の用と此の体》**「彼の用」は他受用身・変化身のこと。「この体」は自受用身のこと。

ここには佛の三身（自受用身・他受用身・変化身）が即一であることが説かれている。

そもそも諸々の有情は、無始の時よりこのかた、それぞれ独自の身と世界をもって生存している。その諸々の有情は、一人が多くの佛を持つこともあり、一人の佛が多くの有情を済度されることもある。そのように、衆生と佛との関係はさまざまである。もし多くの衆生に共通の化縁がある時は、その一人一人に有縁の佛があるので、そこに示現される佛は無数のごとく思われるが、その時は、同時同処に同じ佛の姿を示現される。佛同志礙げあうということはなく、一佛土、一佛身にして説法饒益されると思わせられる。それは人智を超えた不思議である。

いったいに、三身といっても究極的には一身である。他受用身とか変化身とかいっても、要するに自受用身の実心が、相分として現じたものであるから、三身は体と用の一体の関係にあって利益の事をなされるのである。

つまり、他受用身・変化身は、いろいろの姿を現じて化現されるとしても、根本的には自受用身の一身に帰せられるのである。

そこで一つ注意しておくべきことがある。それは自受用身とは、自受法楽の対自的な佛であるのだが、そのことは対他的な利他の方法を欠かすものでないということである。自受法楽の対自は、本質的に利益衆生の対他を具備しており、利益衆生の対他的活動は、根源的には自受法楽に帰着しているのでなければならぬと言われていることである。

このように考えると、三身の体である自受用身の意味は非常に重要であるといわざるを得ない。参考のために、『成唯識論』の自受用身についての本文を左に列記しておこう。

(1)自受用、謂く諸の如来の三無数劫に、無量の福と慧との資糧を修集して、起したまえる無辺真実の功徳と、及び極めて円・浄・常・遍の色身となり。相続せり湛然なり。未来際を尽くして恒に自ら広大の法楽を受用す（佛教大系本四—六三八頁）。

(2)真実の功徳と鏡智に起されたる常・遍の色身とには自受用身を摂む（同前六四二頁）。

(3)又受用身に佛の共・不共の有為の実徳を摂むるが故に四智品の実有の色・心をば皆受用に摂む（同前六四三頁）。

(4)この二智（平等・成作）をば自受用に摂む（同前六四四頁）。

(5)自受用身は無量の妙なる色・心等の真実の功徳を具せり（同前六四六頁）。

(6)自受用身は自利に属す（同前六四八頁）。

(7)自受用身は還って土に依る。謂く円鏡智と相応する浄識は、昔修せし所の自利の無漏の純浄佛土の因縁成熟するに由って初めに佛となりしより、未来際を尽くして相続して純浄の佛土を変為すること周円無際にして衆宝に荘厳せられたり。

自受用身は常に依って住せり。浄土の量の如く身量もまた爾なり。諸根・相好は一一無辺なり。無限の善根に引生せらるるが故に功徳も智慧も既に色法に非ざるを以て形量大小を説くべからず、而も所証と所依の身とに依って亦説いて一切処に遍ぜりと言うべし（同前六四九頁）。

(8)自受用身と及び所依の土とは、一切の佛おのおの変ずること不同なりと雖も、しかも無辺にして相障礙せず（同前六五〇頁）。

(2)　五位と三祇の関係

問う。今此の五位は三阿僧祇に如何が判属するや。

答う。地前の資糧と加行《けぎょう》との二位を総じて一大阿僧祇劫と為し、其の初地より第七地に至るまでを総じて第二阿僧祇劫と為し、第八地より第十地に至るまでを総じて第三阿僧祇劫と為す。金剛心の位は第十地の終り、即ち是れ等覚なり。相好の百劫も亦此の中に在り。

問う。此の三大劫に於て超越《ちょうおつ》の類あるや。

答う。若し是れ上上精進の菩薩は、或は衆多の中劫を超越する有り、或は衆多の大劫を超越する有り。然而《しかも》決定して無数の大劫を超越すること有ること無し。

《阿僧祇》　梵語 asaṁkhya の音写。無数と訳す。　**《劫》**　梵語 kalpa の音写。長時と訳し、きわめて長い時間をいう。芥子劫、盤石劫（『大智度論』巻五、大正二五・一〇〇・下）、人寿による劫（『倶舎論』巻十二、大正二九・六四—六六）等がある。　**《等覚》**　内容的に佛の境地と同じ位。　**《相好の百劫》**　三大阿僧祇劫の修行の最後に、菩薩は三十二相八十種好の相好を整える修行をする。それが百劫にかかるのである。

前の節までで、修行の階位の概略が説かれたので、ここからはその五位と、それを修するに要する時間の問題がとりあげられる。

まずこの節には、法相教義の基本が述べられる。

それによると、次のようになる。

資　糧　位
加　行　位 ｝一大阿僧祇

通　達　位
～
修習位第七地 ｝一大阿僧祇

修習位第八地
～
修習位第十地 ｝一大阿僧祇

第二の問いは、この期間は絶対的なものか、それとも多少の段階をとびこえていくこともあるのかというのであるが、修行の精進のいかんによって、多少のさまざまな超越はあるが、一大阿僧祇を超えることはないといわれる。

ここに超越の問題が説かれている。地前の修行期間については、『述記』九末（佛教大系本四―三七七頁）に、『瑜伽論』の文を引いて「勝解行地を超過す」とあるように、古くから認められていた。しかし、地上については、つまり菩薩の十地の修行に超過があるかどうかは、それを認めぬ説と認める説とがあったようで、法相教義では超過もあり得るという説をとるのが伝統である（『同学鈔』第二十二、大正六六・二一五・上〜中）。

なお、「相好の百劫」は、よく考えなければならぬことのように思う。佛縁にある者は、姿・形まで自らそうならねば本物ではないということである。佛教の修行は決して心の修行のみではない。そのことを示すものであろう。

第二節　長遠の執を遮す

(1)　究竟に約す

問う。若し爾らば此の時既に長遠《ちょうおん》なり、何れの日、何れの時にか成佛することを得んや。

答う。唯識の『本疏』に此の疑問を挙げて自ら答えて云く、「夢に処して多年という。摂論《しょうろん》に広く説くが如し」と。退いて『摂論』を勘《かんが》うるに、速証菩提の義を述釈して云く「夢に処して年を経という。悟れば乃ち須臾《しゅゆ》の頃《きょう》なり。故に無量なりと雖も一刹那に摂在す」と。此の文意を得るに学者の義区《まちまち》なり。

今一義に云く、法体如幻にして三世は一念なり。現在一世一刹那の中に過去漫漫の劫数を摂在し、亦未来永永の年歳を摂す。此れ即ち現在一念の法に前に酬る相あるを仮に過去と名づけ、是れを曽因となす。実の過去無し。後を引く用あるを仮に未来と名づけ、是れを当果と為す。実の未来無し。此の現在の法、前に望めて後に望めて仮に名づけて果と為し、仮に名づけて因と為し、実の現在因果の二法無し。是の如く、如幻・仮有実無の三世安立《あんりゅう》不思議の故に長時も定に非ず、短時も実に非ず。実の長時と謂い実の短時と謂うは皆是れ妄執なり。若し唯心如幻の覚を得已れば更に定実の三祇劫の量無し。故に妙覚の短、一《ひとたび》起るの時、三大僧祇無辺の劫数、皆夢境の如く一念刹那の相分に摂在す。質・影違せず、心・境乖《そむ》かず。故に三祇を執して長遠と為るは但是れ我が心の愚妄なるのみなり。数数唯心の道理を思惟し、漸漸に其の定実の迷いを翻ぜば、分分に皆応に長時の歎きを除くべし。何ぞ徒《いたず》らに劬労して日月を経んや。

《『本疏』》『成唯識論述記』九末（佛教大系本四―三七八頁）。**《『摂論』》**『摂大乗論・無性釈』（大正三一・四一九・上）。**《一念》** きわめて短い時間。一刹那と同じ意味に使うこともあり、一刹那よりやや長い時間を表わすこともある。「念」は別境の明記不忘の心所にも使われたが、また、「おもい」という意味にも使われる。**《妙覚》** 佛果位。等覚に対する語。**《質・影》** 本質と影像相分。

前節に述べられたように、法相教義では、成佛までには三大阿僧祇の期間の修行が必要とされる。そうなるといつの日成佛できるのかわからない。それをどううけとればよいのか。これは真面目に法相教義を考えると、当然つき当たらざるを得ない問題である。

それに対する答え。『述記』に『摂論』を挙げて、夢中にあればそれは長遠であるが、悟れば一刹那にすぎぬと述べられている。この『摂論無性釈』の語については、いろいろな解釈があるが、その一義によると、過去・現在・未来の三世は、現在の一念の中にあるという。現在の一念の中に無限の過去があり、悠久の未来が摂在している。現在の一念の中に過去の果としてうけとらざるを得ない一面があるが、その現在の曽因となるものを過去といい、現在の一念の中に無量の未来を引く因がひそんでいるので、その果を未来と呼ぶのであって、実際に過去・現在・未来という三世が実体的に存在しているのではない。このように三世を把握すると、無数の長時も、固定した長時ではなく、短時もあるのではない。長時・短時が自己を離れて客観的に存在すると考えるのは妄執である。長時短時も心の上の幻と知れば、三祇百劫も定まった時間では無い。佛果の無上正等覚の智の前には、三大阿僧祇劫もその一念刹那の相分に摂在されるのである。

したがって、重要なのは唯心の道理、一切唯識の理にあって、時間の長さを固定して議論することではない。

この三世観は、法相教義でいう道理三世に当たる。法相教義は、三世について⑴道理三世（現在法の上にかつての果を発見してその因を過去とし、現在法の上に今後の果を引く因を発見してその果を未来とする三世観）、⑵唯識三世（過去・現在・未来の三世は現在の心識の相分にすぎないとする三世観）、⑶神通三世（宿命通によって観じる対象を過去、天眼通をもって観ずる対象を未来とする）を立てるが、良遍はここでは酬因感果の道理三世観に立ち、同時に佛果一念の相分という唯識三世観をきめ手として、三祇百劫の修行を一念に摂めている。それを摂在刹那という。道理三世には、現在の自分の中に過去を見出すという修行途上の真摯な省察が窺え、唯識三世には無窮の時間の長さを唯心所現として一心に摂める高い心境の裏づけを見ることができる。『了義灯』（佛教大系本二―二三九頁）は、唯識三世こそが唯識教義の本義であると述べているが、良遍は唯識三世のみで捉えず、道理三世との融即によっておさえている。観心を尊重した良遍は、現在の自分の中に過去の果を発見するという、修行途上の内省よりうまれた道理三世観を捨て難くうけとったのであろう。

(2) 分証に約す

問う。今成ずる所は三大僧祇、如幻の理に依って利那に摂すと観じて長・遠の定執を除遣するなり。仍《よ》って且く之を置く。若し我が宗の意、未だ妙覚に至らざる前乃至資糧等も亦即身成佛の義あるや。

答う。若し分証を論ずれば其の義有るべし。謂く上根上智の機有りて勇猛《ゆうみょう》に唯識観を修習せば、即身に初発心住に入るべし。初発心住に、能く八相を現ずるは宗家の定判《じょうはん》なり。故に其の時分に即身成覚の義有る可きなり。所謂分得の覚智已に起る。此の覚は是れ第六識の中の分得智品なりと雖も、一身の八識、一・異ならざるが故に其の不異門は、彼・此無礙にして隔つる所無ければ仮説して応に四智菩提と名づくべし。例せば彼の他染熏成に由りて変じて我・法に似るが如し。染を以て浄を推すに其の義疑い無し。依身・相好皆此の心変なり。能変・所変、能依・所依も亦即離せざれば応に佛体と名づくべし。其の所観の理は即ち唯識性の一実境界り。亦擬宜して法身と名づくることを得べし。

是の如く分得仮説の時、即ち是れ三身具足の佛体なること其の理必然なり。若し此の智を得已れば設い八相成道を化現せざる時と雖も常に覚者と名づくべし。是れ即ち法体如幻虚仮にして皆無礙なるが故に、若し一分の覚悟智を得已れば之を説いて佛となすに全く相違無し。

但其の上根上智の機は、先世数数此の行を修習して今生に初発心住に入るに堪えたる大機なり。其の機は末代尤も希なるもの歟。

此の分に非ずと雖も心を励まして修習せば、分に随い堪うるに随いて其の益有る可し。大乗の法力不思議の故に、実相の理、大神験の故に。然らば、只無用の疑網を止めて須く勇猛の勤修《ごんしゅ》を企つべきもの歟。

今世間を見るに、正見・邪見・利根・鈍根其の機、現に区《まちまち》なり。其の中、質直利根の人、決定の信を取りて一心に修行せば分分の得益、必然の事か。若し分に聞法以前と異なる解を起すことを得、三毒等の失、耶《いささ》か微なること有らば是れ随分の益なり。

但し自心に当たって、深く愚癡を悲しむ。何れの世にか随分の知解を起すことを得ん。唯願う所は、此の微縁を以て当来に悟りを得んことを。豈に己れが愚を以て総じて世間を推さんや。法滅の時、入見の者有るは宗家の釈なり。正見の明人、怯弱《こにゃく》すること勿れ。


《わが宗》　法相宗。**《即身成佛》**　現在のこの身で佛果を成ずること。一乗教義はこの立場に立つ。**《分証》**　随分の証悟。完全無欠な佛果を満証というのに対する。**《初発心住》**　資糧位十住の初住。最初の菩提心を発すところ。**《八相》**　八相成道の略。八相成道は(1)都史多天宮現没、(2)受生、(3)受欲、(4)踰城出家、(5)苦行、(6)証大菩提、(7)転大法輪、(8)八大涅槃（『摂大乗論』大正三一・二四九・上）による。**《他染熏成》**　「他」は第六・第七識。その二識の妄計度の種子熏習によって、元来空なるものの上に我・法を変現するのである。**《能依・所依》**　「能依」は相分・見分。「所依」は自証分。**《法滅の時》**　末法の時。**《宗家の釈》**　『述記』九末に「末法にも亦（現観）あることを得」（佛教大系本四―四三五頁）とあるのをさす。


問い。前の節のように、三大阿僧祇劫を一刹那の中に摂めるとするならば、佛果を得ない位、たとえば資糧位等においても即身成佛が可能であるのか。

答え。分証という点から論ずれば、それも充分にあり得る。資糧位の最初の発心住においてさえも即身成覚の義はあり得る。それは第六識の中の分得智品であるけれども、不異門からいえば、八識は無礙であるから、四智菩提を得たものということができる。

それを分得とすれば、それは三身具足の佛体であるし覚者である。如幻虚仮の覚悟智を得れば佛といってさしつかえない。

ただそれは上根上智の大機にあり得ることである。

しかし、それほどの上根上機でなくとも、心を励まして唯識観を修するならば、分に応じた益はあるはずである。

質実利根の人が、深い信をもって一心に修行すれば得るところあるは必然である。聞法によってそれ以前と違う智解を得たり、貪・瞋・癡等の煩悩のために乱されることが多少でも減るならば、それが随分の益である。

ただし自分自身のことを省みると、ただただ己れの愚癡を悲しむばかりである。いつの日、己れの分に応じた知解を起すことができるであろうか。どうぞこの本に触れた微縁をもって、来る日、悟りを得て下さるのを願うばかりである。法の滅した時にも入見の人はあるといわれる。どうぞ弱気にならないで頂きたい。

結　示

上来述ぶる所の義理・推尋・片言も実に契わば衆生に施与して、願わくは有縁と共に菩提心を発して同じく浄刹に生じ尽《ことごと》く佛道を成ぜん。

抑《そもそも》一切の罪の中に謗法を最要と為す。設《たと》い一門を信ずと雖も余法を謗毀すること有らば皆是れ地獄の業なり。『十輪経』に説くが如し。恐る可し恐る可し。慎む可し顧みずんばある可からず。『瑜伽』見ずや夫れ『深密』此の意を説き、他は之を諍わず。定めて知る、是れ諍い無きの舎那の金言なり。此の旨を演《の》べて世之を疑わず。定めて知る、是れ疑い無きの補処の伝灯なり。既に決定の佛意なりと知り已んぬ。信・謗の益・損、豈に小なる可けんや。是の誹謗とは、未だ必ずしも罵詈《めり》するにあらざるも軽浅撥無皆是れ誹謗なり。

而るに他家の門葉、偏執の小生、頻りに権宗の名を呼び、実に法性を隔つという。其の言の意、未だ審定を得ず。是れ法中一向に都《す》べて此れ等の性相無し、但是れ如来、機を誘うが為の故に名づけて権と為すと為んや。是れ法中此の実有りと雖も而も真理に非ず、是れ事相の故に名づけて権と為すと為んや。若し前の如くならば、如来豈に妄語を以て衆生を利せんや。衆生豈に虚説を信じて解脱を得んや。若し方便教は皆以て然るが故にと云わば、豈に方便教皆妄語ならんや。我が宗は爾らず。設い方便教も皆実義有り、設い隠密の説も必ず顕了に順ず。故に頓悟の前には皆、中道教にして悉く法性を詮す。上に抄し已るが如し。未だ見ず未だ聞かず、聖教の中に虚妄の語有ることを。謂いつ可し、汝等は自宗に迷い亦他宗に迷うて是の如きの誤りを致すと。

若し後の如くならば、汝等が宗の極理は豈に廃詮に過ぎんや。若し即事を以て其の勝と為さば何ぞ事を降して権と為すや。若し偏即を以て其の勝と為さば豈に辺を以て中を破せんや。若し定離は中道に非ずとは、汝等は不即不離の文を見ざるや。若し学者定離と謂うと云わば、豈に学者の謬解《みょうげ》を以て宗教の失とせんや。汝が相即の偏執豈に又宗の失ならんや。

若し妄語に非ず亦事相に非ず但是れ麁浅門にして而も実義に非ずと云わば、夫れ諸法を摂するは三重に過ぎず。謂く事と理と如となり。若し妄語に非ずんば定めて此の三重の一を詮す応し。而も事相に非ず、而も妄に非ずんば是れ何の法ぞや。若し是れ所執ならば佛豈に所執を説きて衆生を利益せんや。若し是れ事なりと雖も而も深事に非ずと云わば其の深事とは是れ何の事ぞや。若し此の礙・無礙を超ゆる不可説言の事相有りや。若し常住にして都べて生滅なきを以て其の深義と為し仮に生滅に似るを猶お浅と為さば、此れは是れ真理にして更に事相に非ず。汝何ぞ理を誤って以て事と為すや。又復た我が宗の談は全く依他に局《かぎ》らず、帰する所は専ら廃詮一実の極理なり。若し相即を以て深義と為さば其の難、前に准ず。旁《かたがた》、之を推徴するに謗法疑い無し。是の如き悪人は能く無量衆生の正慧眼を抜くなり。是の如きの毒言は能く恒沙諸佛の妙法命を害うなり。哀れなるかな、一旦の執情に依って冥然として無窮《むぐう》の苦輪に向かわんことを。

凡そ像・末の世には質直の人、希《まれ》にして観行を習う者は性相を名づけて浅近《せんごん》と為し、性相を学ぶ輩は観行を喚んで戯論と為す。是れ則ち差別は浅に似るが故に他、其の深理に迷い、観行は戯に似るが故に人其の実徳を失するなり。中に就いて観行の宗を弘むるときは則ち所観の法を説くを至極の要と為す。観行の法は皆以て然るが故に。若し然らざれば証を得ざるが故に。是れ乃ち専注《せんじゅ》を勧めて偏執を勧めざるなり。而るに返って余の教相を謗るは但是れ学者の失なり。当に知るべし、祖師の意を弁ぜず観慧を引かずして還って悪慧を引くことを。性相の宗を弘むるときは則ち遍く一切を了して究意《くきよう》の説と為す。性相の道定めて然るべきが故に。若し然らずんば疑いを断ぜざるが故に。此れ乃ち簡択を勧めて堅執を勧めざるなり。而るに返って他の修行を謗するは但是れ学者の失なり。当に知るべし、自宗の旨を弁ぜず諸門を尽くさずして還って小門に滞ることを。一味の法水、此れが為に濁乱し無礙の慧光此れに依って滅没す。悲中の悲、何事か之に如《し》かんや。之を以て之を思うに性相を信解して而も観行を修するに如かざるをや。其の観行は、宗に随って不同なり。其の不同は即ち方便門なり。実は皆違せず。是れを以て観行純熟の人は性相を謗せず。性相通達の人は、観行を謗せず。其の毀謗有るは只是れ膚受の輩なり。古を聞き今を見るに皆以て是の如し。之を以て還って自ら思察するに己れに於ても亦此の恐れ有り。悲しい哉、何為《いかにせん》如かず只須く口を閉じ念を摂して常に正理に住せんには。但し一向無言は像似正法なり。若し利益有らば豈に黙止すべけんや。慎まずんばある可からず。顧みずんばある可からず。彼と云い此れと云い静かに之を審かにすべし。

《『十輪経』》　『佛説大乗大集地蔵十輪経』のこと。謗法は地獄の業であるということはあちこちに説かれているが、一例を「無依行品」（大正一三・七三八・上）に見ることができる。**《『深密』》**　『解深密経』「無自性相品」。**《舎那》**　毘盧舎那佛の略。**《補処》**　弥勒菩薩。**《権宗》**　三乗佛教を一乗佛教の側から呼ぶ貶称。**《頓悟》**　一代教時の章に出てきた頓悟門のこと。「頓悟の人は一切教を聞いて中道を悟る」とあったのをさす。**《即事》**　極理は事に即してあるとする説。**《所執》**　遍計所執性のこと。**《像・末》**　像法・末法。**《簡択》**　慧の力をもってえらびわける。**《膚受の輩》**　うわべだけで深く理解をしていない者。**《像似正法》**　正法に似てはいるが正法にあらざるをいう。『瑜伽論』巻九十九に、「毗奈耶に於て勤学する苾芻は応に知るべし、五種の学に随順する法あるを応に当に受持すべしと。いかなるをか五の学に違逆する法となすや。一には障礙、二には像似正法、……」とあり、像似正法について詳説しているが、その中に「又世尊の簡静にして住するを宣示し称歎したまえるを聞いて、便ちこの言をなさく、いずくんぞ咎なきに責めんや、他を測量せず。応に毀すべき者に於てしかも呵毀せず、応に讃《ほ》むべき者に於ても亦称讃せず。しかも呵毀し称讃する所あらず、かくの如きを亦像似正法と名づく」（大正三〇・八七二・上）という一節がある。

さて最後の結示である。いわば『覚夢鈔』の流通分ともいうべき一節で、良遍の醇平とした護法の心情が切々として訴えられている。

まず、上来述べきたった義理・推尋の片言でも真実の理に契うものがあるならば、それによってともに菩提心を発し、同じく浄土に生じ皆ことごとく佛道を成じよう。

さて一切の罪の中で最も重いのは謗法である。たとえ己れの信ずるのは或る特定の一門であるとしても、そのために余の教えを謗毀すればそれは堕地獄の業である。『十輪経』にしばしば説かれているとおりである。

『解深密経』も諍いを述べることはなく、『瑜伽論』もその旨をうけている。他と諍わぬというのが毘盧舎那佛・弥勒菩薩の金言であり伝統である。

謗法とは、正法を罵詈するばかりではない。軽浅撥無することも謗法である。

それにもかかわらず、上来、おりに触れて他宗の教学について批判がましい発言をしたのは、法相教義への誤解を解かんためのやむにやまれぬ気持からであった。

法相教義への誤解とは、法相教義が性と相とをまったく別のものとし、一つであることを知らぬという批判であって、そのために権宗と呼ぶことである。いったい権宗と呼ぶのは、法相教義の中に性相についての深い思想がなく、ただ衆生を導くための対機の方便のみが説かれているということなのか、それとも教義の中に永遠不変の真理がなく、有為転変の事相のみが説かれているといっていることなのであろうか。

もし、対機の方便のみであるから、権教だというのを承認するとしてみても、では佛は妄語をもって衆生を化導されたということであろうか。その虚説によって衆生が解脱するということがあるであろうか。わが宗では方便も実義とする。隠密の教説も顕了の教説と変わらず、すべて真実を顕わすとする。聖教の中に虚妄がある等ということは未見未聞である。上来くりかえし述べたとおりである。もし事相のみを説くから権教であるというのを認めるとしてみても、事に即して成佛することを説く一乗教義もあるのであるから、なぜ事を権教と降すのか不審である。こちらからみれば、事と理の関係について、そちらは理への偏即としかみえない。偏即をもって中道を批判することはできない。法相教義を定離というが、不即不離を本義とすることは縷々と論じたとおりである。いや学者がそういっている等というのは弁解にならない。学者の謬解をもとにして宗教を論ずることはできない。

もしまた法相教義を、妄語というのでも事相のみにつくというのでもないが、麁浅門で実義がないから権教だというならば、それも承認しがたい批判である。およそ一切諸法を分類すると、事と理と真如の三種となり、それ以外の存在はない。妄語でないとすれば、この三種の中のどれかになろう。妄語でなく事でもないとしたらいったい何なのか。いや事ではあっても深事でないというならば、その事とは何なのか。不可言説の事相があるのか。常位不生滅のものを深とし、生滅のものを浅とするならば、それは真理であって事相ではあるまい。しかも、わが宗の所談は、決して依他の事相のみに限るのではなく、究極は廃詮一実の極理に帰着するのであるから、偏った批判は謗法にすぎない。

およそ像法・末法の世には質直の人はまれであって、観行を修する者は性相の学問を浅近と呼び、性相の学問を学ぶ者は観行を戯れと評して相互に批判しあうが、両者は兼備されるべきものである。中でも観行を弘むる時には、所観の法を説くことが肝要である。そうでないと証を得ることはできない。観行は専注を勧めはするが、偏執を勧めるのではない。また性相の学を弘むる時は、あまねく一切を了解することによって究竟の説とするのであり、そうでなければ疑いを断ずることはできない。性相の学は簡択を勧めるのであって、堅執を勧めるのではない。余教を謗るのは学者の過失である。自宗の深意も知らず、また諸門をも広く修めたものとは言えない。視野も狭く見識も浅い小門に滞るものというほかはない。世の濁乱はここから起きている。これに越す悲しみがあろうか。観行は宗によって違いがあるが、それは方便の相違であって真実は一つである。したがって観行純熟の人は性相の教義を誹謗することはない。

これをもって思うに、性相を信解し兼ねて観行を修すべきである。古今をかえりみるに、他を毀謗するのは、ことの皮層のみしか見得ぬ膚受の輩のなすことである。

しかるに静かに己れを省みると、自分の中にもまた他を誹謗しようとする気持があるのを否定できない。悲しいことである。ただ口を閉じ念を摂して正理に住しなければならぬ。しかし、また一向無言もあやまりであるから、利益があるならば黙止していてはならない。しかし口を開く以上は彼此ともに審かにしなければならぬ。

さてこの最後のしめくくりにおいて良遍は、法相教義への批判を、(1)性相永別、(2)事相偏執として捉え、さらに学を尊重するものと、行を尊重するものとの対立を数えている。良遍には、この法相教義への批判に応えることを生涯の課題とするところがある。『真心要決』にもそれが見られるし、『応理大乗伝通要録』はそのための書とさえいえる性格がある。『要録』では、批判を⑴一向隔歴、⑵一向偏有、⑶本来成佛を知らず、⑷速疾の直路を説かず、⑸真如縁起を明かさず、⑹一乗の妙法を解かずの六項目にまとめて、一つ一つ反論している（『日本大蔵経』「法相宗章疏二」六九・下）。それらを思いながら、この『覚夢鈔』全体をみわたすと、同じように、他よりの批判に応えようとする真剣な熱意をあらためて痛感する。あのくりかえしくりかえし述べられた不即不離の論理は、ただそのためであったということが、ここに到って鮮明に浮き上がってくるのである。

ここに到って思えば『観心覚夢鈔』は、決して法相教義の入門書といってかたづけてならぬもののあることがあきらかとなる。もちろん、入門書とか概説書に必要な核心を簡潔にまとめた性格を備えてはいる。しかしそれが良遍の真意でないことは、この結示の一段に明瞭である。

『観心覚夢鈔』は一乗教義をむこうに置いて、法相教義が毫もそれに劣るものでないことを、唯識教義の伝統にのっとりながら堂々と主張した、珠玉のような日本唯識の最高の精華といわなければならぬであろう。

索　　引

ア　行

カ　行

サ　行

タ 行

ナ　行

ハ　行

マ 行

ヤ 行

ラ 行

著者略歴

太田久紀 おおた きゅうき

昭和三年、鳥取市生まれ。駒澤大学文学部仏教科卒業。元駒澤女子短期大学教授。著書に『お地蔵さんのお経』『唯識三十頌要講』『成唯識論要講』『唯識の心と禅』(中山書房仏書林)『仏教の深層心理』(有甲斐)[唯識]の読み方(大法輪閣)など。

平成19年6月26日没。

一九八一年二月五日 初版発行
二〇〇一年四月三〇日 新装初版

《仏典講座42》

観心覚夢鈔

検印廃止

著者 太田久紀
発行者 石原大道
印刷所 富士リプロ株式会社
〒150-0022 東京都渋谷区恵比寿南二-十六-六 サンレミナス二〇二
発行所 大蔵出版株式会社
TEL〇三(六四一九)七〇七三
FAX〇三(五七二四)三三五〇三
http://www.daizoshuppan.jp/

ISBN 978-4-8043-5436-1 C3315

仏典講座

遊行経〈上〉〈下〉	中村　元
律　蔵	佐藤密雄
金剛般若経	梶芳光運
法華経〈上〉〈下〉	田村芳朗 藤井教公
維摩経	紀野一義
金光明経	壬生台舜
梵網経	石田瑞麿
理趣経	宮坂宥勝 福田亮成
楞伽経	高崎直道
倶舎論	桜部　建
唯識三十頌	結城令聞
大乗起信論	平川　彰
浄土論註	早島鏡正 大谷光真
摩訶止観	新田雅章
法華玄義	多田孝正
三論玄義	三枝充悳
華厳五教章	鎌田茂雄
碧巌集	平田高士
臨済録	柳田聖山
一乗要決	大久保良順
観心本尊抄	浅井円道
八宗綱要〈上〉〈下〉	平川　彰
観心覚夢鈔	太田久紀